ROLAND SPITZLINGER | JULIA DRAXLER

Probier's doch mal mit Korrution!

W0353887

GOLDMANN
Lesen erleben

Buch

Wie erziele ich einen Stundenlohn von 25.000 Euro? Wie komme ich zu einem Gratis-Luxusurlaub? Manche Menschen schrecken vor dem Königsweg zu Reichtum und Glück zurück, weil sie annehmen, Korruption sei illegal und würde von ihrem Umfeld geächtet. Doch Deutschland und Österreich haben in den letzten Jahren international anerkannte Persönlichkeiten auf dem Gebiet der Korruption hervorgebracht, mit denen wir praktisch vor der Haustür die verschiedensten Formen der Korruption und ihre saubere Ausführung studieren können. Deren Wissen macht dieses Buch nutzbar. Es erklärt anhand der aktuellen Best-Practice-Modelle, wie man in kurzer Zeit schöner, reicher und intelligenter werden kann, sprich, wie Korruption funktioniert. Es hilft, Fehler zu vermeiden und mit Know-how und Umsicht konsequent vorzugehen. Zudem enthält das Buch konkrete Tipps und Arbeitsschritte für den persönlichen korrupten Werdegang, mit zahlreichen praktischen Hinweisen zu nationalen bzw. regionalen Besonderheiten. Die Anleitung zu einem Businessplan und Tipps zum Krisenmanagement, falls negative Presse, Untersuchungsausschüsse oder eine Anzeige zu überstehen sind, runden dieses praktische Kompendium ab.

Autoren

ROLAND SPITZLINGER, Jahrgang 1977, hat Ökonomie studiert, als Wirtschaftsforscher sowie als Berater im österreichischen Parlament gearbeitet und schreibt derzeit an seiner Doktorarbeit am Institut für Philosophie in Wien.

JULIA DRAXLER ist gebürtige Wienerin, Jahrgang 1979, und studierte Geschichte und Kunst in Berlin und Leipzig. Sie ist Künstlerin, Kunst- und Kulturvermittlerin und arbeitete unter anderem im Stasimuseum in Leipzig sowie momentan im Museum für moderne Kunst in Wien. Spitzlinger und Draxler leiten gemeinsam das Institut für angewandte Korruption in Wien.

Roland Spitzlinger
Julia Draxler

Probier's doch mal mit Korrution!

Die Erfolgsgeheimnisse der Vettern, Freunderln und Amigos

GOLDMANN

Bildnachweis: Getty Images, München: S. 91 (WireImage); Picture Alliance, Frankfurt: S. 25 (WILDLIFE/M.Harvey), S. 241 (AP Images/David McFadden), S. 255 (Guenter R. Artunger/APA/picturedes.com), S. 260 (AP Photo/Oliver Berg)

Rechtlicher Hinweis:
Wir verwenden den Begriff »Korruption« im Folgenden nicht im juristischen Sinne zur Beschreibung strafwürdigen Verhaltens, sondern auch und vor allem im moralischen Sinne, um Mauscheleien und moralisch vorwerfbares Verhalten deutlich zu machen.
Der satirische Unterton ist auch in der Gestaltung des Umschlags erkennbar.

Verlagsgruppe Random House FSC® N001967
Das FSC®-zertifizierte Papier *Lux Cream* für dieses Buch
liefert Stora Enso, Finnland.

1. Auflage
Taschenbuchausgabe Februar 2016

Umschlaggestaltung: UNO Werbeagentur, München, in Anlehnung an die Gestaltung der Originalausgabe (Stephan Heering, Berlin)
Umschlagmotive: © plainpicture/ GalleryStock
Lektorat: Sara Jakob
KF · Herstellung: Str.
Druck und Einband: GGP Media GmbH, Pößneck
Printed in Germany ·ISBN: 978-3-442-15877-5
www.goldmann-verlag.de

Inhalt

Vorwort

Liebe Leserinnen und Leser, liebe Sponsoren und Finanziers!

Als uns die Autoren des vorliegenden Buches um ein kleines Vorwort baten, war die Freude doppelt groß: Zum einen weil wir uns außerordentlich über den beruflichen und finanziellen Erfolg unserer Institutskollegen freuen. Zum anderen weil die Autoren Korruption aus ihrem Schattendasein befreien und ihr das schenken, was sie verdient: einen Platz an der Sonne.

Korruption war und ist fixer Bestandteil unserer Gesellschaft. Sie mag unmoralisch sein, und doch ist sie politisch korrekt. Korruption steht jedem, wirklich jedem offen. Ob Nationalist, Sozialist oder Kapitalist, alle verdanken ihr zumindest einen Teil ihrer Macht. Der Manager bedient sich ihrer genauso gerne wie der Gewerkschaftsvertreter. Diktatoren wie Politiker repräsentativer Demokratien sind ihr nicht abgeneigt. Sie ist weder fremdenfeindlich noch antisemitisch. Weder das Geschlecht noch die sexuelle Orientierung spielen eine Rolle. Auch Frauen, Heterosexuelle, Lesben, Schwule und Queers dürfen hier ihre Spielchen treiben. Selbst Pensionisten werden nicht diskriminiert. Im Gegenteil, hier ist Alter noch mit Erfahrung gleichgesetzt. Hier kann der Großvater seinen staunenden Enkeln neben dem Schwarzgeld auch sein Wissen und seine Werte weitergeben und sorgt damit für Halt und Stabilität in unsicheren Zeiten. Ja, wir können guten Gewissens behaupten: Korruption ist universell!

Dass Korruption nun auch für jeden im Handel erhältlich ist, dafür sorgt das vorliegende Werk. Möge es Ihnen Einsicht und Verständnis in die geheimen Machenschaften der Mächtigen geben und Sie lehren und leiten auf Ihrem ganz persönlichen Weg zum Erfolg!

Hochachtungsvoll!

Ihr Institut für angewandte Korruption
www.ifak.at

Einleitung

Viele Dinge, die wir wollen, kosten viel Geld. Mehr als die meisten von uns im ganzen Leben verdienen. Wie machen das andere? Wie kommt ein Finanzminister mit einem Jahresgehalt von 207.000 Euro[1] zu einer luxuriösen Penthousewohnung im Wert von 11 Millionen?[2] Wie wohnt man drei Jahre lang gratis in der Suite des Wiener Hotels Intercontinental?[3] Wie verdienen Berater mal schnell 300.000 Euro übers Wochenende und wie bekommen Kollegen Luxusurlaube in Südafrika, Brasilien oder Mauritius geschenkt?

Eine unsichtbare Hand? Gottes Lohn? Zauberei?

Wir nennen es Korruption.

ABER das ist doch illegal, das ist doch unmoralisch, das ist doch … – leider geil!

Seien Sie unbesorgt, Sie müssen weder ein kranker Verbrecher noch ein fieses Schwein sein, um Korruption zu pflegen und zu leben. Im Gegenteil, Korruption ist zutiefst menschlich und eine ausgesprochen soziale Angelegenheit. Seit Jahrtausenden haben sich Menschen ihrer bedient, wenngleich nur wenige die hohe Kunst wirklich beherrschen. Österreich und Deutschland haben mit Hilfe der Schweiz in den letzten Jahren international anerkannte Persönlichkeiten auf diesem Gebiet hervorgebracht. Wir haben uns erlaubt, dieses Wissen aufzubereiten, damit auch Sie etwas davon haben. Denn: »Wer sich nicht darauf einstellt, wie die Welt funktioniert, wird niemals erfolgreich sein«, sagt, allerdings sicherlich in ganz andrem Zusammenhang, Josef Ackermann.[4]

Das vorliegende Buch erklärt anschaulich und eindrücklich, was Korruption ist und wie sie funktioniert. Schritt für Schritt und anhand der Best-Practice-Modelle der jüngsten Zeit lernen Sie, in welcher Branche Sie aktiv werden sollten und wo Sie die richtigen Freunde finden. Wir geben Ihnen Tipps, wie Sie kreative Rechnungen schreiben, eine eigene Briefkastenfirma gründen und Schwarzgeld waschen und wie Sie neugierige Journalisten oder Staatsanwälte fernhalten. Schließlich finden Sie praktische Übungen, wie Sie selbst in stressigen Zeiten gesund und glücklich durch den Korruptionsalltag kommen. Damit auch Sie einmal Ihren Erben raten können: Probiert's doch mal mit Korruption!

Was ist Korruption?

Fangen wir ganz von vorne an. Von was reden wir da eigentlich? Was ist Korruption?

Einen Hinweis auf den Ursprung liefert das Wort selbst. Es kommt, wie alles Altbewährte, aus dem Lateinischen. »*Corrumpere*« bedeutet so viel wie »verführen«, »vernichten« oder auch »verderben«.[5] Das klingt sexy, aber auch verboten. Fragen wir deshalb die Damen und Herren des Bundeskriminalamts (BKA) um ihre Einschätzung:

> Korruption ist der Missbrauch eines öffentlichen Amtes, einer Funktion in der Wirtschaft oder eines politischen Mandats zugunsten eines anderen, auf dessen Veranlassung oder Eigeninitiative, zur Erlangung eines Vorteils für sich oder einen Dritten, mit Eintritt oder in Erwartung des Eintritts eines Schadens oder Nachteils für die Allgemeinheit oder für ein Unternehmen.[6]

Gut, danke! Von einer so großen Behörde mit Tausenden Beamten haben wir auch keine einfache Definition erwartet. Geht das nicht übersichtlicher?

1. *M/eine Stellung in Politik oder Wirtschaft auskosten, ...*
2. *... für mich oder einen Freund/Amigo.*
3. *Es war meine Idee oder seine ...*
4. *... damit ich, er und/oder andere Freunde was davon haben.*
5. *Das ist für andere schlecht (Steuerzahler, Konkurrenten, meinen Arbeitgeber) ...*
6. *... und muss deswegen geheim bleiben!*[7]

Es geht auch etwas kürzer. Glücklicherweise definieren Organisationen das Ganze kurz und knackig (vielleicht mangels Zeit oder Budget). Transparency International etwa fasst Korruption recht elegant zusammen als »*Missbrauch anvertrauter Macht zum privaten Nutzen oder Vorteil*«.[8]

Viele werden sich jetzt fragen: Kann ich nur als Beamter oder Politiker korrupt sein? Was machen all diejenigen, die keine anvertraute Macht haben? Wir können Sie beruhigen, viele Wege führen nach Rom. Aus Sicht des Instituts für angewandte Korruption geht es allein darum, die eigene Stellung in der Gesellschaft auszukosten, um schöner, reicher und intelligenter zu werden. Wir sind der festen Überzeugung: Jeder kann korrupt werden und handeln, selbst Kinder.

Um einen neuen, sachlichen und frischen Blick auf das Thema zu bekommen, werfen wir zwei Augen auf Menschen mit einem noch unausgeprägten moralischen Wertesystem, die selbst für das Gesetz jenseits von Gut und Böse stehen; auf unsere lieben, kleinen und unschuldigen Kinder.

Kinder

Kinder haben ein egozentristisches Weltbild. Das bedeutet, sie glauben, die Welt drehe sich nur um sie, beziehungsweise sie seien die Welt. Ihre Bedürfnisse stehen an erster Stelle. Durch das noch nicht vorhandene Zeitempfinden müssen diese möglichst schnell und direkt befriedigt werden.[9] *Da sie ihre eigenen Bedürfnisse nicht zurückstecken können, sind auch Freundschaften vorwiegend zweckgebunden.*[10]

Kinder bis 14 Jahren sind vor dem Gesetz nicht strafbar.[11]

Kleine Schule der Korruption

Molly, 10 Jahre, stellt uns eine Frage: »Hallo! Ich möchte mal wissen, warum gerade die Doofen bei den anderen so gut ankommen. So ist es in meiner Klasse. Was meint ihr?«[12]

In Mollys naiver Frage steckt im Grunde schon fast alles, worum es in der Schule und auch im späteren Leben geht: Erstens, jeder will gemocht werden und beliebt sein, und zweitens, jeder will wissen, wie das geht. Beliebtheit ist eine Art Reichtum, der sich aus verschiedenen Komponenten zusammensetzt, wie Freunde, Spielsachen, Kleider etc. Betrachten wir eine Schulklasse, so sehen wir einen kunterbunten Haufen. Wir sehen schöne und hässliche, schlaue und dumme, fleißige und faule, starke und schwache Kinder. Wir beobachten gesellige Kinder mit vielen Freunden, Rädelsführer und Außenseiter. Blicken wir ein wenig hinter die Kulissen und wagen uns auf einen Elternabend, so erkennen wir, dass Menschen immer die Kinder ihrer Eltern sind. So gibt es Kinder reicher und armer Eltern, Kinder von berühmten und einflussreichen oder von Versager-Eltern, und es gibt auch Kinder ohne Eltern. Das sind sozusagen die unterschiedlichen Grundvoraussetzungen oder Spielkarten, die jedes Kind auf der Hand hat. Mit diesen kann jetzt in der Schule gehandelt und getauscht werden.

Akuter Notfall (Situative Korruption)

Welches Kind kennt sie nicht, die Gefahren des Alltags, etwa die körperlichen Attacken des Schulhofschlägers?

Wir sehen zwei Kinder auf dem Schulhof: Ein großer, starker Junge ist kurz davor einen kleinen und schwächeren zu verprügeln. Unterliegen Kinder im Stärken-Schwächen-Vergleich, handeln sie aus Notwehr meist schnell und effektiv: Ich geb dir mein neues

Handy, und deine Faust landet nicht in meinem Gesicht. Auch wenn die Bedrohung damit erst einmal abgewendet ist, ist das natürlich kein erstrebenswerter Tausch. Konzentrieren wir uns auf Kinder, die langfristiger denken, denn schließlich dauert die Schulzeit ein paar Jahre.

Freundschaft mit System (Strukturelle Korruption)

Werfen wir einen Blick auf zwei Jungs in der vierten Klasse. Justus, der Klassenbeste und Peter, der Sportlichste der Klasse, sind miteinander befreundet. Justus lässt Peter beim Test abschreiben, damit dieser gute Noten bekommt und nicht als Vollidiot dasteht. Peter beschützt dafür Justus vor dem Schulhofschläger, damit dieser körperlich unversehrt bleibt und nicht als Schwächling gilt.

Hier sehen wir gleichzeitig auch den ehrenhaften Aspekt dieses Tauschgeschäfts, denn jeder hilft dem anderen aus seiner Not! Aus diesem Deal kann eine dauerhafte Partnerschaft entstehen, da beide Seiten profitieren. Sie brauchen einander sogar und sind durch ihr Geheimnis eng miteinander verbunden. So kann ein geschicktes Kind sein Handy behalten, wird nicht verprügelt und hat sogar noch dauerhaften Schutz.

WIR LERNEN:
Ein wirklich perfekter Tausch entsteht, wenn sich Stärken und Schwächen ideal ergänzen und dadurch die Wünsche beider erfüllt werden.

Anfüttern/Landschaftspflege

Kinder lieben Geschenke. Dass sie diese nicht nur gerne bekommen, sondern auch gekonnt verteilen, zeigt das folgende Beispiel: Der kleine Max hat Geburtstag. Der amtierende Klassensprecher ist allseits beliebt, weil er cool und mächtig ist. Auch der reiche Franz möchte mit ihm befreundet sein und schenkt ihm deswegen eine seiner Pumpguns (Spritzpistolen). Max freut sich, endlich kann auch er beim Kriegspielen dabei sein. Der Knoten ist geknüpft. Natürlich müssen es nicht unbedingt Waffen sein. Auch Sammlerkarten, Süßigkeiten und Ähnliches stärken die sozialen Bande.

WIR LERNEN:
Kleine und große Geschenke erhalten die Freundschaft oder ermöglichen eine in der Zukunft.

Schmieren (Vorteilsannahme/Vorteilsgewährung bzw. Bestechlichkeit/Bestechung)

Hat einer mal angebissen, kann das Kind ihn für seine konkreten Ziele einsetzen. Was braucht es noch, um allseits beliebt zu sein? Einen Sieg im Tischtenniswettbewerb? Die Liaison mit dem schönsten Mädchen der Schule? Jetzt wird fleißig geschmiert: Der Tischtenniskonkurrent ist versetzungsgefährdet in Mathe? Fürs Abschreiben bedankt er sich sicher mit dem ein oder anderen verpatzten Ball. Der Bruder der Angebeteten ist computerspielsüchtig? Kein Problem, hier wäscht eine Hand die andere, ein steam-key[13] gegen den Kontakt zur Schwester. Der kindlichen Fantasie sind keine Grenzen gesetzt. Wer erst mal angefüttert ist, dem lässt sich auch leichter das Mäulchen mit Schokolade stopfen, auch für den unangenehmen Fall, dass Dritte die eine oder andere kleine Schummelei mitbekommen. Ist die Schokolade schon verputzt, wird die vorpubertäre Coolness-Karte ausgespielt. Denn auch bei Kindern ist nichts wirklich uncooler als eine Petze (Whistleblower). Die wird sozial geächtet und nicht, wie manche Streber (NGOs) fordern, beschützt.

Freunderlwirtschaft/Vetternwirtschaft (Nepotismus)

Gleich und gleich gesellt sich gern. Deswegen schließen sich unsere Mini-Probanden mit den Besten der Besten zu kleinen Eliteeinheiten zusammen. Jetzt profitieren sie von einem reibungslosen und äußerst komfortablen Alltag: Begleiten wir die Gruppe weiter, so sehen wir, dass sie sich gegenseitig Schutz und Sicherheit in der Schule und auf dem Schulweg bieten. Die verbündeten Kinder halten sich gegenseitig die besten Sitzplätze im Bus frei und versorgen sich im Sinne einer soliden Notenbasis mit den nötigen Informationen, inklusive einem geregelten Hausaufgaben-Informationsaustausch. Zudem bringen sie ihre VIP-Freunde auf die Gästeliste der coolsten Kindergeburtstage, wo sie noch mehr mächtige Kinder kennenlernen.

WIR LERNEN:
Gemeinsam sind wir stark.

Postenschacher (Klientelismus/Patronage)

Auch zu vergebende Posten werden untereinander zugeschanzt: Sei es die Wahl zum Klassensprecher oder die Wahl der Teamkollegen beim Fußball. Gelegentlich machen aber auch Kinder Fehler. Massimo, der Verteidiger, bekommt vom gegnerischen Stürmer Chen einen Sack voll Schokolade, um ihn zum Tor durchzulassen. Massimo lässt es sich schmecken, und die gegnerische Mannschaft gewinnt. Was er nicht bedacht hatte: Selbst die größten Geschenke eines motorisch Unbegabten können eine Niederlage gegen die befeindete Parallelklasse nicht wettmachen.

WIR LERNEN:
Selbst Mathe-Nieten sollten zumindest eine Aufgabe immer selber lösen: die Kosten-Nutzen-Rechnung. Aber keine Sorge, später wird

alles viel leichter. Als Erwachsener nimmt man Geschenke immer großmütig an und steckt den edlen Spender, im Fall grober Arbeitsunfähigkeit, einfach in ein anderes Team, gerne auch in sogenannte Versorgungsposten, wo ohnehin keine Qualifikationen gefragt sind. So ist wieder beiden geholfen.

Ein gutes Wort einlegen (Lobbyismus)

Interessanterweise können wir auch beobachten, dass selbst Kinder, die weder besonders schlau noch besonders stark oder schön sind, eine durchaus passable Schulzeit erleben können. Die Rede ist von den sogenannten Schleimern oder wie wir sie lieber nennen, den Kinderberatern. Ihnen gelingt es selbst im oberen Mittelfeld, beispielsweise als guter Freund eines allseits beliebten Kindes, ihre Stellung zum eigenen Vorteil zu nutzen, etwa indem sie ein gutes Wort für einen neuen Anwärter ihrer Gruppe einlegen. In diesem Fall bessern sie geschickt ihr Taschengeld auf oder sichern sich ihre Versorgung mit Süßigkeiten. Oder sie organisieren regelmäßig die Computerspiel-Partys für die Mächtigen. So schaffen sie den idealen Austauschspielplatz der Reichen, Schönen und Mächtigen. Hat sich in der Schule ein richtiges Netz aus Partnerschaften, mit dem Prinzip des gegenseitigen Gebens und Nehmens, etabliert, so können wir von Netzwerk-Korruption reden (Betrug, Untreue, Erpressung und/oder Süßigkeitenhinterziehung). Und wie wir sehen, profitieren alle Mitspieler davon. Denn jeder ist in der Beliebtheitsskala aufgestiegen!

Résumé

Kinder machen instinktiv alles richtig. Das zeigt, Korruption ist nicht nur kinderleicht, sie ist geradezu in uns angelegt. Jeder von uns, der die Schulzeit überlebt hat, hat sowohl das Grund-Know-how erworben als auch die nötigen Erfahrungen gesammelt. Wenn es auch kleine Änderungen der Spielregeln, der juristischen Bezeichnungen und des Einsatzes geben mag, das Grundprinzip bleibt dasselbe. Wollen wir erfolgreich korrupt handeln, müssen wir nur unser inneres Kind wieder finden und korrupt laufen lassen.

Wem das alles zu kindisch ist, der orientiert sich im nächsten Kapitel an den rechtlichen Grundlagen.

Dürfen wir das?

Betreten wir nun die Welt der Erwachsenen. Da sich Volljährige im Gegensatz zu Kindern sehr wohl strafbar machen können, ist es nicht schlecht, die Rechtslage zu kennen. Wie definieren Juristen Korruption? Was ist erlaubt, was verboten und was erwartet uns, wenn man uns erwischt?

Gesetzeskunde

Die Juristen nehmen alles immer ein wenig genauer und unterscheiden zwischen dem Akt des Gebens (Bestechung)[14] und dem Akt des Nehmens (Bestechlichkeit)[15]. Beispiel: Wir geben dem Polizisten 200 Euro und können bei der Alkoholkontrolle auch mit 1,5 Promille tief durchatmen und weiterfahren. Ein klarer Deal: Geld für freie Fahrt. Weil korrupte Geschäfte aber meistens nicht ganz so eindeutig verlaufen, gibt es auch noch die Kombination Vorteilsgewährung[16] und Vorteilsannahme[17]. Das läuft ohne Gegenleistung, zumindest ohne eine, die man offiziell nachweisen kann. Beispiel: Wir beschenken Polizisten, nicht, weil wir uns etwas von ihnen erwarten, sondern einfach nur so, weil sie so nett und hilfsbereit sind.

TIPP! Freunde der Wiener Polizei

Wenn Sie österreichische Polizisten schmieren möchten, dann spenden Sie per Dauerauftrag an die »Freunde der Wiener Polizei«.[18] Der Verein mit derselben Adresse wie die Wiener Polizeidirektion, Schottenring 7–9, A-1010 Wien, leitet die Gelder seit über 40 Jahren zuverlässig weiter. Legen Sie den Mitgliedsausweis gut sichtbar hinter die Windschutzscheibe Ihres Autos, dann können Sie zum Beispiel ungestraft falsch parken, nur eine der vielen Annehmlichkeiten für Vereinsmitglieder. Unannehmlichkeiten nach Bordellbesuchen werden ebenfalls routinemäßig aus dem Weg geräumt.[19]

Die beliebtesten Korruptions-Straftatbestände in Deutschland sind:[20]

- Bestechung (§ 334 StGB),
- Bestechlichkeit (§ 332 StGB),
- Vorteilsgewährung (§ 333 StGB),
- Vorteilsannahme (§ 331 StGB),[21]

gerne kombiniert mit:[22]

- Geldwäsche (§ 261 StGB),[23]
- Betrug (§ 263 StGB),
- Subventionsbetrug (§ 264 StGB),
- Untreue (§ 266 StGB),
- Urkundenfälschung (§ 267 StGB),
- wettbewerbsbeschränkende Absprachen bei Ausschreibungen (§ 298 StGB).

Nur weil wir uns mit rechtlichen Dingen beschäftigen, müssen wir aber nicht gleich alles kompliziert formulieren. Bleiben wir der Einfachheit halber bei den eindrücklichen Begriffen Geschenke geben und nehmen. Die Kunst besteht darin, zu erkennen, wann es o.k. ist, seine Freundschaft auszudrücken, und wann nicht. Dabei kommt es nicht nur drauf an, was ich schenke. Ebenso wichtig sind Fragen wie: Wer bin ich? Wer sind die Beschenkten? Was habe ich und was haben die Beschenkten für eine Position? So ist es zum Beispiel in Ordnung, seine besten Freunde auf die eigene Alm in den Bergen einzuladen. Nicht in Ordnung ist es, wenn einer der Freunde zufällig im Bauamt arbeitet. Das wäre Vorteilsgewährung. Wenn dieser Freund mir dafür den Ausbau der Alm in ein Luxus-Feriendomizil genehmigt, dann wäre das Bestechung. Kein Problem ist es wiederum, wenn meine Freunde im Bundestag sitzen. Hohe Volksvertreter in Deutschland und Tschechien darf man (mit wenigen Ausnahmen) gerne beschenken.[24]

Verwirrt? Dann überprüfen Sie Ihr Wissen beim Korruptionstest.

Test: Was ist Korruption?

Medien

Journalist

1.) Sie sind Journalist. Welche Geschenke dürfen Sie von Firmen, über die Sie berichten, annehmen?
   a) Kaffee und Frühstück bei der Pressekonferenz
   b) eine Testfahrt im neuen Mazda mit Ehefrau durch Wien, eine Einladung zum Wiener Opernball, Maßanzug inklusive[25]
   c) Vorträge von ThyssenKrupp in der Singita Lebombo Lodge in Südafrika

Antwort a) ist völlig normal. Wie soll man morgens auch sonst in der Lage sein, Informationen aufzunehmen. Mit innovativen Ideen wie Antwort b) machte der ehemalige Pressechef von Mazda Europa auf sich aufmerksam. So schön wie in den alten Zeiten ist es als Autojournalist aber inzwischen nicht mehr. Der Mann muss sich wegen überteuerter Rechnungen und Steuerhinterziehung rechtfertigen.[26] Als vier Journalisten[27] Option c) wählten, empörte sich der Journalistenverband *netzwerk recherche* und verwies auf den journalistischen Verhaltenskodex.[28] Strafbar ist aber auch der wohlverdiente Arbeitsurlaub nicht. Wir wünschen gute Reise.

Sechs Tage Südafrika für Journalisten

Ihre Dienstreise mit ThyssenKrupp führt Sie ins aufregende Südafrika. Sie fliegen mit dem Firmenflieger, einer Dassault Falcon 2000, von Düsseldorf nach Frankfurt. Dort geht es First Class weiter nach Johannesburg. Entspannen Sie sich bei exquisiten Weinspezialitäten und in bequemen Bordsesseln, die sich zu Zwei-Meter-Betten umfunktionieren lassen (Wert: 5.000 Euro). Im Luxus-Geländewagen geht es schließlich in den Kruger Nationalpark zu Ihrer Unterkunft. Die Singita Lebombo Lodge vereint die ursprüngliche afrikanische Wildnis mit modernem Designer-Interieur (1.000 Euro pro Nacht). Vergessen Sie nicht an einer atemberaubenden Safari und einem anschließenden Barbecue im Busch teilzunehmen. Falls Sie sich fragen, was das mit Arbeit zu tun hat, lauschen Sie zwischendrin einem unserer Vorträge zu »Chancen durch Megatrends« und »Innovative Technologien«.[29]

Zeitung

2.) Sie sind Geschäftsführer der österreichischen Gratiszeitung »heute«. Ein Mitarbeiter des Gesundheitsministers Alois Stöger von der SPÖ ruft bei Ihnen an und möchte ein Inserat schalten. Laut Ihrer Homepage kostet eine Viertelseite 8.139,60 Euro.[30]

Wie viel Geld dürfen Sie für das Inserat dieser Größe vom Ministerium annehmen?

a) Ich darf gar kein Geld annehmen, da Zeitungen, um ihre Unabhängigkeit zu wahren, keine Werbung von Ministerien und Parteien schalten dürfen.
b) 8.139,60 Euro
c) 18.900 Euro

Zeitungen finanzieren sich zu 40 Prozent über Inserate.[31] Sie sind also von ihnen abhängig. In unserem Falle ist Punkt c) eingetreten. Die Differenz zum Listenpreis erklärt sich laut Sprecherin des Ministers durch das umfassende Leistungspaket, inklusive Logo-Präsenz (das dann aber doch nicht zu sehen war).[32] Derart großzügige Zahlungen sind in Österreich vor allem kurz vor dem Wahlkampf normal. Dass Zeitungen deshalb positiver über die zahlenden Politiker berichten könnten, glaubt die Justiz nicht. Die Staatsanwaltschaft leitete zwar Ermittlungen ein, stellte diese dann aber doch wieder ein.[33] Demnach ist die Sache ganz legal!

Politik

Fraktionsvorsitzender

3.) Sie sind der CDU-Fraktionsvorsitzende Reinhard Sommerfeld aus dem brandenburgischen Neuruppin. Ein Investor bietet Ihnen ein Darlehen über 100.000 Euro, wenn Sie einer Ausfallbürgschaft[34] für ein Hotel zustimmen. Sie dürfen …

a) … das Angebot nicht annehmen.
b) … den Darlehensvertrag unterschreiben und dann wie gewünscht abstimmen.
c) … erst abstimmen und dann das Geld als Geschenk annehmen.

Der CDU-Politiker wählte Antwort b) und ist damit der einzige Politiker, der es in Deutschland jemals geschafft hat, wegen Abgeordnetenbestechung verurteilt zu werden. Er bekam neun Monate auf Bewährung.[35] »Hätte der Mann das Geld nach der Abstimmung als Dankeschön angenommen [Antwort c], wäre nach dem Gesetz alles in Ordnung gewesen«, so der Oberstaatsanwalt.[36]

Bundestagsabgeordneter

4.) Sie sind Bundestagsabgeordneter einer Regierungspartei. Welche Geschenke dürfen Sie annehmen?
   a) gratis Bahn fahren und fliegen mit der Lufthansa innerhalb Deutschlands[37]
   b) zwei Gratistickets für die Fußball-WM 2014 in Brasilien[38]
   c) ein Aufsichtsratsmandat beim Stahlriesen ThyssenKrupp (Nebenverdienst: 115.000 Euro)[39]

Alle Antworten sind richtig. Lediglich Punkt c) oder namentlich Peer Steinbrück machte sich mit seinen Nebeneinkünften nicht gerade beliebt. Als rauskam, dass fast ein Drittel aller Abgeordneten Nebeneinkünfte haben, war aber alles wieder halb so wild.[40] In Deutschland macht Regieren eben noch Spaß!

Wirtschaft

Unternehmen allgemein

5.) Sie arbeiten in einem privaten Unternehmen. Welche der folgenden Handlungen sind legal?
   a) Sie spenden einer politischen Partei einen erheblichen Geldbetrag, um Ihre Beziehungen zu den Amtsträgern zu stärken.
   b) Sie bedanken sich bei einem Beamten mit einem selbst gebackenen Kuchen.
   c) Sie laden unabhängige Versicherungsvertreter zu einer Sex-Party in Budapest ein.

Antwort a) ist heikel. Parteispenden sind zwar erlaubt, aber nur wenn Sie nicht laut dazu sagen, was Sie sich dafür erwarten. Üben Sie Diskretion. Großspendern empfehlen wir, die Zahlungen zu stückeln. Spenden unter 50.000 Euro müssen von den Parteien nicht sofort ausgewiesen werden.[41]

Zu Antwort b) Der Kuchen ist erlaubt. Bei Sachgeschenken gibt es bei Behörden jedoch meist eine Grenze von 10 bis 20 Euro.[42] Die Spende für die Kaffeekassa sollten Sie lieber sein lassen. Im besten Fall muss der Beamte deswegen beim Vorgesetzten einen Antrag stellen. Im schlimmsten Fall machen Sie sich beide strafbar.[43, 44]

Zu Antwort c) Die Ergo-Versicherung bedankte sich bei zwei ihrer leitenden Angestellten und 64 selbstständigen Versicherungsvermittlern mit einer Lustreise ins Gellert-Heilbad.[45] Sofern es sich bei den Prostituierten nicht um Minderjährige handelte, war die Sache legal, wenn auch riskant.[46] Bei größeren Sexpartys ist die Wahrscheinlichkeit, sich eine Geschlechtskrankheit zu holen, deutlich erhöht.

Pharmaunternehmen

6.) Sie arbeiten in einem Pharmaunternehmen. Wem können Sie vom Gesetz her Geld schenken?
   a) einem Arzt, der Ihr Medikament verschreibt[47]
   b) einem Kommissionsmitglied, das Ihr Medikament beurteilt[48]
   c) einer medizinischen Fakultät, die über Ihr Medikament forscht[49]

Juhuuu! Schon wieder alles legal! Niedergelassene Ärzte sind selbstständig und können sich somit gar nicht der Bestechlichkeit schuldig machen.[50] Bloß aufpassen sollten Mediziner, die für staatliche Krankenhäuser oder Versicherungen arbeiten. Mehr dazu finden Sie im Kapitel Pharma.

Finanzwesen

7. Sie heißen Rudolf Elmar und arbeiten bei der Schweizer Bank Julius Bär. Dort sind Sie mit zum Teil illegalen Offshore-Geschäften betraut. Was machen Sie?
   a) Sie tun, was alle tun, und halten den Mund.
   b) Sie haben ein schlechtes Gewissen und bieten sich der Steuerbehörde als Whistleblower an.
   c) Sie geben die Bankkundendaten an Wikileaks weiter.[51]

An offizielle Stellen sollten Sie sich nicht wenden. Wer es in der Schweiz wagt, Inhaber von Schwarzgeldkonten zu verpfeifen, dem droht eine Gefängnisstrafe wie bei Raub und Mord. Die Behörde steckte Elmar immerhin 30 Tage in den Knast. Kein Wunder, dass noch nie ein Banker von der Justiz verfolgt wurde.[52]

Die richtige Antwort lautet also: a)

Auswertung

Haben Sie alle Beispiele für korrupt gehalten?
Stärken Sie Ihre moralischen Grundlagen in den nächsten zwei Kapiteln und verinnerlichen Sie die Coachingtipps am Ende des Buches. Mit ein bisschen Training schaffen auch Sie den Einstieg.

Sie lagen mehr oder weniger richtig mit Ihren Einschätzungen?
Ausgezeichnet! Wer die Grenze zwischen Legalität und Illegalität kennt, hat die Zielgerade gefunden.

Haben Sie keines der genannten Beispiele für korrupt gehalten?
Großartig! Ein weiterer Hauptgrund für Korruption ist das fehlende Bewusstsein.[53, 54] Bleiben Sie einfach so, wie Sie sind.

Strafmaß

Politiker und Lobbyisten arbeiten bei neuen Gesetzen intensiv zusammen, damit auch wir reibungslos arbeiten können. Strafen sind zwar vorgesehen, aber nur für diejenigen, die die Regeln der Korruption nicht beherrschen. Wir empfehlen, sie nicht als Verbote, sondern vielmehr als lustvolle Erweiterung des Gesellschaftsspiels Korruption anzusehen. Ein wenig Adrenalin erhöht Leistung und Gewinn. Hier aber dennoch ein Einblick in das offizielle Strafmaß. Eventuelle Geldstrafen kommen noch hinzu.

Delikt	Deutschland (Strafmaß in Jahren)	Österreich	Schweiz
Vorteilsgewährung	bis 3 (max. 5)[55]	bis 2 (max. 5)[56]	bis 3 bzw. 5[57]
Vorteilsannahme	bis 3 (max. 5)[58]	bis 2 (max. 5)[59]	bis 3[60]
Bestechung	bis 5[61]	bis 3 (max. 10)[62]	bis 5[63]
Bestechlichkeit	bis 5 (max. 10)[64]	bis 3 (max. 10)[65]	bis 5[66]
Betrug	bis 5 (max. 10)[67]	bis 0,5[68] bzw. 3[69] (max. 10)	bis 5 (max. 10)[70]
Veruntreuung	bis 3 (max. 5)[71]	bis 0,5 (max. 10)[72]	bis 5 (max. 10)[73]

Wo kein Kläger, da kein Richter

Falls Sie jetzt Angst haben – das Praktische bei Korruptionsdelikten ist, dass es kaum ein Interesse an Aufdeckung gibt. Bestochene als auch Bestechende profitieren schließlich beide von dem Deal. Im Falle von illegalen Parteispenden haben sogar alle Parteifunktionäre was davon. Deutlich weniger Geldeinnahmen oder ein öffentliches Bekanntwerden der Spenden könnten zu Stimmenverlusten und damit im Extremfall zu Arbeitsplatzverlusten einzelner Politiker führen. Unwahrscheinlich also, dass jemand redet.

Zudem gilt: Ist beispielsweise ein Beamter einmal angefüttert, so kann dieser kaum mehr aussteigen. Die erste Flasche Wein ist noch im Rahmen, doch in dem Moment, in dem der Beamte das erste größere Geschenk annimmt, hat er sich schon strafbar gemacht und kann fortan erpresst werden. Entweder er spielt weiter mit und bevorzugt uns auch bei zukünftigen Aufträgen, oder wir verraten ihn, und er verliert seinen Job.[74]

Angst vor Whistleblowern braucht man sowieso kaum zu haben, ist das Verpfeifen doch mit hohen Risiken und sozialer Ächtung verbunden (siehe Beispiel Elmar oben).[75, 76] Laut Untersuchungen würden zwei Drittel der Angestellten multinationaler Konzerne sich niemals trauen, die eigene Firma zu verpetzen.[77] Paul van Buitenen wurde vier Monate[78] zwangsbeurlaubt (und das bei nur halbem Gehalt[79]), nachdem er die EU-Kommissarin Edith Cresson (siehe Abschnitt »Gabentausch«) angeschwärzt hat. Er hat allerdings noch Glück gehabt. In Amerika werden 82 Prozent der so integren Mitarbeiter für ein solches Verhalten dauerhaft gefeuert oder müssen andere negative Konsequenzen ertragen.[80] Auch Benachteiligungen bei der Vergabe zukünftiger Aufträge oder sogar rechtliche Konsequenzen drohen. Spätestens seit Edward Snowden ist sich wohl jeder der Konsequenzen eventuellen Whistleblowertums bewusst und überlegt lieber zweimal, ob er hawaiianischen Strand gegen russische Tundra tauscht.

Résumé

Die Gesetzeslage lässt viele Spielräume offen. Zudem wurde mehrfach gezeigt, dass hohe Strafen Korruption nicht reduzieren. Entscheidend ist vielmehr die Wahrscheinlichkeit, erwischt zu werden, und da stehen unsere Chancen recht gut. Laut dem Integritätsreport von Transparency International bleiben geschätzte 95 Prozent der Korruptionsfälle in Deutschland im Dunkeln.[81] Und selbst wenn man uns eines Tages erwischen sollte, dann heißt das noch lange nicht, dass wir auch verurteilt werden (siehe Kapitel Krisenmanagement).

IfaK empfiehlt:

Bestechen Sie in Österreich. Da wird Korruption zwar bestraft, dafür ist es aber besonders schwierig, den Akteuren auf die Schliche zu kommen. Das Land liegt im internationalen Vergleich der Informationsfreiheitsgesetze unter 98 untersuchten Ländern knapp hinter Liechtenstein auf dem letzten Platz. Aber auch Deutschlands Verwaltung arbeitet diskret. Platz 95.[82]

Korruption ist menschlich

Viele schrecken auf den ersten Blick vor Korruption zurück. Sie finden es abstoßend, wenn sich Menschen auf Kosten anderer bereichern. Das muss nicht sein. Es gibt handfeste Gründe, sich ihrer zu bedienen. Diese sollten Sie immer klar vor Augen haben. Denn wer erfolgreich korrupt sein will, muss sich moralisch sicher fühlen. Nur wer sich und seine Arbeit liebt, ist gesund und glücklich, und nur wer von sich überzeugt ist, vollbringt Höchstleistungen.

Geschichte

Zunächst wollen wir uns von der Vorstellung trennen, dass es sich bei Korruption lediglich um ein zeitgenössisches Phänomen handelt. Bestechung und Co sind nämlich uralte Kulturtechniken, die schon seit Menschengedenken, zumindest aber seit mehr als dreieinhalb Jahrtausenden erfolgreich angewandt werden. Dass sie ebenso oft verteufelt wurden – und das vergeblich –, legt uns die folgende Überlieferung nahe:

> Mit unserer Erde geht es abwärts. Bestechung und Korruption breiten sich aus. Die Kinder folgen ihren Eltern nicht mehr. Der Untergang der Welt steht offensichtlich bevor! – Inschrift aus Mesopotamien, zirka 1.700 vor Christus[83]

Ob Sumerer, Babylonier, Ägypter oder Römer, in Sachen Korruption kannten sie sich alle aus. Kaum eine glorreiche Zivilisation verzichtete auf die magische Wirkung von Geschenken, sei es, um sich die Gunst der Götter und Könige zu sichern, oder ganz banal, um die Gesetze des Landes ein wenig den eigenen Bedürfnissen anzupassen. Vetternwirtschaft und Nepotismus standen sowieso hoch im

Kurs, etwa wenn es darum ging, einen neuen Statthalter oder Pharao zu küren. Es ist auch kaum vorstellbar, dass prestigeträchtige und vor allem sündteure öffentliche Bauvorhaben, wie die Errichtung der Pyramiden oder der chinesischen Mauer, ohne Schmiergeldzahlungen abgewickelt worden sein könnten. Ganz zu schweigen von all den Infrastrukturprojekten, die wir heute nicht mehr bewundern können, weil sie aufgrund von Baumängeln nach wenigen Jahrhunderten oder gar Jahren kollabiert waren. Am wenigsten wissen wir naturgegeben von jenen Weltwundern, die wegen Misswirtschaft über das Planungsstadium nicht hinausgekommen sind.

In der Tat dürften es unsere Vorfahren in Sachen Korruption recht bunt getrieben haben. Simple Mahnungen reichten nicht aus, um unsere Urahnen dazu zu bewegen, sich ethisch korrekt oder zumindest gesetzeskonform zu verhalten. Wie sonst ist es zu erklären, dass die Mächtigen sich immer wieder gezwungen sahen, Übeltätern mit meist ziemlich drakonischen Strafen zu drohen? Der persische König Kambyses war besonders grausam. Er »ließ einen seiner Richter namens Sisamnes zur Strafe für Bestechlichkeit schinden. Mit der Haut wurde der Richterstuhl bespannt, auf dem anschließend Sisamnes' Sohn als Nachfolger sitzen musste.«[84] Dagegen waren die Strafen im antiken Griechenland noch recht human. Sie umfassten das Zehnfache der Höhe des Bestechungsgeldes, den Verlust der Bürgerrechte oder den Tod. Die Römer sahen die Sache mit der Korruption dagegen recht entspannt. Stimmenkauf bei Wahlen war ebenso normal wie die freundschaftliche Vergabe des Rechts zum Einsammeln von Steuern.[85] Der wohl prominenteste Römer, Julius Caesar, erfuhr sowohl die Freuden als auch die Schattenseiten dieses Systems. Eben noch eine heiße Affäre mit der aufregenden Kleopatra, die danach zur Königin von Ägypten befördert wurde, dann die 23 Messerstiche seiner Rivalen, die ihn das Leben kosteten.[86] Dass aber auch die rund 60 Senatoren, die an seinem Tod beteiligt waren, nicht nur an das Wohl des Volkes, sondern auch an den eigenen Vorteil dachten, ist anzunehmen.[87]

Im Mittelalter können wir vor allem von einer Gruppe lernen: der katholischen Kirche. »Korruption in der Kirche gibt es seit eh und je«, meint der philippinische Kardinal Luis Antonio Tagle.[88] Keine Organisation hat jemals das Grundprinzip besser verstanden. Während wir heute nur dazu raten können, Freunde in Politik, Wirtschaft, Medien und Justiz zu haben, war die Kirche einfach für alles selbst zuständig: Sie war die moralische Instanz, die entschied, was richtig und falsch war. Sie kontrollierte das Verhalten der Menschen durch himmlische Strafen und sanktionierte es zum Beispiel in Zeiten der Inquisition mit weltlichen Strafen wie dem Scheiterhaufen. Wie man aus dieser geistigen Macht auch wirtschaftlichen Gewinn schlagen konnte, zeigt die erstaunliche Erfindung des Ablasshandels. Wer, wenn nicht geistliche Herren, verstanden es besser, dass eine Frucht vor allem dann sexy ist, wenn sie verboten ist? Im Gegensatz zur Geschichte im Alten Testament war es aber in der Realität genau umgekehrt. Denn nur wer Verbotenes tat, konnte sich das Paradies auf Erden leisten. Spendete man einen Teil der Kirche, durfte man sich dabei auch moralisch gut fühlen. Auch wenn der Ablasshandel inzwischen offiziell abgeschafft ist, das Vermögen hat sich bestens gehalten. Nicht zufällig zählt die katholische Kirche heute mit 71,6 Millionen Hektar Land zu den drei größten Grundstückseigentümern der Welt, hinter Königin Elizabeth II. und König Abdullah von Saudi-Arabien.[89, 90] Monumentale Bauwerke zeugen von der Raffinesse eines Glaubens mit System, vom Petersdom in Rom bis zum Bischofssitz in Limburg.

Auch im 17. Jahrhundert waren Geschenke an Amtsträger »üblich und wurden auch nicht immer als Bestechung aufgefasst, sondern als selbstverständlich«[91]. In den feudalen Flächenstaaten des 18. Jahrhunderts wurde Korruption Teil des politischen Systems. »Friedrich II. bestach Minister am Hof von Kaiserin Maria Theresia und war sicher, dass diese wiederum seine Minister bestach. Diplomaten hatten gewissermaßen ein Anrecht auf Bestechung.«[92] Auch Bismarck ließ sich nicht lumpen. Er bestach den Bayern-König Ludwig II. mit jährlich 300.000 Goldmark, damit dieser sich für seine Wahl zum deutschen Kaiser einsetzte. Und um die Medien gewogen zu stimmen, richtete er einen »Reptilienfonds« ein, über den er freihändig verfügen konnte.[93]

Das bewegte 20. Jahrhundert probierte zwar einiges Neues aus, in Sachen Korruption blieb aber alles beim Alten. Fragen Sie doch einmal Ihre Vorfahren, wie Ihr Erbe zustande gekommen ist. Ob sich Ihre Verwandten am einen oder anderen Möbelstück der jüdischen Nachbarschaft bereichert oder gleich ganze Marmorbäder aus französischen Schlössern abgebaut haben. Unsere Wohnungen in München und Salzburg sowie unsere Museen wären auf jeden Fall schrecklich kahl, hätten hier nicht Parteifunktionäre fleißig Kunst gesammelt. Vielleicht gehörten Ihre Vorfahren aber auch zu den 10.000 Parteimitgliedern des NS-Staates, die eine Strafanzeige wegen Bereicherung am Parteivermögen erhielten.[94] Das fiele dann wohl unter gelebter Widerstand innerhalb des Systems.

Auch der Aufbruch in die Demokratie fing gleich mit einem Bestechungsskandal an. Bei der Wahl der neuen Bundeshauptstadt 1949 sollen rund 100 Abgeordnete aller Fraktionen mit insgesamt 2 Millionen Mark gekauft worden sein, damit sie für Bonn stimmten. Sonst wäre es Frankfurt geworden.[95] Ach, wir könnten ewig so weitermachen, fassen wir aber lieber zusammen:

FAZIT

Korruption war seit jeher fester Bestandteil von Gesellschaften. Während Herrscher, politische Systeme, Religionen und was der Himmel noch kommen und gehen, zieht sich Korruption durch die Geschichte wie ein roter Faden. Wer im Kampf ums Überleben gewinnen will, der sollte eines aus der Geschichte lernen: Ohne Korruption keine Evolution.

Anthropologie

In diesem Abschnitt wollen wir den Anthropologen Gehör schenken. Gibt es einen *homo corruptus* und ist korruptes Verhalten sogar menschlicher beziehungsweise sozialer als nicht korruptes Verhalten? Denken wir einen Moment über die heutige Geschäftspraxis nach.

Warentausch

Der Kauf einer Banane geht sachlich und neutral vonstatten. Wir gehen in einen Supermarkt, an der Kasse nennt uns das Personal den zu entrichtenden Betrag, wir zücken unsere Kreditkarte, und die Sache ist gegessen. Selbst die eigenartigsten Leute können sich auf diese Weise ein T-Shirt kaufen, wenn sie nur das passende Kleingeld haben. Niemand muss die Verkäuferin, die Kinder, die es genäht haben, oder die Arbeiter, die die Baumwolle gepflückt haben, persönlich kennen, geschweige denn ihre Arbeit würdigen. Wie war das früher, in einer Zeit, als es weder Geld noch Fixpreise noch Verkäufer oder Shoppingmalls gab? Der schon lange tote, aber immer noch bedeutende Wissenschaftler Marcel Mauss beobachtete um 1920 herum die Ureinwohner in Neuguinea und beschrieb das Prinzip der »Gabe« ungefähr so:[96]

Gabentausch

Die Gabe von beispielsweise Früchten verläuft mit viel Tamtam in einer rituellen Handlung. Die Früchte sind dabei viel mehr als nur Obst. Sie verkörpern die sozialen Beziehungen zwischen Gebendem und Nehmendem. Der Pflicht des Gebens folgt die Pflicht des Nehmens und umgekehrt.[97, 98] Beide sind durch die Gabe miteinander verbunden und zu Verbündeten geworden.[99] Erhält man einen Gegenstand oder gar einen Menschen als Geschenk, so steht der Beschenkte in der Schuld des anderen und muss diese früher oder später ausgleichen.

Die angesehensten und reichsten Menschen sind diejenigen, die auch am meisten verschenken,[100] wofür sie aber früher oder später eine Gegenleistung erwarten.

Und wie ist das bei Korruption? Werfen wir einen Blick nach Brüssel.

Edith Cresson hatte in den späten 90ern als EU-Kommissarin Posten zu vergeben. Sie entschied sich, ihrem persönlicher Freund, dem Zahnarzt Rene Berthelot,[101] einen Job als Aidsexperten[102] zuzuteilen. Dadurch zeigte sie ihm, dass sie ihn als Menschen akzeptierte und wertschätzte. Der Freund erwiderte ihre Sympathie, indem er den Posten annahm, und es ist anzunehmen, dass dies der Freundschaft keinen Abbruch tat. In welcher Form sich der Zahnarzt revanchierte, ist nicht dokumentiert. Allerdings versicherte Cresson, dass sie mit seiner Arbeit zufrieden gewesen sei.[103]

Cresson stellte damit die sozialen Aspekte der Vergabe vor die der sachlichen. Aus diesem Beispiel können wir ersehen: Korruption ist im Grunde eine Art kulturelles Missverständnis. Während sich die eine Seite eine neutrale Vergabe wünscht, die auf Qualifikation beruht (Warenaustausch), bevorzugt die andere Seite die Pflege von sozialen Beziehungen und Netzwerken (Gabentausch).

Wer würde schon leugnen, dass das Prinzip der Gabe tief in uns verwurzelt ist? Spätestens bei der nächsten Hochzeit, wenn der Vater seine Tochter in der Kirche dem Bräutigam übergibt und wir dem Brautpaar mit Blumen im Haar Geschenke überreichen, werden wir erkennen, dass wir im tiefsten Herzen archaische Ureinwohner geblieben sind. Grund zum Feiern gibt es heute allerdings kaum mehr. Die rosigen Zeiten des Wirtschaftsaufschwungs sind längst vorbei. Stattdessen sind wir mit einer kalten und beinharten globalisierten Welt konfrontiert. Auch der Staat garantiert kaum mehr soziale Sicherheit. Da ist es nur natürlich, dass wir uns auf unsere sozialen Wurzeln besinnen. Für Korruptionisten stehen Gemeinschaftsgefühl und Kameradschaft sowie gemeinsame Ziele noch im Mittelpunkt.[104]

FAZIT
Wer sich orientierungslos fühlt und sich nach mehr sozialer Wärme und sicheren Strukturen sehnt, ist bei Ureinwohnern und Korruptionisten gut aufgehoben. Korruption kann als moderner Kompromiss zwischen rituellem Gabentausch von damals und dem Wirtschaftssystem von heute gesehen werden. Wer möchte schon so herzlos sein und Geschenke verbieten?

Psychologie

Psychologen sind nicht nur Autoritätspersonen, die Verrückte zwangsfixieren und ihnen Medikamente verabreichen, nein, mittlerweile beschäftigen sie sich auch mit Wirtschaftsfragen. Auch sie können uns wichtige Hinweise über korruptes Verhalten liefern. So ist Dan Ariely nicht nur Psychologe, sondern auch Verhaltensökonom. In seinem Buch »Denken hilft zwar, nützt aber nichts«[105] geht er der Frage nach, ob und wann wir schummeln beziehungsweise betrügen.[106] Dazu ließ er unzählige amerikanische Studenten Rechentests ausfüllen. Je mehr Aufgaben die Probanden richtig lösten, desto mehr Geld bekamen sie. Im ersten Versuch korrigierte eine neutrale Person ihre Ergebnisse. Daraus konnte Ariely schließen, wie viele richtige Antworten im Durchschnitt erbracht wurden. In einem weiteren Versuch korrigierten die Studenten ihre Tests selber und teilten der Aufsichtsperson nur noch mit, wie viele Aufgaben sie richtig hatten. Diese zahlte sie dementsprechend aus. Es zeigte sich, dass sich die durchschnittliche Rechenleistung der Studenten erhöhte, sprich, sie schummelten, wenn auch in Maßen. Beim nächsten Mal sparte Ariely die neutrale Person ein. Die Studenten werteten ihre Tests selber aus und konnten danach in ein Glas mit Geld greifen, um sich selbst auszuzahlen. Wieder schummelten sie, aber nur geringfügig mehr als beim vorigen Versuch. Im letzten Durchlauf erhielten die Studenten für ihre selbstkorrigierten Tests eine Art

Kasino-Jetons. Diese konnten sie dann bei einer neutralen Person in Geld umwechseln. Und was passierte? Es wurde betrogen, was das Zeug hält!

Experiment

In Deutschland würde so etwas nicht passieren, dachten sich ein paar Forscherkollegen und konstruierten folgendes Experiment:

> *Sie sind Vertriebsleiter eines Unternehmens, das Fahrräder herstellt. Ein langjähriger Geschäftspartner ruft Sie an, und Sie plaudern freundschaftlich. Plötzlich schlägt der Anrufer einen Deal vor. Er vergibt einen Auftrag an das Unternehmen, zum Ausgleich sollen Sie ihm ein teures Fahrrad schenken. Was machen Sie?*

84 Prozent der Teilnehmer gingen auf das Angebot ein und fanden das auch gar nicht schlimm.[107] Das erklärt auch, warum 98 Prozent der Deutschen regelmäßig bei Umfragen angeben, in den letzten zwölf Monaten natürlich niemanden bestochen zu haben.[108]

Es ist aber auch wirklich kompliziert. Fast jedes Unternehmen wäre wohl stolz auf seinen Vertriebsleiter, der einen Auftrag an Land gezogen hat. Ein Fahrrad ist ja im Grunde nichts anderes als ein paar Prozente. Problematisch ist lediglich, dass das Fahrrad als privates Geschenk an den Anrufer und nicht an dessen Firma geht.

FAZIT

Hier haben wir den wissenschaftlichen Beweis: Gelegenheit macht Diebe, und Schummeln ist menschlich. Des Weiteren gilt es festzuhalten: Je abstrakter der Betrug, desto weniger moralische Bedenken haben wir Menschen. Wer zu Vermögen kommen will, sollte daher nicht die Ziege des Nachbarn klauen oder eine Bank überfallen. Gründen Sie lieber eine oder versuchen Sie es mit Börsen-Insiderhandel, am besten mithilfe von Supercomputern (siehe Kapitel: Finanzindustrie). Weitere Anregungen, wie wir bequem und mit fröhlichem Gemüt korrupt sein können, finden sich in den jeweiligen Branchenkapiteln.

Achtung Gott

Bei einem weiteren Versuch ließ Ariely eine Hälfte der Studenten vor dem Test die letzten zehn Bücher, die sie gelesen hatten, aufschreiben. Die andere Hälfte musste die Zehn Gebote notieren. Und was, glauben Sie, passierte bei der Bibelgruppe? Kein Einziger, selbst die, die nur ein Gebot notierten, schummelte![109]

Also entweder Sie lesen nie wieder ein anderes Buch als dieses oder Sie lernen, Berufliches und Privates zu trennen. Leben Sie Ihre christliche Seite dort aus, wo sie hingehört: im Beichtstuhl.

Die sieben idealen Bedingungen für Korruption

Schauen wir nun, welche Erkenntnisse wir aus der Psychologie in die Praxis umsetzen können. Manche Psychologen vertreten die These, dass weniger unsere Charakterzüge unser Verhalten bestimmen, sondern in erster Linie die Umstände entscheidend sind. Auch wir sind der festen Überzeugung: Jeder Mensch kann korrupt werden. Wenn Sie sich an die folgenden Tipps halten, klappt es bestimmt auch bei Ihnen. Eine Empfehlung frei nach Philip Zimbardo:[110]

Naiv und klein anfangen

Selbst ein Weg zu 10 Milliarden Euro beginnt mit dem ersten Schritt. Das Gute ist, dass jeder von uns seine ersten Schritte schon hinter sich hat, wie wir im letzten Kapitel gesehen haben. Versuchen wir, Korruption wieder mit den unschuldigen und vorurteilsfreien Kinderaugen zu sehen.

Nur Zahlen zählen

Wer Bedenken hat, dass unsere Handlungen Menschen schaden könnten, dem empfehlen wir, sich allein auf die Zahlen zu konzentrieren. Das hat Tradition. Wer Kriege plant oder ein Unternehmen führt, darf sich nicht von Gefühlen leiten lassen. Was gezählt werden kann, das zählt, und das sind letztendlich Fakten und Zahlen. Sie sind hart, aber fair. Denn obwohl sie Gut und Böse nicht kennen, lügen sie nie. Zahlen geben uns auch ein klares Ziel vor. Der Blick auf den Kontostand kann uns täglich zu Höchstleistungen motivieren, denn Zahlen und Reichtum kennen kein Ende, sie streben in die Unendlichkeit.

Ich bin mein Job

Menschen sind soziale Wesen, die sich in sozialen Netzwerken organisieren. Das gilt für die Familie und den Freundeskreis genauso wie für die Arbeit. Damit alles reibungslos funktioniert, ist es wichtig, sich auf die eigene Aufgabe und Rolle zu konzentrieren. Auch hier wird das Ziel in der Arbeit vor das eigenständige Denken und Fühlen gestellt. Bin ich Arzt, konzentriere ich mich nicht auf den wundervollen Menschen, der vor mir liegt, sondern auf die offene Wunde, die genäht werden muss. Kündige ich einen Mitarbeiter, tue ich dies nicht in der Rolle des Freundes, sondern als Chef, der Verantwortung gegenüber dem Unternehmen trägt. Um diesem Unterschied nach außen Ausdruck zu verleihen, wurde die Arbeitskleidung erfunden. Ein schicker Armani-Businessanzug oder ein Kostüm von Prada sehen nicht nur gut aus, sondern erinnern daran, wer wir beim Arbeiten wirklich sind: ein Beamter, ein Banker, ein Politiker, ein Unternehmer, ein CEO.

Hierarchien leben

Nicht nur die Rolle, auch die unterschiedlichen Funktionen sind wesentlich für das Funktionieren einer Gesellschaft. Hierarchien schaffen klare Verhältnisse und sorgen dafür, dass ein Ziel nicht aus den Augen verloren wird. Wer beim Bund oder beim Bundesheer war, der weiß, Befehl ist Befehl, da wird nicht nachgedacht, sondern gefolgt. Hierarchien sorgen auch in der Korruption für Klarheit und sparen uns eine Menge Zeit. In einer ordentlichen Rangordnung reicht es, den Chef zu überzeugen. Alle Untergebenen werden folgsam mitziehen.

Dem Gruppenzwang folgen

Korruption greift auf eine lange Tradition zurück. Es ist äußerst wichtig, ihre jeweiligen Regeln zu kennen und sich an diese anzupassen. Korruption ist nämlich auch eine gesellschaftliche Angelegenheit, bei der Einzelgänger auf verlorenem Posten stehen. Am besten wir suchen uns ein Arbeitsumfeld, das schon eine Menge Erfahrung vorzuweisen hat, und folgen dem Gruppenzwang, sprich wir machen es einfach wie alle anderen auch.

Eigenverantwortung abgeben

Wir leben in einer komplexen und arbeitsteiligen Welt. Wer von uns stellt noch sein Essen, seine Werkzeuge oder sein Haus selber her? Es ist alles so kompliziert, dass angeblich der Flügelschlag eines Schmetterlings am anderen Ende der Welt einen Tornado auslösen kann.[111] Wer kann schon vorhersagen, welche Folgen unser Handeln hat? Bringen wir tatsächlich die Polarkappen zum Schmelzen, wenn wir Auto fahren? Schaden wir Menschen, wenn wir korrupt handeln? Für was sind wir wirklich verantwortlich? Auto fahren tun zumindest auch noch alle …

Wo beim Autofahren jeder selbst fürs Fahren verantwortlich ist, sind die Zuständigkeiten im Job allerdings schön verteilt, so dass letztendlich keiner mehr wirklich allein verantwortlich ist. Arbeiten wir in der Marketingabteilung eines Pharmakonzerns an der Werbung für ein neues Medikament, sehen wir weder, wo und unter welchen Umständen der Wirkstoff getestet wurde, noch tragen wir die Verantwortung für dessen Nebenwirkungen. Sind wir in der Rüstungsindustrie tätig, ist unsere Aufgabe, Soldaten zuverlässige und damit sichere Waffen zu liefern und nicht, für den Weltfrieden zu sorgen. Und Gott sei Dank müssen wir dies nicht an den jeweiligen Kriegsschauplätzen tun. Die eigentliche Entscheidung, was wir in der Wirtschaft tun und lassen sollen, liegt meist bei den Politikern. Ihre Aufgabe ist es, sich darüber den Kopf zu zerbrechen und entsprechende Gesetze zu verabschieden. Unsere Verantwortung liegt lediglich darin, den Aktionären ihr eingesetztes Kapital zu vermehren.

Ist mir doch egal!

Letztlich sind diese Gedanken aber völlig überflüssig. Wir sind Teil eines Systems und können uns nur innerhalb dessen bewegen. Und wie wir immer wieder sehen werden, ist es das System beziehungsweise die Gesellschaft selbst, die Korruption unterstützt. Am besten wir machen es wie die Buddhisten und nehmen die Welt so an, wie sie ist.

Soziologie

Laut der »Broken-Windows-Theorie« der Amerikaner Wilson und Kelling führt schon ein zerbrochenes Fenster unausweichlich zu Graffiti-Beschmierungen, zur Ansiedelung von Drogenabhängigen und sogar zum Verfall des ganzen Viertels.[112] Warum? Wenn es die anderen tun, mach ich's auch (Konditionale Kooperation). Außerdem ist der Nutzen hoch, und da man anscheinend nicht erwischt wird, sind die Kosten gering (Rational Choice). Vandalismus und kriminelles Verhalten führen demnach zu immer mehr Regelverstößen. Wil-

Korruption ist o.k.

Wie reagiert die Gesellschaft auf das Phänomen Korruption? Will sie es unterdrücken, kontrollieren oder gar verbieten?

Was meint die Bevölkerung?

Fragt man Menschen, zum Beispiel in Österreich, was sie sich wünschen, so fordern doch tatsächlich 66 Prozent einen stärkeren Kampf gegen Korruption.[115] Das ist ihnen sogar wichtiger als eine gesicherte Lebensqualität und stabile Energiepreise.[116] Na dann auf in den Kampf! Die Frage ist nur, wer soll kämpfen, wie und gegen wen eigentlich? Normalerweise gehen Leute auf die Straße, wenn ihnen irgendetwas nicht passt. Sie gründen Organisationen oder gleich eine neue Partei. Oder sie geben bei der nächsten Wahl Ihre Stimme einer Partei, die nicht in Korruptionsfälle verwickelt ist. Haben Sie bei uns schon einmal eine Demo gegen Korruption gesehen? Aber Straßenschlachten wie in Sarajevo entsprechen wahrscheinlich nicht ganz unserer Mentalität.[117] Vereinsmeierei passt da schon besser. Neben kleinen Exoten-Organisationen wie Lobbycontrol, die sich auf die Fahnen geschrieben hat, die Macht der Lobbyisten zu beschränken, fällt vor allem eine Organisation auf, Transparency International.[118] Ein paar mehr oder weniger bekannte Juristen finden sich unter den Mitgliedern, wie der Gründer Peter Eigen und der ehemalige Präsident des österreichischen Rechnungshofs, Franz Fiedler. Die Non-Profit-Organisation betreibt eigenständige *Chapters* in über hundert Ländern. Ihr hauptsächlich aus Spenden[119] finanziertes Jahresbudget in Deutschland beträgt knapp 355.000 Euro.[120, 121] Bei 80 Millionen Deutschen macht das im Durchschnitt eine Spende von 0,004 Euro pro Person und Jahr. Aber gut, eigentlich sollten sich um politische Angelegenheiten ja auch Politiker kümmern. Im März 2014 initiierten die österreichischen Grünen ein Anti-Korruptionsvolksbegehren. Das Ergebnis: 10.257 Personen, das sind 0,1 Prozent der Bevölkerung, unterzeichneten.[122] Den stark auf Anti-Korruption angelegten Wahlkampf der Grünen 2013 belohnten 12,4 Prozent der österreichischen Wähler und Wählerinnen mit ihrer Stimme.[123] Die ehemalige Partei Jörg Haiders, maßgeblich am Hypo-Alpe-Adria-Korruptionsskandal beteiligt, erhielt dagegen 20,5 Prozent. Letztendlich regieren wieder traditionsbewusst die beiden Großparteien ÖVP und SPÖ, die sich standhaft weigern, strengere Korruptionsbestimmungen zu verabschieden. Auch die deutschen Wähler zeigten bei den Bundestagswahlen 2013 keinen Wunsch nach Veränderung. 2012 hatte die CDU (wie die Jahre zuvor) noch maßgeblich dazu beigetragen, die Ratifizierung der UN-Konvention gegen Korruption zu verhindern.[124] Die Wähler bedankten sich mit 41,5 Prozent der Stimmen.[125] Dass sich Deutschland damit in einer Liga mit Nordkorea, Sudan, Japan und Syrien befand, zeigt Solidarität mit Randgruppen.[126] Mutti Merkel wird's schon richten.

FAZIT

Der Wunsch, Korruption zu bekämpfen, scheint lediglich bei Umfragen und beim bourgeoisen Dinner mit Freunden in Mode zu sein. Beim Ausfüllen von Überweisungen oder Wahlzetteln setzt die Mehrheit auf Sicherheit und Gewohnheit, sprich alles soll so bleiben, wie es ist.[127] Passen Sie sich den kulturellen Gepflogenheiten an. Nein sagen, Ja meinen! Treten Sie öffentlich gegen Korruption auf, aber handeln Sie stets im Sinne Ihres maximalen privaten Nutzens.

Testen Sie sich selbst
Spenden Sie einer der folgenden Organisationen 100 Euro:

Transparency International
Spendenkonto: 11 46 00 37 00
BLZ: 430 609 67

GLS Bank
IBAN: DE07 4306 0967 1146 0037 00
SWIFT: GENO DE M 1 GLS

Verein der Freunde der Wiener Polizei[128]
UniCredit Bank Austria
IBAN: AT031200022010956200
BIC/WIFT: BKAUATWWXXX

Institut für angewandte Korruption
Easybank
IBAN: AT90 1420 0200 1094 3605
BIC/SWIFT: EASYATW1

Was meint die Politik?

Politiker sind feinfühlige Wesen, die intuitiv spüren, welche Themen ihren Wählern wichtig sind und welche nicht. Nur weil irgendwelche Nichtregierungsorganisationen etwas fordern, heißt das noch lange nicht, dass deshalb die Menschen in der Wahlkabine ihr Kreuzerl woanders machen. Wie wir gesehen haben, zählt Korruption nicht zu den wahlentscheidenden Motiven, ergo kümmern sich auch die Volksvertreter nicht darum. Nachdem aber selbst Firmen wie Siemens ein neues Korruptionsgesetz forderten, hatte das 11 Jahre lange Überlegen ein abruptes Ende. In nur einer Woche lieferten die Damen und Herren des Bundestages im Februar 2014 einen Gesetzesbeschluss. Drei Viertel der Plenarzeit hatten die Abgeordneten noch über die Erhöhung ihrer Bezüge debattiert, ehe sie sich der Korruption widmeten. Das Resultat kann sich sehen lassen: Klassische Lobby-Arbeit wie Zuwendungen für »gutes Klima«, nachträgliche Belohnungen in Form von Geld oder interessanten Posten werden vom Gesetz nicht erfasst und bleiben strafrechtlich erlaubt. Also erst die Arbeit, dann die Geschenke![129] Hier sehen wir, warum es erstrebenswert ist, Politiker zu werden. Wir können uns unsere eigenen Gesetze machen, sprich wir haben vor allem eines: Macht. In Demokratien erhält man diese offiziell über Wahlen. Doch um gewählt und wiedergewählt zu werden, braucht es einen erfolgreichen Wahlkampf, und der kostet richtig viel Geld. Was liegt da näher, als sich einen Teil der Kosten durch Sponsoren finanzieren zu lassen? Laut Rechenschaftsberichten haben die Parteien in Deutschland im Jahr 2012 rund 429 Millionen Euro eingenommen.[130] Alleine an Spenden erhielten sie fast 50 Millionen Euro.[131]

Kuchen für die Volksparteien
(Parteispenden 2012 in Mio. Euro)[132]

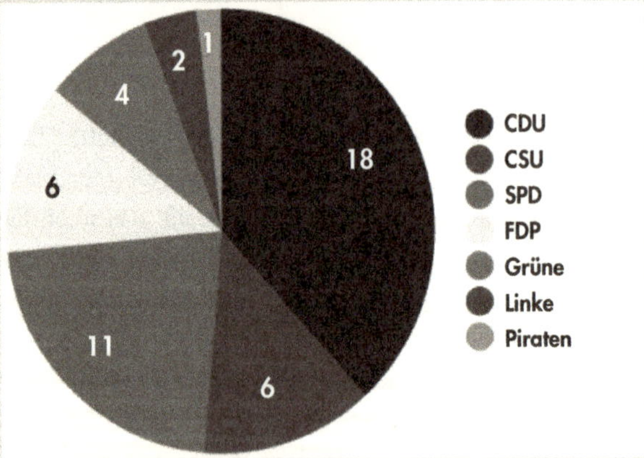

Im Jahr 2013 gingen zwei Drittel der Großspenden über 50.000 Euro an die Unionsparteien CDU und CSU.[133]
Edelster Spender: Verband der Bayerischen Metall- und Elektronikindustrie mit 350.000 Euro an die CSU.[134]

Als Dank schenkt man den Spendern regelmäßig ein Ohr. Schließlich sind Lobbygruppen auch Experten auf ihrem Gebiet. Manchmal vermitteln sie ihr Wissen so gekonnt an einen Politiker weiter, dass dieser später sogar selbst als Berater bei den Spendern einsteigt. Gegen Nebenverdienste haben nämlich auch Politiker nichts. Läuft die Zusammenarbeit wie geschmiert, freuen sich die Würdenträger auch nach ihrer Politikerkarriere über Jobangebote aus der Wirtschaft. Gott sei Dank! Welch trauriges Bild würde Deutschland abgeben, wenn etwa die rot-grüne Koalition von Herrn Schröder und Herrn Fischer beim Jobcenter sitzen würde.

FAZIT

Wenn eine Gruppe kein Interesse am Verbot von Korruption hat, dann die amtierenden Herrschaften. Zum einen sind sie auf großzügige Spender angewiesen, zum anderen wären sie ja blöd, sich Nebenverdienste und Zukunftschancen selbst zu verbauen. Ein Politiker, der seine Macht selbst beschränkt? Wenn Sie das fordern, dann wählen Sie beim nächsten Mal doch gleich die Anarchistische Pogo-Partei Deutschlands.[135]

Was meint die Wirtschaft?

Nach Schätzungen der Weltbank addieren sich die volkswirtschaftlichen Verluste beziehungsweise Gewinne durch Korruption (je nach Sichtweise) auf bis zu 12 Prozent der weltweiten Wirtschaftsleistung.[136] Für Deutschland wird der Schaden grob auf 250 Milliarden Euro geschätzt.[137, 138] In Österreich sind es zirka 17 Milliarden.[139] Inkludiert sind hier aber auch Betrugsformen, die nicht jeder mit Korruption gleichsetzen würde, wie zum Beispiel Abgaben- und Sozialversicherungsbetrug sowie Schwarzarbeit. Der größte Schaden oder Nutzen entsteht durch Kartelle, überteuerte Aufträge, illegale Absprachen von Unternehmen. Ein Wirtschaftsunternehmen ist eben kein Sozialhilfeverein. Wenn sich durch Bestechung die Rendite steigern lässt, dann wird's gemacht. Das erklärt, warum Konzerne wie MAN, Ferrostahl, Infineon, EADS, Thyssen-Krupp, Rheinmetall und viele mehr in den letzten Jahren wiederholt auf Korruption setzten.[140] Es ist ja nicht so, dass die alle nicht rechnen können. Darüber hinaus ist anzunehmen, dass auch die der Korruption unverdächtigen Manager von Allianz, BMW, Deutsche Bank und Daimler Chrysler genau wissen, wofür sie regelmäßig hohe Summen an die führenden Parteien überweisen.[141, 142] Schließlich sind sie allein ihren Aktionären verpflichtet, und die haben sicher nichts zu verschenken. Sie müssen aber nicht gleich eine große Versicherung oder gar eine Bank sein, um Freude am Spenden zu entwicklen. Auch die Bertelsmann AG, zu der auch der Riemann Verlag gehört, beschenkte die CDU im Jahr 2009 mit 60.000 Euro. Wir hoffen, in Zukunft erfolgen die Geschenke in Kombination mit unserem Buch.[143]

Laut dem Bundeskriminalamt sind Schmiergelder besonders bei Auftragsvergaben im öffentlichen Sektor/Baubereich, in der Rüstungs- und Verteidigungsindustrie und im Energiesektor (Öl- und Stromwirtschaft) gefragt.[144] Im Auslandsgeschäft führt sowieso kein Weg daran vorbei. Wer in Russland, Afrika und China Aufträge bekommen will, muss »Investitionshemmnisse« aus dem Weg räumen. Erst dann läuft der Exportmotor rund. »Entweder man macht da mit, oder man sitzt auf dem Trockenen«,[145] so der ehemalige Staatssekretär im Finanzministerium Rainer Offergeld. In wenig korrupten Ländern zahlen sich Bestechungsgelder besonders aus. In Ungarn und in den drei baltischen Staaten konnten Forscher bei Unternehmen tatsächlich Produktivitätsfortschritte durch Korruption feststellen.[146]

Wie wir wissen, hat Siemens das System geradezu perfektioniert. Laut Staatsanwaltschaft München flossen zwischen 2001 und 2006 fragwürdige Zahlungen in Höhe von mindestens 1,3 Milliarden Euro.[147] Mag sein, dass Siemens hier etwas übertrieben hat. Der hohe Organisationsgrad zeugt aber auch von Effizienz. Im Grunde leben die fleißigen Manager nur in der falschen Zeit. Bis 1999 waren

Schmiergeldzahlungen an ausländische G
und sogar als »Nützliche Aufwendunge
Kulanterweise mussten Firmen dafür
reichen.[150] Auch die Bestechung inlä
1998 erlaubt.[151]

Welche Auswirkungen es haben kann,
en Markt eingreifen, zeigt das Beispiel USA. A
1977 mit dem *Foreign Corrupt Practices Act* (FCPA) b
Schmiergeldzahlungen an ausländische Geschäftspartner zu be-
fen, gingen die Luftfahrt-Exporte in als korrupt geltende Länder markant zurück.[152]

FAZIT

Ethik hin oder her, ohne Korruption läuft die Wirtschaft nicht. Als Exportnation müssen wir uns den lokalen Gepflogenheiten anpassen. Bestechungsgelder sichern Arbeitsplätze und Wohlstand, sowohl beim Empfänger als auch bei uns zu Hause.

Résumé

Halten wir fest: Der Großteil der Bevölkerung sagt zwar, dass er was gegen Korruption hat, tut aber nichts dagegen und wählt munter wie bisher. Was unsere Politiker anbelangt, wären diese ja selber blöd, wenn sie sich die Möglichkeit des Zusatzverdienstes nehmen würden. Von Seiten der Wirtschaft wird nur darauf geachtet, dass die Zahlen stimmen. Wie man zum Erfolg gelangt, ist egal. Daraus können wir nur folgern: Du bist o.k., wir sind o.k. und Korruption ist o.k. Mehr noch: Alle wollen Korruption. Hand aufs Herz, Sie doch auch, sonst hätten Sie sich dieses Buch nicht gekauft! Also Schluss mit den halbherzigen Ausreden und ran an die Arbeit.

ahlen wir Steuerzahler 2.000 bis 3.000 Jahr für Korruption. Überteuerte Rechnun- Strom, Medikamente, Handwerker etc. gibt's obendrauf. Holen Sie sich Ihr Geld zurück, m Beispiel durch Steuervermeidung. Was, Sie haben noch nie Steuern hinterzogen und noch nie eine Putzfrau schwarz beschäftigt?[153] *Dann erstellen Sie mal schnell eine Kosten-Nutzen-Analyse:*

Nutzen: 0 Euro
Kosten 3.000 Euro

Entweder Sie warten, bis Korruption abgeschafft ist und die Preise und Steuern sinken, oder Sie steigen selbst in das Spiel ein und holen sich Ihr Geld zurück. Tja, so einfach ist das.

Karriereplanung

Willkommen im Klub, schön, dass Sie dabei sind. Im Folgenden werden wir gemeinsam Schritt für Schritt lernen, wie wir schöner, reicher und intelligenter werden.

Was brauche ich?

Dass selbst Kinder korrupt sein können, haben wir gesehen. Dass jeder mal ein bisschen schummelt und trickst, wissen wir. Jetzt wollen wir uns anschauen, wo es sich besonders auszahlt. Klar können wir uns auch als Kellner oder Supermarktkassierer auf Kosten unserer Arbeitgeber bereichern – passt schon, Schatz, der Kaugummi geht aufs Haus –, aber das ist doch schrecklich langweilig. Außerdem ist das viel zu riskant. Haben Sie schon von den netten Müllmännern gehört, die von zwei Gärtnern gegen eine kleine Geste mehr Müll mitgenommen haben als von Amts wegen erlaubt? Werfen Sie mal einen Blick auf die Kosten-Nutzen-Rechnung:[154]

> Nutzen: ein Getränk, ein Essen und ein Kaffee
> Kosten: ein Mal Frühpensionierung, drei Mal drei Monate Haft auf Bewährung

Nein, wir wollen nicht nur spielen, wir wollen auch gewinnen. Wir wollen das richtig große Geld. Wir reden von der hohen Kunst der Korruption. Deswegen brauchen wir vor allem eines: MACHT! Wir erinnern uns: Korruption ist der »Missbrauch anvertrauter Macht zum privaten Nutzen oder Vorteil«[155]. Nur wer Macht hat, kann diese für sich nutzen. Vernünftiger Betrug ist erst auf mittlerer bis höherer Managementebene machbar, wie uns die Wirtschaftsberater von KPMG bestätigen: Vier von fünf Wirtschaftskriminellen sind Führungspersonen.[156] Wir behaupten, das gilt auch für Korruption. Die nötige Macht haben wir, wenn wir

- Entscheidungen treffen und auch umsetzen können,
- Jobs und Aufträge vergeben können,
- über geheime Informationen verfügen und
- sie kennen, die Großen und Mächtigen.

Diese Schätze können wir dann teuer verkaufen. Was wir tun oder werden müssen, um an die Hebel der Macht zu gelangen, schauen wir uns in diesem Kapitel an.

FAZIT

Korruption ist auf allen Ebenen machbar, aber so richtig interessant wird es erst bei einem Job in der mittleren und oberen Führungsebene. Je größer die Macht, desto größer der potenzielle Gewinn und desto geringer interessanterweise die Wahrscheinlichkeit, erwischt zu werden.

Wer bin ich?

Zunächst müssen wir den Tatsachen ins Auge sehen und eine ehrliche Analyse des Status quo erstellen. Wir werden sehen, gewisse Menschen haben bessere Einstiegs- und Aufstiegsmöglichkeiten als andere. Aber mit der richtigen Einstellung kann es jeder schaffen!

Geschlecht

Sie sind ein Mann?

Gratulation! Damit haben sich Ihre Chancen schon drastisch verbessert. Obwohl sich die Wissenschaft noch uneinig ist, ob Männer per se korrupter sind als Frauen,[157, 158] allein aus beruflicher Sicht haben

Sie mehr Möglichkeiten. Erstens, weil Männer mehr Macht- und Führungspositionen besetzen und damit am entscheidenden Hebel sitzen.[159] Zweitens, weil die meisten korrupten Netzwerke wie Jagdgesellschaften und Verbindungen auf Männer ausgelegt sind. Jetzt müssen Sie sich nur noch wie einer verhalten.

Sie sind eine Frau?
Das tut uns leid! Aber auch Sie können es schaffen. Schließlich hat es selbst Frau Merkel trotz zweifacher Benachteiligung als Frau und Ossi zur deutschen Bundeskanzlerin geschafft. Bei Korruption kann sich zwar leider niemand auf die Quote berufen, in der Politik aber schon. Wenn Frauen in unserem Feld erfolgreich waren, dann beim Regieren. Darüber hinaus empfehlen wir Frauen die Pharmaindustrie. Auf bescheidener Ebene können auch Beamtinnen und Ärztinnen profitieren.

Alter

Sie sind jung?
Wunderbar! Die Welt steht Ihnen mit all ihren Möglichkeiten offen und Sie haben das Glück, schon früh den richtigen Weg einzuschlagen.

Sie sind alt?
... und ein Mann?

Auch wunderbar! Zwar ist es schwieriger, in Ihrem Alter noch eine geeignete Position zu ergattern, mit zunehmendem Alter steigt aber auch die Erfahrung. In Griechenland sind beispielsweise die 45- bis 54-jährigen Selbstständigen ganz vorne dabei.[160] Falls Sie in der Midlifecrisis oder in einer Alterskrise stecken, mit Korruption können Sie sich und allen anderen noch einmal beweisen, was in Ihnen steckt, und sich kurz vor dem Ruhestand noch einen angenehmen Lebensstandard sichern. Alten Männern ohne Entscheidungskompetenz, aber mit viel Traditionsbewusstsein empfehlen wir eine späte Karriere als Waffenlobbyist.

... und eine Frau?
Sie haben unser volles Mitgefühl! Frauen haben aber vor allem als Strippenzieherinnen die Hosen an. Versuchen Sie Ihre Kinder oder Ihren Ehemann auf den richtigen Weg zu bringen. Gelingt beziehungsweise haben Sie auch das nicht, suchen Sie sich einen neuen, alten Korrupten. Gerade im Alter sind gemeinsame Hobbys der Weg zu einer glücklichen Beziehung.

La Familia

Sie kommen aus gutem Hause?
Das ist wirklich super! Je höher die Schicht, desto unmoralischer und gieriger sind Sie. Oberschichtskinder verhielten sich in wissenschaftlichen Tests durchtriebener als solche aus niedrigeren Schichten. Sie verletzen öfter die Verkehrsregeln, lügen häufiger, schummeln mehr, um einen Preis zu erhalten, und unterstützen unmoralisches Verhalten am Arbeitsplatz.[161]

Darüber hinaus haben Oberschichtskinder alles, wovon ein Korrupter nur träumen kann: Geld, eine gute Ausbildung, gute Kontakte, den richtigen Habitus wie Sprache, Gang, Lachen, Stil und natürlich das traditionsreiche Wissen ihrer Familie. Wer erfolgreiche Eltern hat, der will Mami und Papi beweisen, dass man es genauso gut kann, selbst wenn man den Job über die Eltern bekommen hat.

Sie sind aus dem verarmten Adel?
Auch nicht schlecht, Sie haben fast alles, was die eben erwähnten auch haben, außer Geld. Macht gar nichts, das verdienen Sie schon noch. Die Rüstungsbranche wäre optimal für Sie. Schon zu königlich-kaiserlichen Zeiten waren Leute Ihres Standes die Stütze der Militärs. An Freunden und Bekannten in der Branche sollte es Ihnen also nicht fehlen.

Sie haben intellektuelle Eltern?

Auch gut. In diesem Fall haben Sie als Kind meist gelernt, Fehlverhalten durch Argumente vor den Eltern zu rechtfertigen. Diese Schlüsselqualifikation kommt Ihnen jetzt sehr zunutze. Wir empfehlen eine politische Karriere oder einen Beraterjob.

Sie haben Eltern aus der Mittelschicht?

Na ja, macht nichts, Hauptsache, Sie sind nicht eins von diesen verwöhnten postmaterialistischen Hippiekindern, denen Selbstverwirklichung wichtiger ist als Geld. Falls doch, dann gehen Sie in die Politik und setzen Sie sich für die Demokratisierung der Korruption ein! Bestechung für alle und das sofort!

Sie kommen aus der tiefsten Unterschicht?

Gar nicht so schlecht. Zwar sind Sie benachteiligt, weil Sie traumatisiert sind. Die erlebte Ohnmacht Ihrer Eltern hat Sie entmutigt und sehr wahrscheinlich zu einem geringeren Selbstwertgefühl geführt.[162] Wer aber weiß, wie schlimm es ist, ganz unten zu sein, der hat die größte Motivation aufzusteigen. Rächen Sie sich und zeigen Sie es allen, die jemals über Sie gelacht haben: Ja, Sie haben Ehrgeiz! Und das ist eine der wichtigsten Vorraussetzungen, um erfolgreich korrupt zu werden.[163] Erkennen Sie die aktuellen Hierarchien bewundernd an und suchen Sie sich einen Protegé, der Sie fördert. Auch in der Politik funktioniert das gut. Was wäre Merkel ohne Kohl? Was wäre der österreichische Kanzler Faymann ohne Dichand und seine Kronenzeitung?

TIPP! *Herkunft verleugnen*

Verleugnen Sie Ihre Familie und ändern Sie Ihren Namen. Wer einen Nachnamen wie Kaiser, König oder Fürst trägt, schafft es mit höherer Wahrscheinlichkeit in eine leitende Position. Auch Lord können wir sehr empfehlen.

Träger gewöhnlicher Nachnamen müssen sich etwas mehr anstrengen.[164, 165] Auch der Bereich ist entscheidend für die Namenswahl. Der spätere Rechtspolitiker Peter Hojač ließ seinen Namen in Peter Westenthaler umändern.[166] Eine gute Entscheidung. Schließlich wollte der Neo-Germane einmal 300.000 Ausländer abschieben – »mit dem Bus, mit dem Auto, mit dem Zug«[167].

In Österreich liegt die Namensänderung voll im Trend und kann ganz unproblematisch ohne Angabe von Gründen vorgenommen werden. Kostenpunkt 545,60 Euro.[168] In Deutschland ist die Sache schon mühsamer. Mit unaussprechlichem Migrationshintergrund oder peinlichem Namen geht's aber auch.[169]

Nationalität/kulturelle Prägung

Denken wir ein wenig internationaler. In Griechenland und Italien wird Korruption innerhalb der Europäischen Union am ehesten als alltäglich empfunden, sprich dort fällt es am wenigsten auf, wenn wir mitmischen.[170] Einen Vorteil haben Menschen, die länger in ärmeren Ländern oder Krisengebieten gelebt haben. Je chaotischer die Zustände, desto größer meist die Korruptionserfahrung. Spitzenreiter sind laut Transparency International die Länder Somalia, Nordkorea und Afghanistan. In diesen Ländern hat man die besten Möglichkeiten, sich im Alltag in korrupten Praktiken zu üben.[171] Wer sich bestechen lassen möchte, der umgebe sich mit Russen, Chinesen und Mexikanern. Die sind besonders gerne bereit Schmiergeld zu zahlen.[172] Viele sind es schon von Kindesbeinen an gewohnt, kleinere und größere Probleme unbürokratisch aus dem Weg zu räumen. Überwinden müssen sich dagegen Immigranten aus Skandinavien und Neuseeland.[173] Sie sollten an ihren Berührungsängsten arbeiten.

Es gibt noch zahlreiche weitere kulturelle Faktoren, die mit Korruption einhergehen.[174] So sind etwa Länder, in denen der Kollektivismus groß geschrieben wird, eher korrupt.[175] Länder wie Guatemala, Ecuador oder Panama können uns hier als Vorbild dienen.[176] Kulturen, die versuchen, Unsicherheit zu vermeiden, scheinen ebenfalls eine Schwäche für Korruption zu haben.[177] Beispiele hierfür wären Griechenland und Portugal und mit etwas Abstand auch Deutschland.[178] Zu guter Letzt haben noch Kulturen mit ausgeprägten Hierarchien, wie Malaysien und Guatemala,[179] ein Faible für krumme Geschäfte.[180] Auf vorsichtig agierende korrupte Partner mit Sinn für Gemeinschaft sowie auf gehorsame Untergebene können wir uns eben verlassen. Wer aus einem religiösen Land kommt, hat ebenfalls Vorteile. Zumindest legt das eine Studie aus dem Jahr 2013 nahe. Der Grund: Religion fördert hierarchische soziokulturelle Strukturen, in denen Korruption besonders gedeiht.[181]

Ausbildung/Studium

Sie haben nicht studiert?

Kein Problem. Korruption kann man sowieso (noch) nicht studieren. Aber wir können von den Besten lernen. Lebensläufe wie die von Herrn Mensdorff-Pouilly werden Sie ermutigen (siehe Kapitel Rüstung).[182] Am besten Sie machen sich selbständig, zum Beispiel als Unternehmer oder als Berater. Ein Studium ist nicht nötig, eine formelle Qualifikation aber sicher nicht von Nachteil. Legen Sie sich unter Umständen einen Abschluss zu (siehe Zusatzqualifikationen).

Sie haben an einer Militärakademie studiert?

Optimal! Als Langzeitstudent können Sie direkt nach dem Studium noch ein paar Rüstungsdeals an Land ziehen und dann gleich geschmeidig in die Pension übergleiten.

Sie haben Wirtschaft oder Jura studiert?
Ausgezeichnet! Sie haben denselben akademischen Werdegang wie folgende erfolgreiche Persönlichkeiten: Karl-Heinz Grasser studierte angewandte Betriebswirtschaftslehre in Klagenfurt.[183, 184]

Gerhard Gribkowsky lernte die Grundlagen im Rahmen eines Praktikums bei Siemens und holte sich danach seinen Doktor der Rechtswissenschaften an der Albert-Ludwigs-Universität Freiburg.[185] Heinrich von Pierer studierte Rechtswissenschaften und Volkswirtschaftslehre an der Friedrich-Alexander-Universität Erlangen-Nürnberg.[186]

Sie haben Verwaltungswissenschaften studiert?
Wie haben Sie das durchgehalten? Wer so viel Sitzfleisch und Langeweile erträgt, dem können wir guten Gewissens eine Beamtenlaufbahn in den Behörden empfehlen.

Sie haben Medizin (Veterinärmedizin, Biologie, Chemie) studiert?
Ab in die Pharmabranche. Topgewinne warten (siehe Kapitel Pharma).

Sie haben irgendwas Technisches oder Ingenieurszeug studiert?
Was wäre Deutschland ohne seine Ingenieure! Wir sind stolz auf Sie, schon ohne Korruption. Wer's neben guten Gehältern in der Wirtschaft zu richtig viel bringen will, geht in die Baubranche.

Sie haben etwas anderes studiert?
Das heißt viel gefeiert? Am besten mit Promis? Dann haben Sie im Grunde »Beratungswissenschaften« studiert. Fall Sie auf einer Eliteuniversität waren, ist das Fach sowieso egal. Hier zählen nur der Name und Ihre gewonnenen Kontakte. Auch in der Politik können Sie sich bewerben, denn im Grunde ist nur der Titel wichtig. Verschweigen Sie das Fach so gut es geht oder betonen Sie Ihre Intellektualität. »Accidit in puncto, quod non speratur in anno.«[187]

Persönliche Eigenschaften

Viel wichtiger als ein Studium ist die richtige Einstellung. Wenn Sie mindestens drei der folgenden Eigenschaften aufweisen, sind Sie für Korruption geeignet.

Profil einer korrupten Person:[188]

- ehrgeizig
- statusbewusst
- karriereorientiert
- risikobereit[189]
- Typ: Aufsteiger
- hohe fachliche Kompetenz
- vertrauenswürdiges Auftreten

Können Sie sich mit weniger als drei Eigenschaften identifizieren, achten Sie besonders auf Ihr Umfeld. Am besten betreiben Sie Korruption in einem Unternehmen, das Ihre Qualitäten zu schätzen weiß (zum Beispiel Siemens). Hier zählen dann vor allem Loyalität bis hin zur Hörigkeit sowie die Identifikation mit Ihrem Arbeitgeber.[190] Arbeiten Sie für eine überkorrekte Organisation, die Ihr Genie verkennt, dann können Sie sich immer noch selbst bereichern.[191]

Die Korruptionswissenschaftlerin Tanja Rabl fügt hinzu: »Korrupte Akteure ähneln nicht selten stark den ›normalen, erfolgreichen Managern‹.«[192] Sie ähneln ihnen nicht nur, wie wir am Anfang des Kapitels schon gehört haben, sie sind es auch.[193]

Geheime Wünsche

Geld bringt Korruption immer. Aber liegt Ihnen darüber hinaus noch etwas anderes am Herzen? Nehmen Sie sich einen Augenblick Zeit und fragen Sie sich, was Ihnen wirklich wichtig ist im Leben. Ist es allein das Geld, das Sie antreibt, oder streben Sie auch nach Macht? Wollen Sie die Welt regieren und in die Geschichte eingehen? Wie wichtig ist Ihnen Prestige? Suchen Sie nach Anerkennung und Bewunderung? Wollen Sie in der Öffentlichkeit stehen oder doch lieber im Hintergrund agieren?

Setzen Sie sich selbst drei Ziele:

1. *Ich will __________ Euro auf meinem Schweizer Konto haben.*
2. *Ich will, dass mich alle Welt ____________. (liebt, fürchtet, kennt, in Ruhe lässt ...)*
3. *Ich will die Welt ______________. (sehen, verarschen, kontrollieren, kaufen ...)*

Was soll ich werden?

Wenn ich groß bin, werde ich korrupt, aber wie und wo, das gilt es noch zu erkunden. Es ist Zeit, dass wir uns auf einen Bereich konzentrieren und uns entsprechend unserer Stärken und Kompetenzen in Position bringen. Nach dem Motto: »Ich will nicht arbeiten. Ich will Karriere machen«,[194] bieten wir im folgenden Abschnitt eine kleine Auswahl bewährter und besonders lukrativer Arbeitsfelder. Seien Sie aber beruhigt, letztendlich können wir in allen Berufen korrupt arbeiten.

Welcher Beruf passt zu mir?

Mit welchem der folgenden Tiere können Sie sich am meisten identifizieren?

a) Wildschwein
b) Schimpanse
c) Giraffe
d) Kakadu

Die Auflösung finden Sie in den folgenden Abschnitten.[195] Um Ihnen den beruflichen Einstieg so einfach wie möglich zu gestalten, haben wir auch gleich die passenden Jobanzeigen herausgesucht.

a) Wildschwein (Sus Scrofa)

Charaktereigenschaft: Opportunismus

»Sie fressen fast alles, können tag- und nachtaktiv sein und sind deshalb sehr erfolgreich. In Brandenburg nimmt ihre Zahl derzeit um 200 Prozent pro Jahr zu.«[196] Sie haben sich für das Wildschwein entschieden? Dann sind Sie ein geborener Politiker. Hier ist Ihre Jobanzeige.

Top-Staat (Deutschland) sucht zum nächstmöglichen Zeitpunkt einen

Berufspolitiker (m/w)*

Sie sind:

- von sich überzeugt
- politisch flexibel
- schon lange mit uns befreundet

Sie haben:

- Bühnenerfahrung
- einen Anzug
- keine Fragen, aber auf alles eine Antwort

Gern gesehene Zusatzqualifikationen:

- Titel

Sie bekommen:

- freie Hand bei der Vergabe hoch dotierter öffentlicher Aufträge
- freie Hand bei der Einstellung neuer Mitarbeiter
- Einblick in geheime Unterlagen

Es handelt sich bei der Stelle um eine Vollzeitstelle mit einem Bruttojahresgehalt zwischen 4.800 (kleiner Bürgermeister)[197] und 264.000 Euro (Bundeskanzlerin).[198] Zusätzlich bieten wir Ihnen lukrative Zuverdienstmöglichkeiten (Vorträge, Beraterverträge, Aufsichtsratsposten etc.) bis zu 698.945 Euro.[199]

Interessiert? Dann freuen wir uns auf Ihre vollständigen Bewerbungsunterlagen inklusive Empfehlungsschreiben des örtlichen Parteivorsitzenden.

* Bei gleicher Qualifikation werden Reiche, Randgruppen, Frauen und Kleinwüchsige bevorzugt.

b) Schimpanse (Pan Troglodytes)

Charaktereigenschaft: ehrgeizig, durchtrieben

»In einer Gruppe von 24 Schimpansen im Zoo von Chester, England, machten einige Affen die Erfahrung, dass sich Vertrauen nicht immer auszahlt. Mehrere Tierpfleger beobachteten unabhängig voneinander, wie besonders durchtriebene Tiere die Gutmütigkeit anderer Schimpansen ausnutzten. Die ehrgeizigen Individuen kamen so zum Beispiel häufiger an besonders begehrte Schlafplätze. Innerhalb der Schimpansengruppe verschaffte ihnen das trotz der unlauteren Mittel gehörigen Respekt und eine hohe Rangstellung. ›Der Begriff des Machiavellismus beschreibt dieses Verhalten am treffendsten‹, sagt Diane Dutton, die Autorin der Studie.« Sehr wahrscheinlich zeigten auch wildlebende Schimpansen [und nackte Affen] ein solches Verhalten.[200, 201] Ihnen sind diese Tricks geläufig? Dann fahren Sie Ihre Ellbogen aus und schnappen Sie sich die Führungsposition.

Top-Unternehmen in der Schweiz sucht zum nächstmöglichen Zeitpunkt einen

Manager (m/w)*

Sie sind:

- Narzisst, Autist oder manisch[202]
- ein Leader
- besser als die anderen

Sie haben:

- ein abgeschlossenes Hochschulstudium (MBA) von einer Eliteuniversität
- einschlägige Berufserfahrung in Führungspositionen
- wichtige Freunde in der Politik

Gern gesehene Zusatzqualifikationen:

- Schwyzerdütsch
- Koksernäschen
- ein Handicap von -18 oder besser

Sie bekommen:

- ein Schweizer Nummernkonto
- Aktienboni
- Provisionen (Kickback-Zahlungen)
- und eine Schachtel Pralinés

Es handelt sich bei der Stelle um eine riskante Vollgasstelle mit einem Jahresgehalt von 8,5 bis 15,93 Millionen Schweizer Franken.[203]

Bitte um Ihre Bewerbung mit Foto, aussagekräftigem Lebenslauf, Ausbildungs- und Dienstzeugnissen an leistung@ifak.at.

* Bei gleicher Qualifikation werden Männer und Schweizer bevorzugt.

c) Giraffe (Giraffa Camelopardalis)

Charaktereigenschaft: friedliebend

»›Giraffen besetzen eine Nahrungsnische, die sie mit niemandem teilen müssen‹, sagt Thomas Hildebrandt vom Institut für Zoo- und Wildtierforschung in Berlin. Aggressivität kennen die Paarhufer nicht. Auch Intelligenz ist nicht ihre Stärke. ›Um in der Natur zu überleben, müssen Giraffen keine großen kognitiven Leistungen erbringen‹, so Hildebrandt. Wer sie trainieren will, muss die Übungen immer nach dem gleichen Schema ablaufen lassen.«[204] Zutreffend? Dann ab in die Amtsstube.

Top-Behörde in Österreich sucht zum nächstmöglichen Zeitpunkt einen

Beamten (m/w)*

Sie sind:

- gern gelangweilt
- autoritätshörig
- bei der richtigen Partei

Sie haben:

- eine stempelsichere Hand
- Erfahrung im Bedienen von Kaffeeautomaten
- Gespür für den Wunsch politischer Entscheidungsträger

Gern gesehene Zusatzqualifikationen:

- selektive Diskretion

Sie bekommen:

- einen Arbeitsvertrag auf Lebenszeit
- eine Bildschirmzulage für das Arbeiten am Computer (4–10 Euro pro Tag)[205]

- ab dem 55. Lebensjahr Frühpension (85% des Letztbezugs)[206, 207] und Sie dürfen unbegrenzt dazuverdienen[208].

Es handelt sich bei der Stelle um eine unkündbare Vollzeitstelle mit einem durchschnittlichen Bruttojahresgehalt von 46.534 Euro.[209] Es besteht die Bereitschaft zur deutlichen Überzahlung bis zu 525.658 Euro. Die Abfertigung beträgt bis zu 4,17 Millionen Euro.[210] Weitere Nebenverdienste wie Beschleunigungsgeld und Beratungshonorare bei Auftragsbeschaffungen nach Vereinbarung.

Interessiert? Dann freuen wir uns auf Ihre vollständigen Bewerbungsunterlagen inklusive Empfehlungsschreiben des örtlichen Parteivorsitzenden.

* Bei gleicher Qualifikation werden Alte, Lahme und Menschen mit starkem Dialekt bevorzugt.

d) Kakadu (Cacatua Moluccensis)

Charaktereigenschaft: vergnügungssüchtig

»Papageien lieben anspruchsvolle Beschäftigung. Fehlt die in der Gefangenschaft, werden die Vögel aggressiv gegen sich selbst, gegen Artgenossen und Menschen. Wie ein gelangweiltes Kind, das seine Spielsachen demoliert, verwüsten unterforderte Papageien ihre Umgebung.«[211] Wer Partys liebt und alle kennt, der wird Berater! Achten Sie auf Stellenanzeigen wie diese:

Großes Vermögen sucht flexible **Berater** *für diverse Projekte. Juristische Kenntnisse von Vorteil. Weitere Infos auf Anfrage unter ufak@ifak.at*

Hier unser Insider-Tipp, was Sie als Berater brauchen: Sie verbinden auf geniale Weise Politik und Wirtschaft. Daher ist es wichtig, dass Sie mit der Crème de la Crème befreundet sind. Sie erstellen Konzepte, Gutachten und vieles mehr, wofür Sie hohe Honorare einstecken, die Sie aber mit Ihren Freunden teilen müssen. Für PR-Berater gibt's besonders viel Kohle. Als erfolgreicher Lobbyist kassieren Sie etwa bei Rüstungsgeschäften Provisionen zwischen 0,5 und 10 Prozent des Auftragsvolumens. In Österreich durften Sie bis Anfang 2013 ganz legal Geld und Geschenke verteilen, auch an Politiker und hohe Beamte, solange Sie dafür keinen Vorteil bei einem konkreten Amtsgeschäft verlangten – das wäre Bestechung.[212]

Ideal für Studienabbrecher und Quereinsteiger mit buntem Lebenslauf!

Was fehlt mir noch?

Einschlägige Studienabschlüsse und Titel können Ihren gesellschaftlichen Aufstieg erheblich beschleunigen, sind in der Regel aber mit erheblichem Aufwand verbunden. Keine Zeit? Es geht auch schneller.

Abitur/Matura

Schule ist Korruption für Anfänger. Wer gekonnt schummelt, ohne erwischt zu werden, hat seine Lebenskompetenz bewiesen und seinen Abschluss redlich verdient. Wem das zu mühsam ist, der wende sich vertrauensvoll an das Lehrpersonal, die Direktion oder in Fällen mit Zentralabitur an die entsprechenden Schulbehörden. Das gilt auch für den zweiten Bildungsweg.

Abschluss schenken

Schenken Sie Ihren Kindern oder jungen Freunden doch einfach mal eine gute Note oder gleich einen Schulabschluss zur Volljährigkeit. Einfach Schleife ums Zeugnis und fertig. Die Tochter eines ehemaligen Wiener Polizeipräsidenten war sicherlich begeistert.[213] *Ihre Notenschwäche lag aber wahrscheinlich nicht an mangelnder Intelligenz. Wie wir aus wissenschaftlichen Studien wissen, benoten Lehrer ihre Schüler nicht nur nach Geld, sondern auch nach ihren Namen. Fazit: Machen Sie nicht denselben Fehler wie der Polizeipräsident und nennen Ihre Tochter Jacqueline.*[214] *Kommt dieser Tipp zu spät? Dann siehe »Herkunft verleugnen« oben.*

Master

Nach dem Abitur sollte man unbedingt verreisen, am besten in den Süden. Wie wär's mit dem touristisch noch recht unerschlossenen Bosnien? Da kann man sich auch gleich mit einem Diplom eindecken. Für schlappe 2.500 Euro muss niemand Prüfungsängste durchleben. Beim Immatrikulationsformular lassen Sie das Feld für das Aufnahmedatum frei. So helfen Sie der Privatuniversität, das Datum der Einschreibung flexibel festzulegen, und studieren selbst in Rekordzeit.[215, 216] Das wird Eltern und zukünftige Arbeitgeber freuen. In Österreich werden Talente wie der Wiener Polizeikommandant Karl Mahrer in acht Wochen berufsbegleitend zum Bachelor of Arts. Im ersten Semester des »sehr anspruchsvollen Studiums« (O-Ton: stellvertretender Leiter der Sicherheitsakademie) üben Sie alle zwei Wochen Lern- und Präsentationstechniken, versuchen sich in Selbstmanagement und Zeitplanung und testen Ihre Führungsqualitäten. Dazu gibt es eine kleine Einführung in die delikate Materie »Menschenrechte«. Fachliche Koryphäen wie Mahrer dürfen im fünften Semester einsteigen.[217]

Doktor

Bei der heutigen Inflation an akademischen Titeln reicht ein Diplom oder ein Master oft nicht mehr aus. Und so hat so mancher Uniabsolvent schon den Doktortitel im Auge. Dass eine Doktorarbeit keine jahrelange Qual sein muss, verdanken wir einem Jura-Professor aus Hannover. Der schneidige Geschäftsmann bot den Titel gegen Bares an.[218] Mit den Ergebnissen der rund 70 Dissertationen hätten sowieso die wenigsten etwas anfangen können, was man von den 180.000 Euro nicht sagen kann, die der Professor für sein Entgegenkommen erhielt. Blöd nur, dass die Sache schon 2010 aufflog. Seither muss man sich seine Arbeit mühsam zusammenkopieren. Der ehemalige österreichische Wissenschaftsminister Johannes Hahn hatte hierfür besonderes Talent. Er hatte im Rahmen seiner Philosophie-Doktorarbeit »schlampig« gearbeitet und seitenweise unzitiert abgeschrieben.[219] Ein knappes Fünftel der 254-seitigen Doktorarbeit stammt ohne Quellennachweis aus fremden Texten, dennoch wertete die Universität Wien die Textcollage als »nicht plagiatsverdächtig«.[220, 221] Seiner Karriere hat das nicht geschadet. Er wurde sogar noch EU-Kommissar.

Wer aus einer wichtigen Adelsfamilie kommt und Karl Theodor von und zu heißt, der kann einen Teil seiner Arbeit auch vom wissenschaftlichen Dienst des deutschen Bundestages schreiben lassen. Leider war die Arbeit dann aber doch etwas auffällig, weshalb der Titel wieder aberkannt und der Rücktritt des Verteidigungsministers erfolgen musste.[222]

Résumé

Wir hoffen, Sie haben neue Seiten an sich kennengelernt und sind sich Ihrer Fähigkeiten und Wünsche bewusst geworden. Arbeiten Sie vor allem an Ihrem Ehrgeiz. Ihre selbstdefinierten Ziele werden Ihnen dabei helfen.

IfaK empfiehlt:

Menschen mit Qualifikation suchen sich einen Job in Politik oder Wirtschaft. Alle anderen starten am besten flexibel als Lobbyist oder Berater. Dabei hilft Ihnen ein Praktikum bei Siemens oder bei einer einschlägigen Lobbying- oder PR-Agentur (zum Beispiel bei Peter Hochegger[223]). Da lernen Sie in der Praxis, wie man Gelder völlig legal an Politiker und Entscheidungsträger verteilt. Wer noch jung ist und studieren möchte, dem raten wir zu Jura oder BWL. Gönnen Sie sich aber viel Freizeit und feiern Sie mit zukunftsträchtigen Kommilitonen. Was gibt es Besseres im Leben als gute Freunde?

Netzwerke/Freunde

Haben Sie Freunde?
–Ausgezeichnet!

Reden Sie noch mit Ihrer Familie?
– Wow!

Waren Sie gestern feiern?
– Super! Eins mit Sternchen.

Heute werden wir sehen, warum Menschen so gerne korrupt sind: Weil es Spaß macht! Machen Sie sich doch ein Bier auf, bevor Sie jetzt weiterlesen, oder mixen Sie sich was Gutes. Wir leben schließlich nur einmal, und wie wir gleich sehen werden, ist das für unsere Karriere auch gar nicht abträglich. Im Gegenteil. Korrupte Menschen sind meist sehr gesellig. Vitamin B ist das A und O jeder erfolgreichen Laufbahn. Sag mir, wer deine Freunde sind, und ich sag dir, ob du jemand bist. Wie in der Schulzeit, so kommt es auch im späteren Leben entscheidend darauf an, wen man kennt. Haben Sie gewusst, dass fast drei Viertel aller Positionen in der freien Wirtschaft nicht öffentlich ausgeschrieben werden? Bei den wirklich lukrativen Führungspositionen mit einem Gehalt von 120.000 Euro und mehr sind es vier von fünf.[224] Wer da rein will, muss entweder die Führungsriege persönlich kennen oder ihre Headhunter. Gute Freunde verhelfen nicht nur zum neuen Job, sie machen uns auch selbstbewusst, glücklich und gesund.[225] Sie senken sogar auf wundersame Weise das Risiko für Bluthochdruck und Depressionen und verlängern unser Leben.[226] Verwandte haben auf die Lebenserwartung übrigens keinen positiven Effekt – logisch, Verwandte können wir uns ja nicht aussuchen.

Wozu Freunde?

Korruption ist eine höchst soziale Angelegenheit. Schließlich können wir uns nicht selbst bestechen. Es braucht immer eine Geber- und eine Nehmerseite. Zwei Personen sind das absolute Minimum.

Zweierbeziehungen

Korruption kann in einem kleinen Rahmen sehr intim, ja sogar romantisch sein. Ein schüchternes Anfüttern beim Candlelight-Dinner, Blumen, schöne Geschenke, bis hin zum gemeinsamen Deal. Korruption ist eine Ehe, kein One-Night-Stand. Der große Vorteil an Zweierbeziehungen ist das enorme Vertrauen beziehungsweise die gegenseitige Abhängigkeit. Beide teilen ein Geheimnis und beide profitieren davon. Der Nachteil liegt aber ebenfalls auf der Hand. Wir können nur von einem Kuchen naschen. Nach einer Weile mag das gegenseitige Interesse abklingen, die Angebote mögen einseitig wirken und an Reiz und Attraktivität verlieren. Erweitern Sie ruhig Ihren Horizont. Wer noch Probleme mit offenen Beziehungen hat, dem empfehlen wir, zunächst einen Berater hinzuzunehmen.

Hinweis für Verliebte **!**

Wenn Sie mit Ihrem Partner beziehungsweise Ihrer Partnerin zusammenziehen, verlieren Sie im Schnitt die Hälfte Ihrer Freunde. Ganz schlimm wird es, wenn Sie auch noch Kinder im Haus haben.[227] *Lassen Sie sich Zeit und bleiben Sie offen für neue Kontakte!*

Dreierbeziehungen

Ein Berater hat viele Vorteile. Er hat gute Kontakte zur Politik und kennt die neuesten Pläne, zum Beispiel wenn mal wieder Staatsbetriebe oder Wohnungen privatisiert werden sollen. Er kann uns nicht nur Einkaufstipps geben, auch die Angebote der Konkurrenz besorgt er gerne, damit wir nicht mehr bezahlen müssen als nötig. Super ist auch, dass wir uns nicht mit Überweisungen an Politiker rumschlagen müssen. Das sieht unter Umständen komisch aus und führt häufig zu Ärger. Da schicken wir das Geld lieber dem Berater für seine, nun ja, Beratungsleistung. Schließlich hat er ja auch genau das getan. Und wie kommt das Geld zu den Politikern? Die werden kurzerhand selbst zu Beratern – also quasi Berater vom Berater – und verdienen sich die Kohle so nebenbei und legal dazu. So einfach geht das.

Offene Beziehungen/Netzwerke

Intimität ist etwas Schönes. Wie wir wissen, spielt aber auch die Größe eine gewisse Rolle. An den wirklich großen Deals ist nämlich meistens eine ganze Reihe von Leuten beteiligt. Wir empfehlen daher ein ganzes Korruptionsnetzwerk aufzubauen oder sich einem anzuschließen. Ist ja auch logisch. Stehen nicht nur ein paar Angestellte und Freunde hinter uns, sondern gleich ein ganzes Firmengeflecht, dann sind die Aufträge größer und die Summen höher. Auch bei politischen Entscheidungen sind mehr Parteifreunde schnell mal die politische Mehrheit. So macht Arbeiten richtig Spaß! Zu guter Letzt ist es noch wichtig, dass unsere Freunde für uns da sind, sollte es uns einmal nicht so gut gehen. Wenn's hart auf hart kommt, müssen alle nüchtern sein und dicht halten. »Omnes pro uno et unus pro omnibus« – Alle für einen und einer für alle![228]

Was für Freunde brauche ich?

Laut dem Wissenschaftszentrum für Sozialforschung hat jeder Deutsche im Durchschnitt 3,3 Freunde.[229] Das sind zwar weniger als die 270 Facebookfreunde, die Jugendliche in der Regel zählen,[230] aber Freund ist eben nicht gleich Freund. Was wir für unsere Zwecke brauchen, sind Freunde zum Pferdestehlen! Und wer hier keine alten

Schimmel vor Augen hat, sondern edle Lipizzaner, der hat das Wesentliche schon im Blick.

TIPP! **Freunde kaufen**

Ausnahmen bestätigen die Regel. Wenn Sie Politiker sind und eine große Anhängerschaft vortäuschen müssen, dann kaufen Sie sich Ihre Freunde übers Internet. 1.000 Facebook-Likes erhalten Sie zum Paketpreis von 40 Euro.[231, 232] Oder Sie machen es wie der österreichische Bundeskanzler Werner Faymann und lassen sich 1.000 Fans von einem unbekannten Gönner schenken.[233] Der aktuelle Marktwert seiner 14.102 Fans[234] liegt also knapp über 560 Euro.

Qualität statt Quantität

Viele Freunde sind gut, gute Freunde sind besser. Was unsere Freunde wirklich brauchen, sind gute Nerven, dazu ein Hauch Professionalität, gepaart mit Zuverlässigkeit und Loyalität für stürmische Zeiten. Am wichtigsten ist aber gegenseitiges Vertrauen und die Sicherheit, dass wir uns aufeinander verlassen und einander Geheimnisse anvertrauen können. Dass zumindest ein Grundvertrauen wichtig ist, bestätigt uns Frank Winter, Leiter der Neuruppiner Staatsanwaltschaft für Korruption. In 90 Prozent der Fälle kennen sich die beiden Täter schon mehrere Jahre.[235] Wer Korruption ernst nimmt, sucht sich Freundschaften, wie sie sich schon Francis Bacon im 17. Jahrhundert vorstellte. Die besten sind jene, die die Freude verdoppeln und das Leid halbieren.[236]

Checkerfreunde

Klarerweise sind es vor allem die einflussreichen Seilschaften, nach denen wir streben. Wer sich mit den von der Leyens die Kindergrippe teilt und mit von und zu Guttenberg diniert, der hat es leicht. Doch nicht jeder ist von Geburt an privilegiert. Ein Schmuddelkind, das im Problembezirk aufwächst, wird es wohl selbst mit Unterstützung der Straßengang nicht bis zum Bundeskanzler oder zur Bundeskanzlerin schaffen. Dagegen stehen die Karten für jene, die am Starnberger See, in Wien Döbling oder an der »Goldküste« am Zürichsee mit welchem Löffel auch immer großgezogen wurden, nicht so schlecht. Wer irrtümlicherweise in die falsche Familie hineingeboren wurde, der muss improvisieren. Die Wahl unserer Freunde sollten wir daher vorausschauend planen und nicht dem Zufall überlassen. Wenn wir die richtig großen Deals an Land ziehen wollen, dann brauchen wir Kontakte in allen wichtigen Bereichen. Je mächtiger die Freunde, desto besser fürs Geschäft.

Freunde im System

Profis wählen ihr Netzwerk mit Bedacht und gehen dabei strategisch vor. Wichtig ist bei Freunden nicht nur, ob sie es in gesellschaftliche Top-Positionen geschafft haben. Auch deren Verteilung im System ist entscheidend. Wir brauchen Kontakte in allen wichtigen Bereichen, insbesondere in:

- Politik
- Wirtschaft
- Medien
- Justiz
- High Society

Warum eigentlich? Reicht es nicht, mich auf einen Bereich zu konzentrieren? Die Antwort: NEIN!

Lehrbeispiel: Netzwerke in der Wirtschaft

Wir sitzen in der Führungsetage eines großen Pharmakonzerns und wollen mit unserem neuen Impfstoff möglichst viel Gewinn machen. Dazu brauchen wir Entscheidungsträger in den Bereichen:

- *Politik: Diese sorgen dafür, dass unser Impfstoff zugelassen wird und gleich eine nationale Impfkampagne auf Staatskosten durchgeführt wird.*
- *Medien: TV, Radio, Zeitungen und Co machen die Gefahren erst zum Thema. Außerdem verbreiten sie unsere Impf-Werbung und positive wissenschaftliche Berichte (aus unserer Feder).*
- *Justiz: Diese können uns rechtzeitig warnen, damit wir eventuell noch Beweise vernichten können. Im Optimalfall kennen wir den leitenden Staatsanwalt. Oder sogar Richter, für den Fall, dass es wirklich hart auf hart kommt. Das ist allerdings ohnehin äußerst unwahrscheinlich.*
- *High Society: Erkrankt ein Star an der entsprechenden Krankheit, gibt es kaum eine bessere Werbung für uns. Michael Douglas: »Ich weiß, dass das Virus, das ich habe, den Krebs, den ich hatte, auslösen kann. Und dass man dieses Virus durch Oralsex bekommt.« Doch es gibt Hoffnung, »man kann sich mit einer Impfung vor dem Virus schützen«.*[237]

Was habe ich schon für Freunde?

Gut, dann schauen wir uns doch einfach mal um. Was gibt unsere Familie her? Wo kennen wir schon Leute? Was ist mit unseren Freunden? Was tun sie? Wo arbeiten sie? Wie weit haben sie es gebracht?

Self-Assessment

Im Folgenden können Sie sich einen Überblick über Ihr momentanes Netzwerk verschaffen. Fügen Sie Ihre Kontakte in die unten stehende Tabelle ein. Schreiben Sie wirklich alle Personen auf, die Ihnen einfallen, auch wenn Sie diese seit Jahren nicht mehr gesehen haben oder nur vage über fünf Ecken kennen. Alle Menschen, denen Sie auf einer Party ein Lächeln und ein »wir kennen uns doch …« schenken können, gehören auf die Liste.

	Name	**Job**	**Sein/Ihr Kontakt in**			
			Wirtschaft	**Politik**	**Medien**	**Society**
FAMILIE (Vater, Mutter, Geschwister, Onkel, Tante …)	Günther	Geschäfts- führer (Baufirma xy)	Franz, bester Freund Chef Autohaus	Gerd Trauzeuge Stadtrat		
LIEBESBE- ZIEHUNGEN (Ehepartner, Ex-Partner, Affären …)						

FREUNDE						
BEKANNTE						

Haben Sie auch wirklich gründlich nachgedacht? Schreiben Sie mindestens noch drei weitere Kontakte auf.

TIPP! Online-Netzwerk

Keine Zeit zum Ausfüllen? Dann wählen Sie eine der vielen Softwares, die Ihr Netzwerk übersichtlich darstellen, wie zum Beispiel das Programm Wolfram Alpha.[238] Da müssen Sie nur das Passwort Ihres Facebook-Accounts eingeben und schon bekommen Sie ein umfassendes Persönlichkeitsprofil von sich selbst. Facebook verwendete schon früh digitale Profile, damit sie Werbekunden auswerten konnten. Nicht nur die Werbung, auch die NSA war begeistert und gründete zusammen mit dem Facebook-Investor Peter Thiel die Firma Palantir. Die haben bestimmt tolle Ideen, was man alles mit den Daten machen kann.[239]

Jetzt schauen Sie sich Ihre Kontakte gut an. Markieren Sie diejenigen, die Sie für besonders wertvoll halten. In welchen Bereichen häufen sich die Kontakte? Wo haben Sie noch Freundschaftslücken? Um eine bessere Übersicht zu erhalten, übertragen Sie Ihre Ergebnisse in die unten stehende Liste.

	Familie und enge Freunde (helfen mir bestimmt)	**Bekannte** (helfen mir eventuell)
MEDIEN		
SOCIETY		
POLITIK (Kontakte in mächtigen oder zumindest aufstrebenden Parteien)		
WIRTSCHAFT (GELDGEBER)		
JUSTIZ/RECHT		

Sie haben den Eindruck, Sie kennen kaum jemanden? Für den Anfang brauchen wir nur einen guten Kontakt als Ausgangspunkt. Oft reicht schon ein entfernter Bekannter, um uns ein Praktikum oder einen Job zu verschaffen. Dort lernen wir dann wieder weitere wichtige Leute kennen und so weiter und so fort. Also keine Panik. Selbst wenn Sie nicht mal einen Freund aufschreiben konnten, verzagen Sie nicht. Im nächsten Abschnitt zeigen wir Ihnen, wo Sie wirklich wertvolle Freunde finden.

Die richtigen Kreise

Machen wir uns nichts vor. Wer sich mit gewöhnlichen Menschen umgibt, ist meist auch selbst ordinär. Aber verlieren wir jetzt nicht die Hoffnung. Wer sich nicht schon von Kindesbeinen an in den richtigen Kreisen bewegt, kann sich den erlauchten Klubs immer noch anschließen. Wer in solche Zirkel aufgenommen wird, der kann auf die Hilfe der anderen Mitglieder hoffen.

Gute Verbindungen

Mit dem Beitritt in eine Vereinigung, zum Beispiel in eine Studentenverbindung, sind wir im deutschsprachigen Raum in guter Gesellschaft. Ob wir die deutsche (fakultativ) schlagende Verbindung Turnerschaft Gottingo-Normannia wählen, wie der CDU-Politiker und Lobbyist Eckardt von Klaeden oder eine der anderen über tausend Studentenverbindungen,[240] wir gewinnen auf einen Degenschlag ganz viele neue Freunde und mächtige Altherren – und das für den Rest unseres Lebens.

Helvetia

»Die Helvetia ist eine Lebensverbindung. Das heißt, man ist das ganze Leben ›Basler Helveter‹ und man bleibt auch nach dem Studium als sogenannter Altherr noch eng mit den Aktiven verbunden ...«[241] Die

Helvetia ist kein Spaßverein, wie sie selber sagt.[242] Neben dem akademischen Fechten werden hier auch verschiedene Soft Skills trainiert, zum Beispiel »lernst du, wie man einen Verein führt …«[243] Auch der Altherr Sepp Blatter[244] konnte sich anscheinend aus dem praxisorientierten Ausbildungsprogramm einiges für sein Berufsleben mitnehmen. Heute ist er Chef der FIFA und weiß, wie man selbst bei Milliardengewinnen keine Steuern zahlt (siehe Kapitel Fußball).[245]

Schauen Sie doch einfach mal mittwochs beim Stamm vorbei und lassen Sie sich von den Altherren coachen (Restaurant zum Schnabel, Trillengässlein 2, CH-4051 Basel).[246]

Norica Nova

Für alle Leserinnen, es gibt auch Studentinnen-Verbindungen. Die katholische Verbindung Norica in Österreich hat seit Mitte der 80er Jahre ein weibliches Pendant, die Norica Nova. Sie ist zwar nicht Teil des übergeordneten Kartellverbands, aber eng angebunden.[247] Wer sich für Politik interessiert, sollte hier unbedingt einsteigen. Sämtliche konservative Ministerinnen und Minister der aktuellen österreichischen Regierung sind mit dabei. Bekannteste »Altdame« ist die ehemalige ÖVP-Politikerin Maria Rauch Kallat.[248] Als Gesundheitsministerin sorgte sie dank 23 Millionen Grippemasken für unsere Sicherheit.[249] Bei Eintritt in die Verbindung gibt's sicher auch für Sie eine Maske gratis dazu! Sie müssen sich auch gar nicht fürchten. Die Norica Nova ist keine schlagende Verbindung.

Jagdstammtisch

Die einflussreichsten Manager und Politiker der österreichischen Konservativen treffen sich jeden letzten Dienstag im Monat um 18.30 Uhr zum »Jagdstammtisch« im historischen Looshaus (Raiffeisenlandesbank Niederösterreich-Wien, Eingang Herrengasse 2–4, 1010 Wien, anmeldung@jagdstammtisch.at).[250]

Achtung: Zutritt nur für Männer mit Jagdschein. Die Landesjagdverbände bieten hierfür VIP-Schnellkurse an. Wir empfehlen den

Niederösterreichischen Landesjagdverband (Wickenburggasse 3, 1080 Wien), da dieser laut Vereinsregisterauszug den Jagdstammtisch organisiert.[251] So schließen Sie schon in den Wäldern erste wichtige Kontakte. Infos und Anmeldung zur Ausbildung finden Sie unter: www.noeljv.at/aus-und-weiterbildung

Atlantik-Brücke

Wer es in der Politik zu etwas bringen möchte, dem empfehlen wir die bereits 1952 gegründete deutsch-amerikanische Atlantik-Brücke. Der eingetragene Verein versucht »von privater Seite in den politischen Raum hineinzuwirken, sympathiebildend, kontaktvermittelnd, katalysatorisch.«[252] Klingt gut? Auch die fast 500 Mitglieder aus Politik, Medien, Bank- und Finanzwesen sowie Wissenschaft sind vom Feinsten. Namhafte Altpolitiker wie Otto Graf Lambsdorff (FDP, allerdings schon verstorben)[253] und Guido Westerwelle (FDP)[254, 255] waren beziehungsweise sind dabei, angeblich auch der ehemalige BND-Chef Eberhard Blum.[256] Der hat sicher auch so einiges zu erzählen. Finanziert wird das Bündnis von großzügigen Spendern, großteils aus der Finanz- und Automobilindustrie, sowie vom Auswärtigen Amt.[257] Für die optimale mediale Wahrnehmung sorgen Vertreter von *BILD*, *FAZ*, *Süddeutsche Zeitung*, *Welt*, WDR, ZDF, *Zeit* und Springer-Verlag.[258, 259] Da sparen Sie sich auch gleich die Mitgliedschaft in diversen Presseklubs. Zur Krönung ist auch Bundeskanzlerin Angela Merkel mit dabei. Sie hat es auch nicht weit zur deutschen Geschäftsstelle. Die befindet sich am Berliner Kupfergraben 7, im Nachbarhaus von Merkels Privatwohnung.

Die Atlantik-Brücke ist aber nicht nur eine ideale Kontaktbörse, sie versteht sich auch als privates Politikberatungsinstitut. Für »Young Leaders« gibt es eigene Programme mit Konferenzen in Deutschland und den USA. Welche Fächer gelehrt werden, ist nicht ganz klar. Karriereplanung (Eckart von Klaeden),[260] Urlaubsplanung (Christian Wulff)[261] und militärisches Beschaffungswesen (Thomas de Maizière)[262] dürften nicht dabei sein. Auch Dissertationskolloquien (Karl-Theodor zu Guttenberg) stehen eher nicht auf dem Lehrplan.[263] Dafür bieten einige prominente Mitglieder praxiserprobte Expertisen im Umgang mit Schwarzgeld. Der Ehrenvorsitzende, Walther Leisler Kiep, der lange Zeit auch Bundesschatzmeister der CDU war, konnte schon in mehreren Parteispendenskandalen Knowhow sammeln. Klar war er Ende der Neunzigerjahre auch bei der CDU-Spendenaffäre dabei. Wissen über die steuerlichen Vorteile Liechtensteiner Stiftungen dürfte ebenfalls reichlich vorhanden sein.[264, 265] Casimir Prinz zu Sayn-Wittgenstein, der einst für die Hessen-CDU Millionen im Ausland versteckt hatte, gehörte ebenso zum erlauchten Klub wie die beiden verurteilten Lobbyisten Karlheinz Schreiber (Waffendeals)[266] und Dieter Holzer (Leuna-Affäre)[267].

Einziger Nachteil: Sie können dem verschwiegenen Verein nicht so einfach beitreten. Dafür braucht man eine Nominierung durch den Vorstand. Wenn Sie die Ratschläge dieses Buches befolgen, sollte es aber nur eine Frage der Zeit sein, bis die offizielle Einladung ins Haus flattert. In der Zwischenzeit können Sie – vorausgesetzt, Sie sind an einer Hochschule eingeschrieben – aber schon mal reinschnuppern. Der Verein bietet speziell für Studierende Praktika an.[268]

Tipps für Eltern

Für einen selber mögen viele Hinweise schon zu spät kommen. Zeugen Sie aber Nachkommen, sollten Sie von Anfang an auf den richtigen Umgang achten. »Bis zum Alter von zehn Jahren ist Freundschaft für Kinder eine einseitige, zweckorientierte Beziehung. Sie wünschen sich einen Freund, der möglichst das spielt oder tut, was sie möchten, und der verträglich ist«, so die Berliner Pädagogin Professor Renate Valtin.[269] Schreiten die Kinder immer mehr Richtung Pubertät, werden zwei Eigenschaften immer wichtiger: Hilfsbereitschaft und Verschwiegenheit. Freunde müssen ein Geheimnis für sich behalten können.[270] Während egoistisches und gieriges Verhalten bei den Kleinen noch gesellschaftlich und juristisch toleriert ist, türmen sich mit zunehmendem Alter immer mehr moralische Anforderungen vor uns auf. Auch das Gericht versteht bei Erwachsenen keinen Spaß mehr. Erwachsenenkorruption muss also ein Geheimnis unter Freunden bleiben.

Wann und wo haben Sie Ihren besten Freund kennengelernt? Der Großteil der Deutschen schließt seine engsten Freundschaften bereits in der Jugend.[271] Wollen wir unseren Kindern ein gutes Netzwerk fürs Berufsleben mitgeben, sollten wir für ein ausgewähltes Umfeld sorgen, aus dem sie dann selbständig ihre Kandidaten wählen. Sprich eine gute Schule und geeignete Hobbys sind wesentlich.

Schule

Wenn es keine Eliteschule in Ihrer Nähe gibt, ziehen Sie in Erwägung, Ihre Kinder auf ein Internat zu schicken. Im Gegensatz zur Uni zählt hier nur das Geld. 34.680 Euro pro Jahr kostet zum Beispiel das Schulgeld der Eliteschule Schloss Salem am schönen Bodensee. Das mag jetzt teuer erscheinen. An solchen Orten können Sie sich aber zumindest sicher sein, dass sich Ihre Nachkömmlinge nur mit reichen Kindern anfreunden, abgesehen von ein paar wenigen Stipendiaten. Außerdem ist die richtige Schule oftmals entscheidend, um nachher bei einer Eliteuni angenommen zu werden. Aber in erster Linie zählen die Kontakte, die Ihre Kinder knüpfen. Werfen Sie einen Blick auf die jeweiligen Alumniverbände und achten Sie darauf, wohin mächtige Politiker, Anwälte und Manager Ihrer Umgebung ihre Kinder hinschicken.

Hobbys

Karl-Theodor von und zu Guttenberg ging gerne musizieren. Als Jugendlicher war er begeisterter Reiter. Alfons Mensdorff-Pouilly schoss hoch zu Ross gleich noch ein paar Tiere ab. Sportarten zu Pferde sind speziell in adeligen Kreisen gerne gesehen. Auch Wirtschaftsleute geben sich sportlich. Tennis und Golf sind hier seit Jahren die Top-Favoriten. In Österreich sind auch Tanzschulen immer noch beliebt. Lernt man hier doch nicht nur Walzer und Co, sondern auch Benimmregeln (auch ideal zur Partnervermittlung Ihrer Kinder). Wer ein sehr formbares Kind zu Hause hat, kann dieses auch in eine Jungpartei stecken, dazu noch eine Mitgliedschaft im Debattierklub und schon sind die ersten Parteifreunde von der Zukunft Ihres Sprösslings überzeugt.

Feiern

Seien Sie nicht zu streng mit Ihrem Nachwuchs, feiern und saufen muss ausdrücklich erlaubt sein. Es schafft gemeinsame Extremerlebnisse und ist ein optimales Training fürs spätere Networking. Vermeiden Sie aber Partys bei sich zu Hause, solange Ihr Anwesen noch nicht den höheren Standards entspricht.

Sollten sich Ihre Kinder einmal einer Schüler- oder Studentenverbindung anschließen wollen, dann schlagen Sie nicht gleich die Hände über dem Kopf zusammen, sondern sponsern Sie den ersten Degen mit eingraviertem Familienwappen.

Lehrbeispiel: Musterknabe Eckart Peter Hans von Klaeden

Netzwerk-Werdegang:[272]

- humanistisches Gymnasium in Hannover
- Mitglied der Jungen Union
- Panzertruppenschule
- Jurastudium

Mitglied der:[273]

- fakultativ schlagenden Turnerschaft Gottingo-Normannia
- evangelischen Kirche (Sohn eines Pfarrers)
- Adenauerstiftung
- Atlantik-Brücke

Das ist aus ihm geworden:

- CDU-Politiker
- Staatsminister des Bundeskanzleramts (2009)
- Bundestagsabgeordneter (bis 2013)
- Cheflobbyist bei der Daimler AG (ab 2013)

Der fliegende Wechsel vom Kanzleramt zum Autobauer weckte das Interesse der Staatsanwaltschaft Berlin, wegen Anfangsverdachts der Vorteilsannahme.[274] Eigentlich unverständlich, er wurde doch nur von Freunden angeworben. Über das Ergebnis der Ermittlungen ist bei Drucklegung nichts öffentlich bekannt.

Die richtige Partnerwahl

Wie angelt man sich einen Millionär? Das hat sich schon in den 50er Jahren Marilyn Monroe gefragt. Mittlerweile ist das aber gar nicht mehr so schwer. Mehr als eine Million Millionäre gibt es allein in Deutschland.[275] Wer es lieber exotischer mag, weltweit fahren, fliegen und segeln knapp 11 Millionen Dollar-Millionäre herum.[276] Dass nicht jeder sein Geld auf ehrliche Art und Weise verdient hat, ist anzunehmen.

Familie kann man sich nicht aussuchen, es sei denn, man heiratet. Politik und Ehe sind seit ihrer Erfindung eng miteinander verbunden. Man denke nur an die Heiratspolitik der großen Herrschergeschlechter, von den altägyptischen Königen bis zu den Habsburgern. Durch Hochzeiten wurden ganze Imperien gegründet. Für uns ist die Partnersuche eine wichtige Gelegenheit, unsere Lücken in den wichtigen Bereichen Politik, Wirtschaft, Justiz, Medien und High Society zu schließen. Im Optimalfall heiraten wir uns gleich in ein ganzes Netzwerk beziehungsweise eine große Familiendynastie ein.

Bei welcher der folgenden Kontaktanzeigen rufen Sie an:

Manisch depressiver, hässlicher, verzweifelter Jurastudent (27), der gerne Bach hört, sucht Sie zum Durchbrechen der sozialen Isolation.[277]

Hanseatischer Kaufmann 54/194

Global agierend mit kosmopolit. Weitsicht u. bemerkenswerter Authentizität, erfolgsverwöhnt u. trotzdem das Wesentliche im Leben nicht aus den Augen verlierend: Zeit & Muße für eine neue Liebe. Ein attrakt., sportl. schlanker, souveräner Mann, liebevoll, fürsorglich, gerne verwöhnend, Kavalier & Lausbub mit Verlässlichkeit u. Humor. Natur, Berge, romant. Sonnenuntergänge liebt er genauso wie die Großstadt mit Oper, Ballett, Vernissage, Kulinaria, Shopping u. Mode. Sein Wunsch: wieder lieben & geliebt zu werden. Mehr im Internet![278]

Aus karrieretechnischer Sicht können Sie durchaus bei beiden anrufen. Der Hanseat, vorausgesetzt, seine Angaben stimmen, bietet Ihnen Sicherheit und Wohlstand und scheint zumindest von seiner Selbstbeschreibung her für Korruption geeignet zu sein, wenn er's nicht eh schon tut. Ein gemachtes Nest und ein idealer Partner also. Der depressive Kandidat hat zwar psychische Schwachstellen und Probleme bei der Selbstvermarktung, aber er ist jung und durchaus mit Potenzial gesegnet. Seine Liebe zu Bach lässt auf eine gute Herkunft schließen und sein Jurastudium auf eine hoffnungsvolle Zukunft. In Zeiten der Krise suchen Leute Orientierung. Schlagen Sie jetzt zu und weisen Sie ihm den Weg in Ihre gemeinsame, erfolgreiche Zukunft.

Sie brauchen jetzt aber nicht zu denken, dass nur Frauen Heirat einsetzen, um sich strategisch in eine bessere Position zu bringen.

Auch bei Männern sind Partnerinnen, die reich an Geld oder Einfluss sind, äußerst beliebt. Dass die Österreicher die Habsburgertradition immer noch hochhalten, zeigen unsere Musterbeispiele:

Wir freuen uns, die folgenden Hochzeiten bekannt zu geben:

Alfons Eduard Alexander Antonius Maria Andreas Hubertus Christoph Mensdorff-Pouilly

(Verarmter Adel und Geflügelhänder)

&

Maria Rauch-Kallat

(erfolgreiche ÖVP-Politikerin, spätere Ministerin)

Karl-Heinz Grasser

(junger, aufstrebender FPÖ-Politiker, späterer Finanzminister)

&

Fiona Pacifico Griffini[279]

(reiche Kristallerbin aus dem Swarovski-Klan mit Schweizer Pass)

Wer auch so jung, so intelligent, so erfolgreich und so schön ist wie das letzte Paar, dem raten wir auf jeden Fall zu einer medialen Bilderbuch-Hochzeit.

Korruption ist freizügig

Nebenbei sei noch mal darauf hingewiesen, dass Korruption auch für Menschen jeglicher sexueller Orientierung offensteht. Wichtig ist nur, das richtige Bild zu wahren. Offizielle homosexuelle Verbindungen eignen sich besonders gut in der Medienwelt. Die Kunstwelt ist diesbezüglich ein offenes Feld. Und selbst im Fußball gibt es erste Anzeichen von Tauwetter. Mit einer entsprechenden Imagekampagne können Sie hier auch einem polyamoren Leben nachgehen.

Vom ersten Kennenlernen zum gemeinsamen Deal

Wie gehen wir's an? Selbst wenn wir es in die richtige Gesellschaft geschafft haben, wie verhalten wir uns dort? Wie überzeugen wir? Und wie kommt es schließlich zur korrupten Partnerschaft?

Wir brauchen einen strategischen Plan. Werfen wir dazu einen Blick auf die Methoden der Stasi in der ehemaligen DDR. Ihren »Werbungsgrundlagen«, um informelle Mitarbeiter, also Spitzel, anzuwerben, können wir ruhig vertrauen. Unter 16 Millionen DDR-Bürgern konnten sie damit 189.000 Spitzel für ihre Sache gewinnen.[280] Für uns bedeutet das Folgendes:[281]

1. **Überzeugungsarbeit leisten**
   Beseitigen Sie wenn nötig moralische Bedenken. Anregungen dazu finden Sie in den Anfangskapiteln dieses Buches. Konzentrieren Sie sich dann auf die folgenden zwei Punkte:

2. **Bedürfnisse und Interessen befriedigen**
   Erfüllen Sie Ihrem Partner seine innigsten Wünsche, beispielsweise Anerkennung, Geld, berufliche Veränderungen etc.

3. **Erpressen** (im Stasijargon »Wiedergutmachung«)[282]
   Wenn das Zuckerbrot nicht ausreicht, greifen Sie zur Peitsche.

Wer aber schon genascht hat, hängt sowieso mit drin und ist jetzt wunderbar erpressbar.

Das erste Gespräch

Small-Talk-Priming

Ähnlich wie beim Flirten können wir zuerst mit den Augen Kontakt aufnehmen. Bekommen wir eine Reaktion, gehen wir auf die Person zu und beginnen mit einem unverfänglichen, aber strategischen Small-Talk. Beachten wir dabei die Regeln des Primings. Priming bedeutet, im Vorfeld einen bestimmten Kontext zu schaffen, so dass sich die Wahrnehmung auch auf das Darauffolgende verändert. Reden wir von einer anderen Person und verwenden dabei nur positive Eigenschaften wie »kompetent«, »sympathisch«, »fair« usw., überträgt sich die Personenbeschreibung. Unser Gesprächspartner nimmt uns künftig so wahr.[283] Eine positive Grundstimmung ist geschaffen.

Ein großes »Halo«

Im weiteren Verlauf geht es darum, Eindruck zu schinden. Schaffen wir es, den anderen von einer einzigen Eigenschaft von uns zu überzeugen, so wird er uns auch in allen anderen Bereichen als kompetent einschätzen. Das sagt zumindest der Halo-Effekt. Vorausgesetzt, es ist eine Eigenschaft, die unserem Gesprächspartner wirklich wichtig ist. Im Gespräch versuchen wir daher, unser Gegenüber einzuschätzen. Was ist ihm oder ihr wichtig? Was mag er/sie überhaupt nicht? Steht unser Gegenüber auf Pünktlichkeit, so betonen auch wir, wie wichtig wir diese Eigenschaft finden, und kommen beim nächsten Treffen überpünktlich! Aber Achtung: Erscheinen wir beim ersten Treffen zu spät, ist es andersrum sehr wahrscheinlich, dass er oder sie uns auch in anderen Bereichen für inkompetent hält.[284]

TIPP! Erstellen Sie ein Persönlichkeitsprofil

Notieren Sie sich nach dem Gespräch die gewonnenen Informationen über Ihre Zielperson. Sammeln Sie darüber hinaus weitere Informationen über Interessen und Bedürfnisse. Letztendlich sollten wir für jeden Kontakt ein Profil erstellen. So machen es die Lobbyisten.

Name, Alter, Beruf, Hobbys, Wünsche, Sehnsüchte, Ängste, Stärken, Schwächen, sexuelle Vorlieben ...

Einladung zum Mittagessen oder zum Kaffee

Jetzt ist es an der Zeit, ein persönliches Treffen zu vereinbaren. Laden wir unseren neuen Kontakt einfach mal zum Mittagessen ein. Hier können die Gemeinsamkeiten noch einmal betont werden. Aber damit nicht genug. Neben Akzeptanz und Gemeinsamkeiten entscheidet vor allem die Kontakthäufigkeit über eine Freundschaft. Psychologen sprechen hier vom sogenannten Mere-Exposure-Effekt. Dieser besagt, je häufiger wir unseren neuen Bekannten sehen, desto mehr mag er uns auch. Die Basis für eine neue Freundschaft ist gelegt.[285]

Vertrauen aufbauen

Weil du es wert bist

Freunde sollten uns etwas wert sein. Deswegen übernehmen wir gerne das Bier oder die Rechnung im Restaurant. Um nicht gleich zu aufdringlich zu sein, fangen wir bei den Geschenken klein an und steigern in der Folge den Wert.

Ich mag dich so, wie du bist!

Ganz wichtig ist auch, dass wir unsere neuen und alten Freunde so akzeptieren, wie sie sind. Je offener und flexibler wir in politischer, religiöser und kultureller Hinsicht sind, desto schneller wächst unser Netzwerk. Auch um die Intensität unserer Verbindung zu schärfen ist dieser Aspekt von großer Wichtigkeit: Laut einer Studie über Studenten in den USA bestimmt ein einziger Faktor, ob wir eine lose Bekanntschaft Jahre später als »beste Freundin« beziehungsweise »bester Freund« bezeichnen: das Gefühl, von ihr oder ihm »in der eigenen Identität anerkannt und bestätigt zu werden.«[286]

Gemeinsame Erlebnisse

Mit alten Schulfreunden verbinden uns automatisch gemeinsame Erlebnisse. Bei neuen Kontakten müssen wir diese Erfahrungen erst initiieren. Je intensiver die gemeinsame Zeit, desto mehr verstärkt sich die Verbindung. Lassen wir's einfach krachen. Ob Kölner Karneval oder Wiener Opernball, saufen und wilde Partys feiern heißt die Devise. Sind Sie ein Mann, dann leben Sie Ihre Männlichkeit aus: Egal ob Motocrossrennen oder eine traditionelle Jagd, Testosteron und Adrenalin schweißen zusammen. In Kombination mit Ritualen halten sich Verbindungen sogar über Jahrhunderte, wie uns Burschenschaften zeigen. Gemeinsame Geheimnisse erledigen den Rest. Illegale Drogenexzesse oder einfach nur der Gang in den Puff sind Dinge, die wir weder Chef noch Ehefrau unseres neuen Freundes erzählen. Vergessen wir aber nicht, die schönen Erlebnisse auch bildlich festzuhalten. Vielleicht brauchen wir die Erinnerungsfotos ja noch einmal.

Um einen Gefallen bitten

Jetzt geht's endlich zur Sache. Mit so einer gründlichen Vorarbeit sollte nichts mehr schiefgehen. Wie wir beim System der »Gabe« gesehen haben, ist es ein menschliches Bedürfnis, nicht nur Geschenke anzunehmen, sondern auch zurückzugeben. Wenn wir also genügend

Pluspunkte gesammelt haben, können wir unserem Gegenüber die Möglichkeit bieten, sich zu revanchieren. »Korrumpierbarkeit kann sehr schleichend gehen, mit Kleinigkeiten beginnen, die die Korruptionsspirale in Gang setzen. Man nimmt immer großzügigere Einladungen an, gewöhnt sich daran – und auch das Unrechtsbewusstsein verschwindet schleichend«, so der inzwischen pensionierte Chef der Korruptionsstaatsanwaltschaft in Wien.[287] Oftmals merken die Leute es im ersten Moment gar nicht, dass sie schon korrupt gehandelt haben. Ist der erste Schritt getan, können wir mit der offiziellen Planung beginnen. Denn jetzt ist der Neue schon ein Komplize.

Der gemeinsame Deal

Das Vertrauen ist da, die Überzeugungsarbeit geleistet. Jetzt geht es an die lustvolle Bedürfnisbefriedigung. Schauen wir auf das Persönlichkeitsprofil unseres Freundes und ködern wir ihn gekonnt mit nichts Geringerem als der Erfüllung seiner Träume: ein Urlaub auf Mauritius, ein neuer Ferrari oder ein gutbezahlter Posten im Ministerium? Falls unser Freund wider Erwarten zurückrudert, erinnern wir ihn zunächst kollegial daran, dass wir jetzt im selben Boot sitzen. Falls das nicht hilft, reichen meist kleine Drohungen. Im Zweifelsfall müssen aber leider auch Freunde zu ihrem Glück gezwungen werden. Zuckerbrot und Peitsche!

Résumé

»Wer nur mit Leuten befreundet ist, die derselben Meinung sind, ist entweder sehr reich, sehr mächtig oder sehr anspruchslos.«[288] Den Luxus, ausschließlich mit jenen zu verkehren, die so sind wie wir, müssen wir uns erst erarbeiten. Wer am Anfang steht, muss raus aus der engen Welt. Zu Hause auf der Couch werden Sie keine interessanten Leute kennenlernen. Drehen Sie sich wie ein Fähnchen im Wind, werden Sie aktiv!

IfaK empfiehlt:

Seien Sie dabei und treten Sie ein, egal ob Burschenschaften oder Parteien, ob Kirche oder Militär, Hauptsache, die Crème de la Crème ist dabei. Selbst Sportvereine (FC Bayern München[289]) bieten interessante Kontakte. Im Fernsehen gibt's eh nix Gescheites und dick macht's noch dazu. Legen Sie dieses Buch doch einfach mal weg und gehen Sie wieder mal so richtig schön feiern. Vermischen Sie Berufliches mit Privatem.

TIPP! Partyguide

Essen in Brüssel

Verhungern muss niemand in Brüssel. 970 Einladungen zu Gratis-Verköstigungen erhielt der EU-Abgeordnete Peter Martin in zwei Jahren.[290] Auch als Student darf man mitnaschen. Legen Sie sich Visitenkarten mit einem schönen Foto zu. Dann schaffen Sie es auch auf die diversen Mailinglisten und sind bei den nächsten Events fix dabei. Die Partys in der russischen Botschaft sollen besonders fröhlich sein.

Tanzen in Wien

Tanzen auf nationalem und internationalem Parkett am Ball der Bälle, dem Wiener Opernball. Eine Eintrittskarte kostet 250 Euro. Da aber niemand die ganze Zeit stehen will, empfehlen wir eine Rang- oder Bühnenloge für 18.500 Euro.

Kleiderordnung: Damen: großes, langes Abendkleid, Herren: schwarzer Frack

Feiern in Deutschland

Egal ob Sie eine Party suchen oder eine organisieren wollen, halten Sie sich an Manfred Schmidt. Der Eventmanager ist vor allem auf politische Events spezialisiert. Er organisierte Feste für den ehemaligen Bundespräsidenten Christian Wulff oder die Nord-Süd-Dialoge. Da gab's gleich eine ganze Reihe von Partys, immer abwechselnd in Hannover und Stuttgart.[291] Wer ihm bei der Sponsorensuche hilft, kriegt Urlaubsreisen und Freiflüge.[292] Außerdem kümmert er sich rührend darum, dass alle gut von A nach B kommen. Sonst hätte der SPD-Ministerpräsident Kurt Beck den Zug von Berlin nach Hamburg nehmen müssen. Da ist ein Privatjet doch viel bequemer![293]

Businessplan

Wieder nüchtern? Dann *back to business*. Ohne eine zündende Idee läuft gar nichts. Jetzt geht es darum, den Schlachtplan zu entwerfen. Wo ist Geld zu holen? Was soll wem verkauft werden? Wer sind die Entscheidungsträger mit dem nötigen Kleingeld? Wer muss noch vom Vorteil unserer Produkte überzeugt werden? Da die konkrete Umsetzung beim Baudeal anders aussieht als bei der Fußballweltmeisterschaft, ist jetzt die Zeit, sich auf eine Branche zu konzentrieren.

Kann ich in jeder Branche arbeiten? Leider nein. Aber es gibt garantiert auch die richtige Branche für Sie!

Resümieren Sie noch einmal:

1. Was haben Sie für eine Ausbildung?
2. Was hat Ihre Netzwerkanalyse ergeben? Wo kennen Sie schon Leute?

Weitere wichtige Faktoren sind:

3. Risikobereitschaft,
4. moralische Flexibilität und
5. persönliche Profiterwartungen.

Korruption ist besonders sinnvoll in Bereichen, die jeder wirklich braucht: Wohnen, Essen, Energie, Sicherheit, Gesundheit … Wir haben Ihnen ein buntes Potpourri der lukrativsten Branchen rausgesucht und verraten Ihnen die jeweils vielversprechendsten Tricks. Sie werden sehen, Ihr Gefühl sagt Ihnen automatisch, wo Sie hingehören.

Da es uns leider zum aktuellen Zeitpunkt nicht möglich war, ein umfangreiches Gesamtwerk zu verfassen, der Vollständigkeit halber trotzdem eine Liste der korruptesten Branchen.

Die korruptionsanfälligsten Wirtschaftsbereiche[294]

1. *Auftragsvergaben im öffentlichen Sektor/Baubereich*
2. *Rüstungs- und Verteidigungsindustrie*
3. *Energiesektor (inkl. Öl- und Stromwirtschaft)*
4. *Industrie (inkl. Bergbau)*
5. *Gesundheitsbereich/sozialer Sektor*
6. *Kommunikation, Post*
7. *Zivile Luftfahrt*
8. *Banken, Finanzierungssektor*
9. *Landwirtschaft*

Baubranche

Risiko	***
Moral	*
Profit	**

> In sieben Tagen schuf Gott die Welt. Danach traten ihm die Baumeister und Ingenieure zur Seite, um zu vollenden, was der Herr nicht zu Ende gebracht hatte. Seitdem pflügen sie die Erde um und sind bis heute nicht fertig. – Michael Mönninger (*1958), dt. Journalist

Gott sei Dank hat hier der Schöpfer bei seinem Bauvorhaben etwas geschludert. Oder anders formuliert, beim Bauen muss einfach immer mit Mehrkosten gerechnet werden. Denn viele Faktoren waren selbst für den Allmächtigen damals noch nicht vorhersehbar: zum Beispiel 7,3 Milliarden Menschen, die alle irgendwo wohnen, arbeiten, krank rumliegen oder in Kindergärten und Gefängnissen verwahrt werden müssen. Aber das macht nichts, denn neue Bauprojekte tun der Wirtschaft gut. Und wenn's der Wirtschaft gut geht, dann geht's bekanntlich allen gut. Der weltweite Umsatz der Baubranche wird auf 3.200 Milliarden US-Dollar geschätzt. Das klingt doch verlockend! Dass wir in der Baubranche wirklich richtigliegen, bestätigt uns auch der neueste EU-Korruptionsbericht von Februar 2014.[295] Demnach ist die Hälfte aller Bauunternehmen mit Korruption bestens vertraut. Auf regionaler Ebene sind es sogar noch mehr.[296] Laut Transparency International gibt die öffentliche Hand bei Bauprojekten gerne 10 Prozent mehr aus als notwendig. Demnach lassen sich in der Branche durch Korruption mehr als 300 Milliarden US-Dollar im Jahr verdienen.[297] In Deutschland sind wir immerhin mit 5 Milliarden dabei.[298]

Aber nicht nur bei den Bauunternehmen, auch in den Bauämtern wird fleißig die Hand aufgehalten. Die Staatsanwaltschaft Frankfurt meint sogar, dass jede Baubehörde korrupt sei. Am Anfang stehe oft eine Kiste Rotwein oder Urlaubseinladungen nach Mallorca, später komme besonders bei Schlüsselpositionen schrittweise Bargeld ins Spiel.[299]

Was also hat die Baubranche, was anderen fehlt? Die simple Antwort ist, sie ist schrecklich komplex! Schließlich leben wir ja nicht mehr in Höhlen, sondern bauen Paläste für beziehungsweise wie die Götter. Das kann nicht jeder, und auch die, die's können, wissen im Nachhinein nicht immer, was sie wie ge- und verbaut haben. Komplex sind auch die Verkettungen, wer alles arbeitet, wer von wem einen Auftrag für was auch immer bekommt und wer's dann schließlich macht. Bau heißt nämlich Teamarbeit! Hier braucht es die Kraft starker Männer, um eine Idee in Beton zu gießen: Politiker, Behörden, Architekten, Sachverständige, Bauunternehmer, noch mehr Bauunternehmer, die wieder Subunternehmer beschäftigen, bis hin zum ungelernten Bauarbeiter aus einem armen Land, der mit seinem Job eine ganze Großfamilie ernährt. Bauen ist sogar so schrecklich unüberschaubar, dass selbst die Baubehörde oftmals keinen Durchblick mehr hat.

Da sich die Behörden auch immer weniger Fachpersonal leisten können, werden wir von der Baubranche sie natürlich nach Leibeskräften unterstützen.[300] Laden wir sie doch einfach mal zu einem Fachkongress oder zu einem Essen ein! Erstaunlich, dass die heutigen Bauprojekte meist nicht einstürzen wie der Turm von Babel oder das Kölner Stadtarchiv.

Keine Sorge, wir brauchen weder das Hirn eines Genies noch den Körper eines Bodybuilders, um uns in dieser Branche häuslich niederzulassen. Wer als Kind schon gerne im Sandkasten mit Baggern gespielt hat, der wird auch die Baugrube lieben. Ein schicker Helm auf dem Kopf, ein Clipboard in der Hand und schon sind wir weit und breit als Bauexperte erkennbar. Ohne Genehmigungen läuft beim Bau jedoch überhaupt nichts. Für alle, denen Dreck, Lärm und laute Maschinen Migräne bereiten, können wir daher den beruflichen

Weg ins Bauamt empfehlen. Wer den sicheren Beamtenjob vorzieht, aber trotzdem gern an der frischen Luft ist, der geht zur Bauaufsichtsbehörde beziehungsweise Baupolizei. Die Beamten entscheiden vor Ort, ob auch alle Auflagen eingehalten wurden. Geradezu ein Muss ist die Baubranche für Politiker. Selbst milliardenschwere Bauvorhaben fallen oftmals in die Länder- und Kommunenzuständigkeit. Daher können beim Thema Bau auch schon kleine kommunale Würdenträger sich selbst große Denkmäler setzen und private Schlösser bauen.

Jetzt heißt es Ärmel hochkrempeln und Spaten in die Hand!

Marke Eigenbau

Der Traum vom Eigenheim ist der Traum vieler. Und was wäre ein besserer Einstieg in die Baubranche als die eigenen vier Wände? Mit den richtigen Tipps und Tricks ist das Traumhaus ganz leicht aufgestellt. Dazu brauchen wir Freunde/Kontakte:

1. in der kommunalen Politik, im Optimalfall zum Bürgermeister
2. in den Behörden:
    - wahlweise Vermessungsamt
    - Bauamt
    - Bauaufsichtsbehörde beziehungsweise Baupolizei

Und so geht's:

Vermessung

Alles ist relativ, so auch das Vermessen eines Grundstücks. Natürlich wirkt ein Grundstück immer kleiner auf dem Papier als in echt. Mit den richtigen Kontakten im Vermessungs- beziehungsweise Katasteramt können wir gleich von Anfang an eine Menge Geld sparen.

Umwidmung

Es muss nicht immer gleich Bauland sein. Viel billiger zu kaufen sind Grünland oder Agrarflächen. Mit einer kleinen privaten Umwidmungssteuer an unsere Freunde in der Kommunalpolitik lässt sich Grünland günstig in Bauland umwidmen.

Bauen ohne Genehmigung

In jedem Land beziehungsweise Bundesland darf unter bestimmten Umständen auch ohne Genehmigung gebaut werden, beispielsweise wenn das Haus eine gewisse Größe nicht überschreitet oder wenn es als landwirtschaftliches Gebäude bezeichnet wird. Versteht man sich gut mit der Bauaufsichtsbehörde, wird selbst festes Mauerwerk dehnbar wie ein Gummiparagraf.

Baugenehmigung

Wer auf Nummer sicher gehen will, der holt sich eine Baugenehmigung. Wichtig ist es auch, eventuelle Ausnahmebestimmungen zu kennen, wie zum Beispiel den §69 der Wiener Bauordnung. Dank dem Paragrafen durfte eine Prominentenvilla im Nobelviertel Hietzing in Wien sogar woanders stehen als geplant.[301] Auch bei Geschäftsgebäuden hilft die Ausnahmeregelung, wie beispielsweise bei der Alsergrunder Bank. Das Dach des Hauses, das 100 Prozent des Grundstücks überspannte, wurde einfach als »Bau vorübergehenden Bestands« deklariert. Auch beim Millennium-Tower funktionierte dieser Trick prächtig. Der phallische Turm schwoll von den genehmigten 140 auf erigierte 202 Meter an.[302] Heute steht uns dieser kleine Trick leider nicht mehr zur Verfügung. Weil Kritiker im Paragrafen ein Einfallstor für Korruption vermuteten, wurde er 2009 verschärft.

Bauaufsichtsbehörde/Baupolizei

Paragrafen hin oder her, wichtig ist allein, dass das Haus abgesegnet wird. Dafür sind die Beamten von der Aufsichtsbehörde zuständig und die lassen glücklicherweise mit sich reden. Falls man sich über die Geldhöhe unsicher sein sollte, am ruhigen Wiener Schafberg schlagen die Beamten den Preis ganz aktiv selber vor. Ohne Ausländer funktionierte das System lange Zeit ganz gut, bis sich ausgerechnet ein italienisches Autorenpärchen über die veranschlagten 5.000 Euro öffentlich in der Presse beschwerte.[303] Wahrscheinlich ist alles letztendlich nur ein kulturelles Missverständnis.

TIPP! Falls Sie zufällig Bürgermeister oder Landrat sind oder einer werden wollen:

Die Berufswahl zum Bürgermeister, vorzugsweise in Bayern und Österreich, können wir nur unterstützen. Hier zwei Varianten, wie bürgernahe und unbürokratische Politik aussehen kann:

Für Bürgermeister:

Josef P., *(CSU) ehemaliger Bürgermeister von S. in Oberbayern*

Amtshandlung: »Ich habe nur getan, was Tausende anderer bayerischer Bürgermeister auch tun.« Zum Beispiel sich selbst zinsgünstige 20.000 Euro von einem Bauträger leihen, mit dem man auch von Amts wegen zu tun hatte. Aber nicht nur für sich, auch für andere setzte sich der Bürgermeister spendabel ein. So schmiss er für einen Altenheimleiter eine wohlverdiente Geburtstagsfeier oder ließ mal schnell den Hof des örtlichen Rot-Kreuz-Heimes teeren, beides auf Gemeindekosten, versteht sich.

Irdische Strafe: Wegen Korruption und anderer Kleinigkeiten wurde P. zu 21 Monaten auf Bewährung und 10.000 Euro Geldstrafe verurteilt.

Überirdischer Trost: P. ist davon überzeugt, dass die Menschen in S. immer noch für ihn beten.[304]

Für angehende Landräte/Landtagsabgeordnete:
Jakob Kreidl *(CSU), 14 Jahre Mitglied des bayrischen Landtags*

Familiäre Unterstützung: Kreidl hatte, wie viele seiner Kollegen, Familienmitglieder angestellt und aus Steuermitteln bezahlt, dabei aber nicht bedacht, dass Neider das als Nepotismus auffassen könnten.[305] Bei seinen Wählern kam die familiäre Fürsorge gut an. (64,6% Zustimmung)[306]
Nicht so gut fanden sie die Party zu Ehren seines 60. Geburtstags »mit vielen wertvollen Gesprächen« mit den 350 Gästen, darunter der bayerische Ministerpräsident Horst Seehofer (CSU) und Kardinal Reinhard Marx.[307] Die Feier im Bauernhofmuseum war von der örtlichen Sparkasse Miesbach-Tegernsee im Sinne der »Kundenbindung« mit 77.000 Euro und vom Landkreis Miesbach mit 32.200 Euro gesponsert worden. Kreidl selbst zahlte 7.600 Euro.[308]

Strafe der großteils nicht geladenen Bürger: Nur noch 15,83 Prozent bei der folgenden Wahl (-48,8%).[309]

Politische Strafe: Rücktritt aus gesundheitlichen Gründen.[310]

Fazit
Gehen, wenn's am schönsten ist (nach zirka 30 Jahren)
Nebeneinkünfte immer schön mit dem Finanzamt teilen
Bei den Partyeinladungen nicht die Wähler vergessen

Öffentlicher Hochbau: Baustelle Köln

Nachdem wir uns jetzt schon einmal mit dem Grundprinzip vertraut gemacht haben, nähern wir uns der nächsten Ebene: den öffentlichen Bauvorhaben. Als wunderschönes Lehrbeispiel kann die Stadt Köln angeführt werden. Hier bestätigt sich wieder einmal: Leute, die Spaß verstehen, haben gut lachen. Will man es in Köllefornien zu etwas bringen, muss man sich zuerst einmal beim Feiern des Karnevals beweisen, dann klappt's auch im Beruf. Wer viel Dreck am Stecken hat, der hat auch viel Müll zu verbrennen, dachten sich ein paar SPD-Politiker, Baufirmen und Versorgerbetriebe und erarbeiteten den Schlachtplan für den Kölner Müllskandal. Und der sah ungefähr so aus:

1. Trends erkennen

Wie die Bekleidungsindustrie hat auch die Baubranche so ihre Moden. Mal sind es Sozialbauwohnungen, mal Atomkraftwerke und in den 90er Jahren waren eben Müllverbrennungsanlagen total schick. Versetzen wir uns gemeinsam in die damalige Zeit zurück …

… Deutschland, Anfang der 90er Jahre:

Experten melden, die Müllberge in Deutschland wüchsen. Anstatt mit immer größeren Mülldeponien das Land zu verschandeln, ist jetzt der Plan, ihn zu verbrennen. Das soll in Müllverbrennungsanlagen passieren. Aber so ein Trumm frisst nicht nur Müll, sondern auch eine Menge Geld, ungefähr eine Milliarde Mark. Jetzt heißt es, schnell einsteigen, bevor die Mode vorbei ist oder andere einem zuvorkommen. Einige Jahre später wird es in Deutschland schon rund 80 Müllöfen geben. Nur: Wer kann damit Geld verdienen und vor allem wie?

Bauunternehmer

Zunächst ist es wohl offensichtlich, dass vom Bau einer Müllverbrennungsanlage jenes Unternehmen profitiert, das diese baut. In unserem Fall heißt die Firma Steinmüller und ihr Geschäftsführer Sigfrid Michelfelder.

Betreiber

Nach dem Bau muss der Müllofen natürlich auch von jemandem bedient werden. Hier kommen die Betreiber ins Spiel. Sie schauen, dass der Laden läuft. In Köln ist das die Abfallentsorgungs- und Verwertungsgesellschaft (AVG). Sie wurde extra für den Müllofen ins Leben gerufen. Ihre Eltern sind: 1) Stadt Köln, 2) Kölner Stadtwerke und 3) die Firma Trienekens. Die AVG ist außerdem für Bau und Betrieb des Müllofens verantwortlich. Alle drei wollen einen Mann: den Ulrich Eisermann von der SPD.[311] Jetzt ist er Geschäftsführer der AVG.

Entsorger

Jetzt brauchen wir nur noch jemanden, der uns den ganzen Müll vorbeibringt. Das übernimmt die Firma Trienekens für uns. Die gehört dem Hellmut Trienekens. Genau, das ist der, der schon im Vorstand der AVG sitzt. Vielleicht kennen ihn manche auch vom Karneval.

Politiker

Da wir das Ganze nicht nur für eine einzelne Person, sondern für alle Kölner und später auch viele Neapolitaner bauen, brauchen wir noch jemanden, der uns den Auftrag im Namen aller Kölner erteilt. Das machen die Politiker. Da der eigene Dreck etwas sehr Intimes ist, können die Kommunen selbst über Milliardenprojekte entscheiden, solange sie nur mit Müll zu tun haben. In der Kölner Müllgeschichte sind das zusammen mit vielen, vielen anderen der Geschäftsführer Norbert Rüther und sein Schatzmeister Manfred Biciste von der regierenden SPD.

Berater

Und um etwas gegen die Arbeitslosigkeit in Deutschland zu tun, nehmen wir noch einen oder mehrere Helfer dazu. Zum Beispiel den Karl Wienand. Der war mal Geschäftsführer der Bundestagsfraktion der SPD und Spitzel für die Stasi ebenfalls.[312] Wer so viel weiß, sollte unbedingt als Berater und Lobbyist arbeiten, und das tut er jetzt auch. Immerhin kennt er Hinz und Kunz in der Partei und kann auch ganz pragmatisch Dinge machen wie Geldumschläge überreichen. Weil der Karl so gut ist und so viel Erfahrung hat, wollen den gleich beide Firmen, die Baufirma Steinmüller und der Müllbaron Hellmut Trienekens. Gut bezahlt ist das Ganze auch. Angeblich 3,6 Millionen Mark kriegt der Karl an Provisionen.[313]

2. Überzeugen

Politiker

Falls die Politiker die Trends der Zukunft noch nicht erkannt haben, kann sie ein richtig schicker Lobbyempfang auf den neusten Stand »der Energietechnik der Zukunft« bringen.[314] Sigfrid Michelfelder (von unserer Baufirma Steinmüller) hält zu Sekt und Häppchen ausgezeichnete Powerpointvorträge und so kennen sich jetzt alle Politiker wunderbar aus.[315] Die letzten Zweifel werden durch eine halbe Million Mark Spenden an die SPD beseitigt.[316] Oder war's doch mehr? Egal, wichtig ist doch nur, dass die Politiker als echte Müllexperten auftreten.

Wähler

Die überzeugten Kölner Politiker erzählen jetzt ihren Wählern und auch den anderen Kölnern, dass sie eine neue Müllverbrennungsanlage brauchen und eine richtig große noch dazu. Falls trotzdem jemand nervt und meint, so was sei unnötig, wie zum Beispiel die grüne NRW-Umweltministerin Bärbel Höhn, freuen wir uns, dass wir in einer Demokratie leben und die SPD die Mehrheit hat. Und wenn 54.524 Kölner das Projekt mit einem Bürgerbegehren gefährden, dann freuen wir uns, dass wir in einem Rechtsstaat leben, und erklären das Ganze einfach für unzulässig. Stimmt!, sagt dann das Verwaltungsgericht, die Möchtegern-Revolutionäre haben die Fristen nicht eingehalten.[317]

3. Vergaben sichern

Bau

Die Entscheidung, wer das Ding jetzt baut und wer den Müll bringt, übernehmen jetzt die, die sich damit auskennen: die Kölner AVG und ihr Chef Ulrich Eisermann. Damit Uli sich für die Firma Steinmüller entscheidet, gibt's auch für ihn ein paar Millionen.[318] Super ist auch, dass der Uli die Angebote der Konkurrenz kennt, so kann sich Sigfrid viel leichter ein Angebot überlegen.[319] Aber so viel Konkurrenz gab's jetzt auch wieder nicht. Wenn man denen einfach andere Aufträge zusichert, dann sind die meisten total kooperativ. Stressig wird's nur, wenn der Auftrag öffentlich ausgeschrieben wird, aber das zieht ja nur alles wieder in die Länge. Und siehe da, die AVG vergibt den Bau schnurstracks an die Firma Steinmüller. Auch Sigfrid freut sich. Seine Firma musste zwar mehrere Millionen in Überzeugungsarbeit investieren, kann sich aber jetzt über einen Auftrag in Höhe von einer Milliarde Mark freuen.[320] Wir gratulieren! Aber da es beim Bau ja auch immer Subunternehmer gibt, kann sich auch Hellmut Trienekens freuen. Auch er wird durch eine seiner vielen Tochterfirmen am Bau beteiligt und stellt eine Rechnung über 13 Millionen Mark aus. So, geschafft, der Müllofen steht.[321]

Wartung

Jetzt brauchen wir noch jemanden, der den Müllofen regelmäßig wartet. Na, da nehmen wir doch gleich wieder den Hellmut. Da wissen wir schon, auf den können wir uns verlassen. Kostenpunkt: 20 Millionen Mark.[322]

4. Teilprivatisierung (Anteil sichern)

Noch schöner wär's aber für den Hellmut, wenn auch er dauerhaft im Team wär. Als ob die Politiker es gehört hätten, planen sie eine Teilprivatisierung der Kölner Abfallwirtschaftsbetriebe (AWB). Privatisierungen bringen fast allen was. Die Politiker bekommen ein wenig

Geld zurück für neue Projekte. Das bringt Stimmen, und die Wirtschaft wird auch belebt. Bloß wem könnte man 49,9 Prozent der AWB verkaufen?[323] Ach fragen wir doch wieder unseren alten Parteifreund. Andere bieten zwar 100 Millionen Mark mehr, aber der Hellmut ist am nettesten. Der bedankt sich immer schön mit einer Parteispende und einem Sack Stellenangebote. Außerdem haben wir jetzt keine Zeit, das Ganze europaweit auszuschreiben. An dieser Stelle noch mal herzlichen Dank an den Kölner Stadtrat. Der winkt den Deal mit Dringlichkeitsbeschluss souverän und extra schnell durch.[324]

5. Weiterhin Geld verdienen

Und jetzt? Wer wirklich clever und geschäftig ist, der besorgt sich auch gleich Folgeaufträge. Das ist gar nicht schwer, wo wir doch schon mal an der Quelle sitzen. Hellmut macht's vor: Nach einer Weile fällt nämlich allen auf, dass die Kölner nicht ganz so viel Dreck machen, wie die Experten, Politiker und Berater vorhergesagt haben. Außerdem ist es nicht so gut, wenn man den ganzen Ofen wegen einem *Halven Hahn*[325] anschmeißt. Nicht verzagen, Hellmut fragen: Er fährt quer durch Europa, um uns Jahr für Jahr 150.000 Tonnen Müll aus dem sonnigen Italien mitzubringen. Damit hält er auch gleich die Strände sauber.[326] Und wenn er schon so nett ist und den Müll durch den halben Kontinent karrt und es ja praktisch sein Ofen ist, geht es natürlich nicht, dass der Hellmut genauso viel für die Müllverbrennung bezahlt wie der Durchschnittskölner. Na gut, dann zahlt er halt nur 66 statt 414 Mark.[327] Jetzt sind der Ofen und der Hellmut ausgelastet.

Alles hat ein Ende …

So schön uns dieses Beispiel auch die Baubranche erklärt, so hässlich fielen die Gerichtsurteile aus. Uli von der AVG hat's am schlimmsten erwischt. Er ist der Einzige, der sogar für drei Jahre und neun Monate hinter Gitter musste. Auch Sigfrid haben sie gekriegt.

Er ist aber mit zwei Jahren auf Bewährung und einer Wiedergutmachung von einer Million Euro davongekommen.[328] Karl, der große Berater, wurde wegen Beihilfe zur Untreue zu einer Freiheitsstrafe von zwei Jahren auf Bewährung verurteilt.[329] Am meisten hat die ganze Sache aber Hellmut mitgenommen. Auf dem Höhepunkt seiner Karriere herrschte er über mehr als 100 Firmen,[330] dann musste er fast alles verkaufen, um die Kaution für seine Haftentlassung in Höhe von 100 Millionen Euro zu stemmen.[331] Letztendlich kam aber auch er mit zwei Jahren Haft auf Bewährung, einer Geldstrafe von gut einer Million Euro und einer Bewährungsauflage in gleicher Höhe davon.[332] Am meisten hat ihm der gesellschaftliche Abstieg zu schaffen gemacht. 5.000 Mitarbeiter hatten ihn einst geschätzt, angefangen vom einfachen Müllarbeiter bis hin zu den Betriebsräten.[333] Jetzt mag ihn keiner mehr. Juristisch weniger problematisch sind die Strafen für die Politiker ausgefallen. Norbert von der SPD war zwar einige Zeit in Untersuchungshaft, erhielt dann aber eine Bewährungsstrafe von einem Jahr und sechs Monaten, wegen Abgeordnetenbestechung und Beihilfe zur Bestechlichkeit.[334] Dank seines seelenstarken zweiten Standbeins blickt er auch nach der Affäre positiv nach vorne und zurück: »Es waren wunderbare Jahre in der Politik. Ohne den Skandal hätte ich sicher weitergemacht. Aber meine Zeit in der Politik ist ein für alle Mal beendet. Jetzt bin ich mit Leib und Seele Psychiater.«[335] Korruption ist eben zutiefst menschlich.

Öffentlicher Tiefbau: Baustelle Chemnitz

Wer braucht schon Kunst am Bau? In der Baubranche ist Kreativität angesagt, und das selbst bei einem so faden Bau wie der A72 von Chemnitz nach Hof und der A4 von Chemnitz Richtung Thüringen. Die Firma STRABAG hat zwar nicht gerade ein Meisterwerk hinterlassen, aber wenn hier schon keine Landschaften blühen, so umso mehr die Fantasie. Im Folgenden ein paar Tipps der Kollegen, wie man selber Kosten sparen, aber Mehrkosten berechnen kann:

Kosten-Nutzen-Rechnung[336]

Geringere Kosten:

- Asphaltdecken dünner auftragen als vereinbart
- Abflussleitungen ohne das vorgesehene Kiesbett verlegen

Höhere Erlöse:

- nie verbautes Material abrechnen, z. B. 21.000 Kubikmeter Kalk
- Entsorgung von 4.000 Tonnen Bauschutt verrechnen (3.000 Tonnen sind irgendwie abhandengekommen.)

Extra Verdienst:

- 30 Millionen

Erklärung: »Beim Bau eines Straßenabschnitts waren Erdmassen abgerechnet worden, mit denen man eine doppelt so lange Straße hätte bauen können«, sagt der frühere Staatsanwalt und jetzige Chemnitzer Ordnungsbürgermeister Miko Runkel.[337]

Achtung Fehler
Wenn Sie nicht existierende Flutlichtanlagen für 1,5 Millionen Euro abrechnen, fällt das auch Laien im Dunkeln auf. So ein Fauxpas wird mit einer Bewährungsstrafe geahndet.[338]

So geht's:[339]

1. Subunternehmer geben bei der STRABAG Scheinrechnungen ab.
2. STRABAG-Mitarbeiter segnen diese ab.

3. STRABAG reicht die Scheinrechnungen dann bei den Kommunen ein.
4. Behördenmitarbeiter zeichnen sie ab.

Leider erwischt

Eigentlich wäre alles glatt gelaufen, hätte das Schicksal (in diesem Fall ein Mörder) nicht zugeschlagen und einen der Beteiligten und dessen Freundin im Karibikurlaub ermordet. Die Ermittlungen liefen an und aus dem Ruder. Statt sich auf den Mord zu konzentrieren, hatten die Beamten vor allem Augen für Korruption. Letztendlich ermittelte die Staatsanwaltschaft gegen über 100 Leute wegen Betrugs, Untreue, Bestechlichkeit und Bildung einer kriminellen Vereinigung. Ein ehemaliger Mitarbeiter des Chemnitzer Tiefbauamtes beging Selbstmord. Der Oberbauleiter der Chemnitzer STRABAG-Niederlassung wurde im März 2007 zu drei Jahren und zwei Monaten Haft verurteilt, andere kamen mit Bewährungsstrafen davon. Außerdem löste die österreichische STRABAG ihre deutsche Tochterfirma in Chemnitz mit 90 Mitarbeitern komplett auf.[340]

Was lernen wir daraus?

1. Freunde in der Staatsanwaltschaft sind unumgänglich.
2. Die Karibik ist totally overrated.
3. Der Osten ist auch nicht mehr das, was er einmal war.

Baustelle Ausland

Auch die STRABAG wurde aus dem Schlamassel klüger. Sie zog einfach noch weiter gen Osten. Zu den Winterspielen 2014 in Russland bauten sie einen Flughafen um und das Olympische Dorf in Sochi auf. Auftragssumme: eine halbe Milliarde Euro.[341] Schön, dass man sich wenigstens auf Putin und seine Freunde verlassen kann!

Wer beim Bau ohne Risiko große Mengen verdienen will, dem raten wir generell, das Land zu verlassen. Besonders lukrativ sind Staaten, die gerade von den Amis und internationalem Anhang platt gemacht wurden. Denn ist alles zerstört, muss wieder kräftig aufgebaut werden. So schaffen es auch Länder wie der Irak an die Spitze der Superlative, nämlich als größter Korruptionsfall in die Geschichte einzugehen.[342] Im Gegensatz zu den korrekten Deutschen sind die Ausländer meist offen und tolerant. So freuten sich die Irakis selbst in der Wüste über Fertig-Blockhütten der kanadischen Holzindustrie.[343] Sie beschwerten sich auch nicht, dass das geplante und von der US-Regierung bezahlte Kinderkrankenhaus zwar 90 Millionen mehr kostete als veranschlagt, aber von der Firma Bechtel nie fertig gebaut wurde.[344] Aber wer sich wirklich für Auslandsgeschäfte interessiert, dem empfehlen wir ein Praktikum bei Halliburton. Ohne sie läuft im Irak gar nichts. Na ja, zumindest was das Geldverdienen anbelangt. Kerngeschäft der Firma ist zwar die Energieversorgung und -förderung beziehungsweise der Handel mit Erdöl, aber da sie total flexibel ist, sicherte sie sich auch unzählige andere Aufträge, die im Irak zu holen waren. Völlig egal, ob das die Errichtung von Gebäuden, die Wartung von Straßen oder Schädlingsbekämpfung war.[345] Schnell ein Subunternehmen engagieren und kräftig scheffeln heißt die Devise. Zwischen 2003 bis 2006 hat die Firma 17,2 Milliarden Dollar mit diesem Konzept verdient.[346] Aber auch das geht natürlich nur mit Kontakten: Dick Cheney heißt ihr hochqualifizierter Mann: Einstiger Verteidigungsminister unter Bush senior, bis 2000 CEO und Aufsichtsratsvorsitzender von Halliburton und von 2001 bis 2009 Vizepräsident der Vereinigten Staaten unter Präsident Bush junior.

Wer bei solcher Prominenz vor Ehrfurcht erstarrt und wissen will, wie das geht, der lernt einfach im Fernstudium von zu Hause aus. Unter www.halliburtonwatch.org beschäftigt sich sogar eine ganze NGO mit Halliburton. Dort kann man gut nachlesen, um ja keine ihrer erstaunlichen Geschäftsideen zu versäumen.

Kaufen statt bauen: Österreich

Wer zwei linke Hände hat, der lässt das Bauen lieber sein. Manchmal ist es ohnehin sinnvoller, Wohnungen zu kaufen oder noch besser, diskret an der Vermittlung von Immobiliengeschäften zu verdienen. Wer nichts kann und nichts ist, aber mächtige Freunde hat, wird wie immer Berater. Dass dieser Beruf auch beim Thema »Wohnen« gefragt ist, können wir am folgenden Beispiel lernen:

Die Ausgangslage

Im Jahr 2003 stehen in Österreich 62.000 Bundeswohnungen zum Verkauf. Nach dem Motto: »Mehr privat, weniger Staat« beschließt der damalige Finanzminister, Karl-Heinz Grasser, die Wohnungen an Privatinvestoren zu verkaufen. Mit dem Verkauf des Betongolds will er den Staatshaushalt vorübergehend entlasten und dem magischen Null-Defizit näher kommen. Wenn das gelingt, dann ist er nicht nur der schönste Finanzminister aller Zeiten, sondern auch noch der Starminister schlechthin. Damit das gelingt, braucht er ein gutes Team.

Die Berater

Walter Meischberger

Freundschaftsbonus:
Wem könnte Grasser mehr vertrauen als seinem eigenen Trauzeugen? Aber auch in Jörg Haiders FPÖ (Rechtspartei) sind Grasser und Meischi schon durch dick und dünn gegangen. Dagegen sind ein paar Wohnungen ein Kinderspiel, vor allem für einen so qualifizierten Mann wie Meischi.

Kompetenz:
Er sorgt als gelernter Heizungs-, Sanitär- und Klimatechniker beim Thema Wohnungen für ein wenig Baustellenflair.[347] Außerdem kann er sich Zahlen gut merken.

Aufgabe:
Äh, beraten natürlich!

Peter Hochegger
Kompetenz:
Als Chef der größten PR-Agentur des Landes weiß er genau, wer in der Republik etwas braucht. Der Sohn des ÖVP-Abgeordneten Franz Morak wünscht sich sehnsüchtig einen Tourbus? Die Tochter der Kunst von Ex-Bundeskanzler Wolfgang Schüssel braucht 2.000 bis 3.000 Euro für ihr Theaterprojekt? Kein Problem.[348, 349] Die Söhne des SPÖ-Nationalratsabgeordneten Kurt Gartlehner liefern eine »Bienenprodukte«-Studie und wollen dafür 72.000 Euro?[350] Schon überwiesen. Und wie helfen wir Papa Kurt beim Windparkprojekt in Rumänien? Mit 106.000 Euro.[351] Die sind auch gut fürs Klima.
Aufgabe:
Unser Peter ist ein einfühlsamer Mann, der Menschen die Wünsche von den Augen ablesen kann. Mit seinen raffinierten Firmenkonstrukten sorgt er für einen reibungslosen Informations- und Kapitaltransfer.

Und was machen Berater jetzt eigentlich so? Was können Meischi und Hochegger eigentlich anbieten? Zum einen Kontakte und zum anderen Informationen. Sie sind Vertraute des Verkäufers, nämlich des Finanzministers Grasser. Hochegger organisierte schon die 3-Millionen-Euro-Roadshow des Ministers (auf Steuerzahlerkosten).[352] Die drei haben sogar ein gemeinsames Unternehmen, die Valora Solutions AG.[353] Und darüber hinaus sind sie Freunde von Karl Plech. Der sitzt in der Kommission, die für die Vergabe der Bundeswohnungen zuständig ist.

Ernst Karl Plech
Standvermögen:
Vom Geschäftsführer eines Wiener Rotlichtlokals zum gefragten Immobilienmakler

Kompetenz:
Der Kontaktmann kennt sich in der Branche aus. Sein Fachwissen war schon bei früheren Projekten (zum Beispiel bei der Übersiedlung des Finanzministeriums in den Wiener CityTower) gefragt.
Aufgabe:
Er vertritt den Finanzminister in diversen Aufsichtsräten und Vergabekommissionen staatlicher Wohnbaugesellschaften[354] und weiß daher, wer wie viel für die Bundeswohnungen bietet. Das würde er aber nie und nimmer seinem Boss verraten.

Wissen richtig einsetzen

Jetzt müssen diese Trümpfe nur noch zum richtigen Zeitpunkt ausgespielt werden.

Dummerweise müssen in Österreich große Privatisierungen öffentlich ausgeschrieben werden. Zwei Bieter schaffen es in die Finalrunde.[355] Sie sollen nun ihr letztes Angebot vorlegen, ohne zu wissen, wie viel die Konkurrenz bereit ist, hinzublättern. Das ist natürlich gemein für die Käufer. Bieten sie zu wenig, bekommen sie die Wohnungen nicht, bieten sie zu viel, verlieren sie unnötig Geld. Als Erstes lehnt sich die CA Immo AG mit einem Gebot von 960 Millionen Euro aus dem Fenster. Fast hätten sie damit auch gewonnen. Aber dann steigt das zweite Bieterkonsortium, bestehend aus Raiffeisen Landesbank Oberösterreich, Wiener Städtische und Immofinanz, in den Ring. Und siehe da, die Herausforderer überbieten mit 961 Millionen Euro die Konkurrenz knapp um 1 Million Euro beziehungsweise 0,1 Prozent![356] Das nennen wir Präzisionsarbeit, und eine äußerst lukrative noch dazu. Aber mit einem guten Berater ist eben einiges möglich.

Das Konsortium bekommt die Wohnungen (Schulden miteinberechnet) für durchschnittlich 30.000 Euro beziehungsweise 554 Euro pro Quadratmeter.[357, 358] Wer würde da nicht zuschlagen? Am freien Markt kosten Wohnungen zu der Zeit mehr als das Dreifache.[359]

Deal abschließen

Karl Petrikovics, Chef der Immofinanz, war über das Schnäppchen so glücklich, dass er, in Vorfreude schwelgend, Finanzminister Grasser schon drei Monate vor Vertragsunterzeichnung einen Luxusaufenthalt im Kempinski Hotel in St. Moritz bezahlte.[360]

Den entscheidenden Tipp erhielten die Sieger von Meischberger. Er hat die Information wiederum vom Finanzministerium bekommen. An die genaue Quelle kann er sich nicht mehr erinnern. Da arbeiten ja auch wirklich eine Menge Leute. Ohne Grasser, den Chef des Finanzministeriums, hätte die Privatisierung zwar nie stattgefunden, Informationen, betont er, hätte er aber keine weitergegeben. Das wäre ja illegal. Demnach dürfte es sich um einen jener Zufälle handeln, wie sie in seiner Amtszeit öfter vorkamen. Die Berater nehmen die Dankesgeschenke jedenfalls mit Freude entgegen. Das steirische Jagdschloss[361] (»Was mache ich mit einem Schloss?«)[362] hatte Hochegger zwar noch abgelehnt, die 9,6 Millionen Euro Provisionen trafen aber den Geschmack. Kein schlechter Lohn für zehn Tage Lobbyarbeit.[363] Aber geteilte Freude ist doppelte Freude. Jetzt heißt es, danke sagen an alle, die geholfen und unterstützt haben. Bloß das Finanzamt wird vergessen.

Wohin mit dem Geld?

Wie wir später aufgrund (strafbefreiender) Selbstanzeigen der Berater Meischberger und Hochegger erfahren, wird die Zahlung an der Steuerbehörde vorbei über die zypriotische Briefkastenfirma *Astropolis* abgewickelt.[364] Hochegger behält einen Teil des Honorars ein. Der Rest wandert über den großen Teich auf ein Konto im US-Bundesstaat Delaware und landet kurz danach auf drei Liechtensteiner Konten. Eines trägt zufällig den Namen von Meischbergers Freundin »Natalie«. Das andere heißt ebenso zufällig »Karin«, ganz ähnlich wie Karina, die Frau von Plech. Mit dem dritten Konto »40-0815« wurden Ohrringe im Wert von 25.000 Euro für eine gewisse Fiona G. gekauft.[365, 366] Laut Gerichtsgutachten könnte es sich dabei um Grassers Frau Fiona handeln.[367] Korruption als Liebesbeweis?

Erwischt?

Bewiesen ist nichts, verurteilt niemand. Die Staatsanwaltschaft Wien veranlasste zwar im In- und Ausland 15 Hausdurchsuchungen. Die Auswertung zog sich allerdings jahrelang hin. Insbesondere die Kollegen aus der Schweiz und Liechtenstein ließen sich Zeit. Die Hoffnungen der Verdächtigen – es gilt die Unschuldsvermutung – dürften auf dem neuen österreichischen Justizminister, Wolfgang Brandstetter, liegen. Mit Korruptionsfällen ist er bestens vertraut (siehe Kapitel Krisenmanagement). Für die Immofinanz war der Buwog-Kauf jedenfalls trotz der hohen Provision ein gutes Geschäft. Der Wert der Wohnungen hatte sich in wenigen Jahren verdoppelt.[368]

Résumé

Super ist, dass in der Baubranche auch schon Leute mit wenig Macht viel, schnell und regelmäßig Geld verdienen können. Der Haken an der Geschichte: Wer nicht mit den ganz Großen spielt, der wird schnell von selbigen verdroschen. Bundespolitiker verteilen gerne Ohrfeigen an Landes- und Kommunalpolitiker, Ministerien an Behörden und Behördenleiter an ihre Angestellten. Auch die Justiz schlägt hier erstaunlich oft und hart zu. Zumindest in Deutschland. Besonders Bauunternehmer sollten auf der Hut sein.

IfaK empfiehlt:

Spielt gesellschaftliches Ansehen keine Rolle, können wir die Baubranche auch Politikern empfehlen. Mehr als Geld- und Bewährungsstrafen sollten hier nicht vorkommen. Wirklich risikofrei lässt es sich nur im Ausland oder als Berater arbeiten. Als selbige sind wir zwar genau-

so sinnlos wie ein Immobilienmakler bei der Wohnungssuche, aber die Kosten-Nutzen-Rechnung beziehungsweise die Work-Life-Balance ist optimal. Und das Allerschönste: Alles ist total legal. Allerdings nur wenn die Provision bei der Steuer eingereicht wird! Wer ungern teilt, lese im Kapitel »Handwerkszeug« nach. Zuallerletzt raten wir noch zur absoluten Verschwiegenheit: Denn wer anderen eine Grube gräbt …

Rüstungsindustrie

Risiko	***
Moral	***
Profit	***

Warum in der Rüstungsindustrie arbeiten?

Krieg! Wenn es wirklich hart auf hart kommt, dann geht's ums nackte Überleben. Der Zweite Weltkrieg ist noch nicht lange her, und manche behaupten, sie könnten sich sogar noch an den Ersten Weltkrieg erinnern. Wie dem auch sei. Krieg ist jedenfalls nichts Schönes. Da sterben Tausende oder gar Millionen von Menschen, und noch viel mehr werden zu Krüppeln. Da es auch heute noch böse Menschen gibt, müssen wir uns leider schützen. Auch mit Gewalt, wenn es sein muss. Nur billig ist das nicht.

Im Jahr 2012 gaben die EU-Staaten 190 Milliarden Euro für Verteidigung aus.[369] Deutschland alleine legte über 32 Milliarden Euro auf den Tisch und belegte damit weltweit den neunten Platz. Das ist in etwa gleich viel wie der Zuschuss des Bundes an die allgemeine Rentenversicherung oder für die Schulden. Da man aber immer noch stärker sein kann, als man schon ist, gab es für das Rüstungsjahr 2013 noch eine Milliarde dazu.[370] Der Anteil Deutschlands am weltweiten Waffenhandel kletterte auf 9 Prozent. Platz drei hinter den militärischen Muskelprotzen USA (30 Prozent) und Russland (26 Prozent).[371] Damit ist die Bundesrepublik im Rüstungsgeschäft in die Reihe der Großhändler aufgestiegen.

Waffen und Krieg, ein schwieriges Thema für Deutschland. Die Österreicher hatten da lange Zeit weniger Bedenken, waren darin aber auch nie besonders gut. Die militärischen Niederlagen der Habsburger sind legendär. Einmal schossen die Preußen zu schnell, ein andermal wollte sich der Gegner nicht an den fein säuberlich einstudierten Schlachtplan halten.[372] Kein Wunder, dass das Herrschergeschlecht schon früh auf Diplomatie setzte. *Bella gerant alii, tu, felix Austria, nube.* Kriege mögen andere führen. Du, glückliches Österreich, heirate. So ließ sich der Einflussbereich auch ohne Blutvergießen erweitern. Nachdem dann auch noch die beiden Weltkriege verloren worden sind, beschlossen die Nachkriegspolitiker, das leidige Thema endgültig zu begraben. Krieg ist nichts für uns, wir werden neutral!

Von nun an blieb nur mehr die Diplomatie. Wenn schon, denn schon, dachten sich die Politiker und bauten Wien zu einem bedeutenden Sitz der Vereinten Nationen aus. Seither tanzen auf den Kongressen nicht nur Botschafter aus Europa, sondern aus der ganzen Welt. Doch es irrt, wer glaubt, die über Jahrhunderte kultivierte Form der Schmeichelei wäre allein auf die klassische Diplomatie beschränkt. Mit Charme hat Österreich schon immer Politik gemacht und Geschäfte eingefädelt, und so breitete sich die Maklerkunst auch auf andere Bereiche aus. Als besonders gewinnbringend entpuppte sich die Vermittlung von Rüstungsaufträgen. Wie gesagt, Kriege mögen andere führen, die Waffen dazu bekommen sie aber gerne von uns.

Karriere als Waffenvermittler

Sicherheit und Verteidigung stehen seit Jahrtausenden hoch im Kurs. Wer Waffen hat, ist mächtig, und wer sie vermitteln kann, gefragt. Dafür brauchen wir auch keinen durchtrainierten Körper. Statt Sixpack und Bizeps genügen ein kluges Köpfchen und ein wenig diplomatisches Fingerspitzengefühl. Um in dieser Branche Karriere zu machen, müssen wir auch nicht früh aufstehen und uns den ganzen Tag abrackern. Wer als »Türöffner« im Waffengeschäft agiert, der arbeitet eher sporadisch und *just in time*. In der Zwischenzeit können wir feiern und uns vergnügen. Ja, wir müssen sogar! Das klingt wie der feuchte Traum junger Hüpfer, dennoch ist die lukrativste Nebentätigkeit der Welt eher etwas für ältere Semester, ideal für waffenbegeisterte Frührentner, die sich für ihren Lebensabend noch ein paar Millionen dazuverdienen wollen. Wer weiß schon, wie lange die staatliche Vorsorge noch hält?

Schade nur, dass die wirklich hoch dotierten Rüstungsaufträge nicht gerade täglich vergeben werden. Also legen sich Waffenfirmen und Vermittler besonders ins Zeug. Und bei den Summen, die hier im Spiel sind, ist es irgendwie verständlich, dass versucht wird, die Konkurrenz auch mit unlauteren Mitteln auszustechen, noch dazu wo der Sektor als einziger von den WTO-Regeln über das öffentliche Beschaffungswesen ausgenommen ist.[373] Waffendeals sind etwas für Mutige, die gerne auch mal unkonventionell agieren. Was unterm Strich zählt, ist der Auftrag. Den zu sichern sind wir unserem Auftraggeber schuldig. Schätzungen gehen davon aus, dass rund 40 Prozent aller Korruptionsfälle auf den internationalen Waffenhandel zurückzuführen sind.[374, 375] In zwei Drittel der von Transparency International untersuchten Staaten fließen erhebliche Schmiergeldsummen ins Waffengeschäft.[376] Oder wie es ein Autor der *Zeit* ausdrückte: »Schmiergelder sind in der Rüstungsindustrie … in etwa so verbreitet wie Dopingfälle im Radsport.«[377] Tja, da führt dann wohl auch für uns kein Weg daran vorbei. Oder proaktiv formuliert: Wenn wir uns die Hände nicht schmutzig machen, dann tun es eben andere. Doch bevor wir uns pflichtbewusst an die Arbeit machen, sollten wir kurz innehalten. Es gibt da nämlich ein Problem. Wie wir von den Dopingfällen bei der Tour de France wissen, ist das Risiko, beim Schummeln erwischt zu werden, nicht gerade null. In regelmäßigen Abständen werden Radfahrer disqualifiziert und für Jahre gesperrt. Ähnliches gibt es auch für Rüstungsfirmen. In Indien, den USA und vielen weiteren Ländern können Unternehmen, die in Korruptionsskandale verwickelt sind, für eine beträchtliche Zeit von öffentlichen Ausschreibungen ausgeschlossen werden.[378] Das sehen die Aktionäre gar nicht gerne und wir, die von den Erfolgsprovisionen leben, ebenso wenig.

Es ist daher wichtig, die Risiken unorthodoxer Geschäftspraktiken gekonnt abzusichern. Als Best-Practice hat sich vor allem der Einsatz von Zwischen- und Zweckgesellschaften etabliert. Entsprechend werden heutzutage Werbemaßnahmen meist nicht mehr vom Anbieter selbst, sondern über diskret und selbständig agierende Mittelsmänner durchgeführt. »Damit machen sich die Firmen die Finger nicht schmutzig – denn wenn dann doch mal etwas bekannt wird, können sie argumentieren, sie hätten über die krummen Geschäfte nichts gewusst«, so Dominic Scott, Rüstungsexperte von Transparency International in London.[379]

Ein Beispiel: Als die Republik Österreich im Jahr 2002 knapp 2 Milliarden Euro hinblätterte, um in Deutschland Abfangjäger zu kaufen, schloss sie den Vertrag mit dem offiziellen Vertragspartner »Eurofighter Jagdflugzeug GmbH«. Die im Hintergrund agierenden Mittelsmänner standen dagegen – ganz *State of the Art* – bei einem anderen Unternehmen unter Vertrag. In unserem Fall war das meist der Eurofighter- Dritteleigentümer EADS. Ergo konnte EADS-Chef Aloysius Rauen behaupten, die im Kaufvertrag vereinbarten strengen »Verhaltensregeln« (die Anti-Korruptionsbestimmungen) beträfen alleine die Eurofighter GmbH, nicht aber EADS. Dass Rauen zum Zeitpunkt des Vertragsabschlusses Chef beider Unternehmen war, mag eine etwas unschöne Optik verursacht haben, rechtlich ist die Sache aber völlig o.k.[380]

Chancen

Wenn die bestechende Überzeugungsarbeit Früchte trägt, dann lässt sich bei Waffengeschäften ein hübsches Sümmchen verdienen. Traditionellerweise sind durch die Vermittlung eines Rüstungsgeschäfts 5 Prozent des Auftragsvolumens zu holen.[381, 382] Mit etwas Auslandserfahrung in arabischen Ländern sind sogar bis zu 15 Prozent drin. Weltweit sind in der Rüstungsbranche 20 Milliarden Dollar durch

Schmiergelder und andere Betrügereien zu erwirtschaften, Jahr für Jahr.[383] Das ist mehr als in jeder anderen Branche, mit Ausnahme der Bauwirtschaft.[384] Das liegt aber nur daran, dass es im Rüstungsgeschäft deutlich weniger Ausschreibungen gibt.[385] Nur ein paar Krümel vom Kuchen in die Tasche gesteckt, und wir haben für den Rest unseres Lebens ausgesorgt.

Risiken

Wir wollen nicht verschweigen, dass das Waffengeschäft erhebliche Risiken birgt. Zum einen arbeitet die Branche größtenteils mit Erfolgshonoraren. Kommt ein Auftrag nicht zustande, dann ist auch die Provision futsch. Zum anderen müssen wir hier noch mal ausdrücklich darauf hinweisen, dass der Kontakt mit Kriegsgerät tödlich sein kann. Wer mit Waffen spielt oder handelt, muss mitunter mit einer deutlich niedrigeren Lebenserwartung rechnen. Statistisch gesehen dürfte unter Waffenlobbyisten vor allem das Herzinfarktrisiko und das Selbstmordrisiko signifikant höher liegen als in der Durchschnittsbevölkerung. Als Erhard Steininger, Lobbyist des deutschen Rüstungskonzerns EADS, gefragt wurde, warum er über die gegen ihn und seine Auftraggeber erhobenen Schmiergeldvorwürfe beharrlich schweige, begründete er dies mit den möglichen »unangenehmen Folgen«.[386] Dabei verwies er auf die Schicksale des ehemaligen österreichischen Verteidigungsministers, Karl Lütgendorf, und des ehemaligen Voest-Generaldirektors, Heribert Apfalter. Beide Herren waren in illegale Waffengeschäfte verwickelt und sind unter merkwürdigen Umständen ums Leben gekommen. Apfalter starb 1987 unmittelbar vor seiner Verhaftung an einem plötzlichen Herztod, und Lütgendorf beging 1981 Selbstmord, bei dem es ihm nicht nur gelang, sich durch geschlossene Zähne in den Mund zu schießen, sondern auch noch, dabei auf der Tatwaffe keine Fingerabdrücke zu hinterlassen.[387, 388] Ein ähnliches Kunststück gelang schon 1960 dem Münchner Gynäkologen und Immobilienhändler Otto Praun. Auch er war in Waffenschiebereien verwickelt. Unter anderem durfte er bei der Beschaffung der ersten deutschen Panzer der Nachkriegszeit, der HS-30, mitwirken. Laut Polizeiprotokoll schoss Praun zunächst im Keller seiner Villa der Haushälterin ins Genick, um sich danach im Souterrain das Leben zu nehmen. Dabei dürfte es ihm um sein Ableben sehr ernst gewesen sein. Wie sich später bei der Obduktion herausstellte, hatte er sich gleich zwei Mal in den Kopf geschossen.[389,390] Das Abtauchen von Werner Plappert war weniger spektakulär, endete aber ebenfalls tödlich. Der CDU-Politiker, der den HS-30-Deal mit dem Genfer Generalunternehmer Hispano-Suiza ausgehandelt hatte und dadurch 50 Millionen DM für den CDU-Wahlkampf beisteuerte, war kurz nach seiner Aussage vor dem parlamentarischen Untersuchungsausschuss spurlos verschwunden. Vier Jahre später entdeckten zwei Sporttaucher seine Leiche im Bodensee. Die Kriminalpolizei geht auch hier von einem Freitod aus, will aber Mord nicht gänzlich ausschließen.[391]

Wie werden wir Waffenlobbyisten?

Wen diese Geschichten nicht abschrecken, für den ist eine Karriere im Waffenhandel eine gute Option. Im Rüstungsgeschäft braucht es Menschen mit stählernen Nerven und der richtigen Einstellung. Wer schon seine berufliche Karriere dem Spiel um Macht und Tod gewidmet hat, der hat wertvolle Erfahrungen gesammelt, die sich gewinnbringend nutzen lassen. Krieger und Überzeugungstäter werden ganz klar gegenüber Zivildienstleistenden bevorzugt. Wer hätte das gedacht.

Nehmen wir zum Beispiel Christian-Peter Prinz zu Waldeck. Der passionierte Jäger war 37 Jahre lang bei der Bundeswehr. Erst als Panzeroffizier, später als Militärattaché in Seoul, bis er nach seiner Pensionierung als Waffenlobbyist anheuerte.[392] Der bereits erwähnte EADS-Lobbyist Erhard Steininger begann seine Karriere als »Pfadfinder und Bote« (Eigenbeschreibung),[393] als Kadette der Theresianischen Militärakademie in Wien.[394] Sein ungarischer Kollege János Szabó verdiente sich seine Sporen als Agent im kommunistischen

Geheimdienst, bevor er als Oberstleutnant im Waffengeschäft reüssierte.[395]

Blöd ist die Sache jetzt natürlich für all jene, denen eine militärische Laufbahn aus irgendwelchen Gründen versagt blieb. Diesen Menschen empfehlen wir den Weg in die Privatwirtschaft. Als Startpunkt für eine Karriere bei einer Waffenfirma könnte dabei das Mitgliederverzeichnis[396] des Bundesverbands der deutschen Sicherheits- und Verteidigungsindustrie e.V. (BDSV) dienen. Der Lobbyistenverband vertritt rund 50 Waffenschmieden, darunter so klingende Namen wie ThyssenKrupp,[397] Rheinmetall,[398] Atlas Elektronik,[399] Krauss-Maffei-Wegmann[400] und Heckler & Koch.[401] Zählt man auch die Tochtergesellschaften dazu, dann steigt die Anzahl der potenziellen Arbeitgeber auf über 100. Ob Hersteller von Militärhubschraubern oder Präzisionssturmgewehren, ob U-Boot-Bauer oder Panzermanufakturen, hier dürfte für jeden Geschmack etwas dabei sein. Wer lieber neutral bleibt, dem empfehlen wir den teilstaatlichen Schweizer Konzern Ruag.[402] Für die Freunde der etwas östlicher gelegenen Alpenrepublik hätten wir den Wiener Drohnenbauer Schiebel im Angebot.[403] Auch über die Expertise der Firma Steyr Spezialfahrzeuge wurde in den Medien des Öfteren berichtet.[404]

Alternativ gibt es auch noch die Möglichkeit des Quereinstiegs. Der deutsche Waffenlobbyist Karlheinz Schreiber startete seine Karriere als Teppichhändler und Geschäftsführer einer Straßenmarkierungsfirma. Erst später brachten ihm sein Verkaufstalent und exzellente Kontakte zur CDU Ruhm und Geld ein.[405] Sein Verdienst besteht vor allem darin, 32 Millionen Euro an Provisionen aus Waffen- und Flugzeuggeschäften diskret eingesammelt und an politische Entscheidungsträger weitergeleitet zu haben.

Andere wiederum begannen ihre Karriere in der Politik. Georg Wilhelm Adamowitsch arbeitete nach seinem Studium des Landschaftsbaus und der Verwaltungswissenschaften in der Düsseldorfer Staatskanzlei. Zehn Jahre später brachte es der Sozialdemokrat zum Staatssekretär im Wirtschaftsministerium. Mit 63 wechselte er zur

Waffenlobby und wurde Hauptgeschäftsführer des Bundesverbands der deutschen Sicherheits- und Verteidigungsindustrie.[406]

Selbst illustre Geschäftsmänner wie Walter Wolf haben es zu Berühmtheit gebracht. In den 70er Jahren einst Besitzer eines legendären Formel-1-Rennstalls und mit einer Miss Austria verheiratet, verdiente er sich im Alter noch ein paar Waffenmillionen dazu.[407] Dass man es mit etwas Glück auch vom Geflügelhändler zum Millionär schaffen kann, zeigt uns die folgende fast märchenhafte Geschichte, anhand derer wir auch einen möglicherweise prototypischen Karriereweg nachzeichnen möchten.

Lehrbeispiel: Vom Bauer zum Millionär

In einer der verlassensten Gegenden Österreichs, ganz tief im Südosten des Burgenlands an der ungarischen Grenze, liegt die 135-Einwohner-Gemeinde Luising. Für Touristen gibt es hier nicht viel zu bewundern. Erwähnenswert ist die Filialkirche Hl. Anna, die 1932 in klassizistischem Stil erbaut wurde. Am westlichen Ortsausgang steht eine Wegkapelle, und im Osten gibt es eine Kreuzigungsgruppe. Das wohl interessanteste Gebäude liegt am Nordrand der Ortschaft. Es ist ein im Jahr 2000 errichtetes neohistorisches Schloss. Manche Kritiker meinen, es habe den Charme eines Fertigteilhauses, und doch handelt es sich unbestritten um ein stattliches Anwesen.

Hier wohnt der in der High Society und Rüstungsszene wohlbekannte Landadelige Alfons Eduard Alexander Antonius Maria Andreas Hubertus Christoph Graf von Mensdorff-Pouilly. Sein Vater hatte 1952 die ungarische Adelige Ilona Erdödy geheiratet, die im Südburgenland, das bis 1921 zu Westungarn gehörte, über beträchtlichen Grundbesitz verfügte. Doch die wirtschaftliche Lage nach dem Krieg war trist. Am Rande Westeuropas, eingezwängt zwischen den Fronten des Kalten Krieges, ließen sich nur schwer wirtschaftliche Akzente setzen. Selbst nach dem Fall des Eisernen Vorhangs bildete die Gegend noch viele Jahre die äußerste Grenze des Schengenraums. Mit 27 Jahren übernahm Alfons das Gut im Jahr 1980. Die 200 Hektar Wald und das Ackerland dürften kaum Erträge abgeworfen haben, also pachtete er eine 2.500 Hektar große Jagd dazu. Daneben arbeitete er als Einkäufer für den örtlichen Massenhühnerzuchtbetrieb, der allerdings 1992 zusperren musste. Auch der Weg in die Selbständigkeit brachte nicht den gewünschten Erfolg. Die Burgenländischen Wildspezialitäten und die in Dosen abgefüllten Wildschweinsuppen blieben Ladenhüter, und auch eine Straußenzucht kam nicht über das Planungsstadium hinaus.
Wie so oft in der Geschichte Österreich-Ungarns brachte eine glückliche Heirat die erhoffte Wende und leitete eine der steilsten beruflichen Karrieren des Landes ein. 1977 heiratete seine Cousine, Katalina Esterházy, den englischen Militär Timothy Landon. Dieser hatte 1970 als Geheimagent im Dienste Ihrer Majestät dem bis heute regierenden Sultan Qabus in Oman zur Macht verholfen. Die beiden hatten sich während ihrer Ausbildungszeit in der königlichen Militärakademie in Sandhurst, Großbritannien, kennengelernt. Danach kehrte der einzige Sprössling des Scheichs in den Oman zurück und putschte sich mit 27 Jahren gegen seinen Vater an die Macht. Landon war daran nicht ganz unbeteiligt und wurde für seine tapferen Dienste fürstlich belohnt.

Gerüchten zufolge ließ ihm der neue starke Mann in Oman jedes Jahr zum Geburtstag eine Million Pfund zukommen. Andere Quellen sprechen von Weihnachten.[408] Das große Geld machte der »weiße Sultan«, wie Landon in Arabien genannt wurde, aber mit Waffengeschäften für den weltweit drittgrößten Rüstungskonzern, British Aerospace.[409, 410] Zeit seines Lebens galt Landon als einer der reichsten Menschen Großbritanniens, reicher als die Queen. Wer träumt nicht von so einem Leben?

1992 stieg auch Mensdorff-Pouilly in das Geschäft ein. Als Vehikel hatte er bereits sein in Wien ansässiges Beratungsunternehmen, mit Tochterfirmen in Budapest und Prag, in Stellung gebracht.[411] Durch seine Liaison mit Maria Rauch-Kallat von der konservativen Österreichischen Volkspartei (ÖVP) unterhält er Kontakte zu den höchsten politischen Kreisen. Ein Jahr später läuteten die Hochzeitsglocken. Die Zeichen standen gut.

Dennoch gingen die ersten Gehversuche als Waffenlobbyist in die Hose. Im Dezember 1993 machte der ÖVP-Wehrsprecher Hermann Kraft seinem sozialistischen Kollegen von der SPÖ, Peter Marizzi, ein verführerisches Angebot. Es gäbe da diesen Grafen, der meint, beim Kauf eines Regierungsflugzeugs und mehrerer Hubschrauber über British Aerospace könnten 2 Prozent der Kaufsumme für die beiden Koalitionsparteien herausspringen. Schon kurze Zeit später flog die Sache auf. Marizzi hatte das Gespräch im Geheimen aufgezeichnet und an die Wochenzeitung *News* weitergeleitet. Kraft wurde im August 1995 wegen des Versuchs der verbotenen Intervention zu drei Monaten auf Bewährung verurteilt. Mensdorff-Pouilly, der den Deal eingefädelt hatte, wurde freigesprochen. Begründung des Richters: Verbotene Intervention sei selbst ein Anstiftungsdelikt, daher könne dazu nicht wieder angestiftet werden.

Landon blieb – Familie verbindet – seinem Schützling treu. Mehr noch, Mensdorff-Pouilly stieg zum Repräsentanten für Zentral-

und Osteuropa auf. Seine wichtigste Aufgabe: Er soll das »Sales- und Marketing-Personal von BAE in politischer und kultureller Hinsicht in Bezug auf Geschäftsgebräuche in Österreich« beraten.[412] Zur gleichen Zeit wurde er an der Seite seiner Frau, die mittlerweile zur ÖVP-Generalsekretärin aufgestiegen war, zum fixen Bestandteil der Wiener Bussi-Bussi-Gesellschaft. Ob Bälle, Charity-Events oder Empfänge, der stets gut gelaunte Graf ist eine Bereicherung und immer gerne gesehen. Die Kontakte, die er hier knüpft, werden später auf Jagdausflügen vertieft. Was einen dort erwartete, beschrieb das österreichische Nachrichtenmagazin *Profil*: »Sie beginnen freitagabends mit Drinks und einem Dinner im Schloss (Smokingpflicht). Am Samstag bricht man nach gepflegtem Frühstück nicht allzu früh zur Jagd auf, das Mittagessen wird zünftig im Wald verzehrt. Um 16 Uhr ist man wieder im Schloss und nimmt den Tee. Bei Einbruch der Dunkelheit wird die Strecke gelegt. Nach dem Dinner schließt der Abend bei Cognac und Zigarren.«[413] Wie man hört, waren die Jagden bei Ministern und Kabinettsmitarbeitern so beliebt, dass kurzerhand Schnelljagdkurse angeboten wurden, um auch Nichtjägern die Teilnahme an diesen exquisiten Events zu ermöglichen. Im Jahr 1998 startete Mensdorff-Pouilly den nächsten Vermittlungsversuch. Er bot seinem Cousin dritten Grades, dem tschechisch-österreichischen Gutsbesitzer Michael Piatti-Fünfkirchen, eine Million Dollar für einen »Kontakt zu den in die Entscheidung über den Beschaffungsvorgang eingebundenen Regierungsvertretern der Tschechischen Republik«.[414] Sein Auftraggeber, BAE Systems, wollte sich den Saab-Gripen-Deal sichern. Der britische Konzern war Salespartner von Saab, half also den Schweden beim internationalen Verkauf. Tatsächlich kam es infolge der Bemühungen zu mehreren Treffen zwischen Vertretern der Regierung und Managern von BAE Systems. Alles schien glatt zu laufen und doch ging es auch diesmal schief. Die tschechische Regierung entschied überraschend, die Flugzeuge nicht zu kaufen, sondern nur zu leasen.[415] Infolge verweigerte Mensdorff-Pouilly seinem tschechischen Verwandten die Gage. Ein Fehler. Im Jahr 2008 erstattete Piatti-Fünfkirchen Betrugsanzeige. Seitdem jagten die Behörden von Tschechien, Ungarn, Schweden und der Schweiz Mensdorff-Pouilly vor sich her. Auch in Österreich begann die Staatsanwaltschaft wegen möglicher Schmiergeldzahlungen im Zuge des Kaufs der Eurofighter durch die rechtskonservative Regierung Schüssel zu ermitteln. Zu guter Letzt mischte sich auch noch das britische Serious Fraud Office (SFO) ein. Sie hatten das Treiben von British Aerospace in Tansania und Saudi-Arabien und nun auch in Mitteleuropa schon länger argwöhnisch beäugt. Am 29. Januar 2010 ließ das SFO Mensdorff-Pouilly in England verhaften. Ihm wurde vorgeworfen, für BAE Systems in »aktive und passive Bestechungsvorgänge bei nationalen und internationalen Beschaffungsvorgängen für militärisches Gerät involviert gewesen zu sein«.[416] Doch die Untersuchungshaft dauerte nicht lange. Nach einer Woche wurde das Verfahren endgültig eingestellt. Der damalige britische Premierminister Tony Blair hatte sich »aus Gründen der nationalen Sicherheit«[417] persönlich dafür eingesetzt, den wichtigsten Rüstungskonzern des Landes mit einer Pönalezahlung von 280 Millionen Pfund davonkommen zu lassen.[418, 419] Alle Angeklagten wurden entlastet. Wie sich später herausstellte, hatte das saudische Königshaus gedroht, die Sicherheits- und Geheimdienstkooperation mit dem Königreich aufzukündigen und seine Militärflieger künftig woanders zu kaufen.[420] Die Intervention Blairs und die Einstellung des Verfahrens durch das SFO wurden später als illegal bewertet. Sanktionen gab es keine.[421] Die Ermittlungen gegen Mensdorff-Pouilly durch die österreichische Staatsanwaltschaft waren von dem Abkommen nicht betroffen. Sie verliefen aber ebenfalls im Sand. Es gibt zwar Beweise, dass er eine »aggressive Zahlung von Erfolgsprämien an wichtige Entscheidungsträger«[422] leistete. Vom Hauptvorwurf, er habe zwischen 2000 und 2008 im Auftrag von BAE Systems rund 12,6 Millionen Euro an Politiker oder sonstige Entscheidungsträger verteilt, wurde er aber freigesprochen. Die Begründung des Richters: »Ich kann hören, ich kann sehen, und ich kann riechen. Und die Sache stinkt. Sie stinkt sehr. Aber die Sache stinkt nicht genug.«[423] Am Ende wurde der Angeklagte an einer Nebenfront wegen Vorlage eines falschen beziehungsweise verfälschten Beweismittels vor dem Eurofighter-Untersuchungsausschuss zu zwei Monaten Haft auf Bewährung verurteilt. Die Strafe hatte er bei der Urteilsverkündung aufgrund der Untersuchungshaft bereits abgesessen.[424]

Und so nimmt die ebenso aufregende wie steile Karriere unseres Kulturbotschafters, vom adeligen Geflügelzüchter zum Millionär, doch noch ein glückliches Ende.

Schritt für Schritt zum erfolgreichen Rüstungsgeschäft

Nachdem wir nun gesehen haben, wie unsere Karriere im Waffengeschäft aussehen könnte, wollen wir uns als Nächstes die einzelnen Schritte auf dem Weg zum Erfolg ansehen.

1. Zielgebiet definieren

Am wichtigsten für eine erfolgreiche Karriere sind Beziehungen. Nur wer die wichtigen Entscheidungsträger kennt, kann diese Kontakte anderen anbieten und sich dafür bezahlen lassen. Doch die Welt ist groß, und Kontakte wollen gepflegt werden. Da wir nicht mit allen Menschen befreundet sein können, wollen wir uns auf eine Region konzentrieren. Rüstungskonzerne suchen immer frische Talente, die ihre Produkte in den Regionen promoten. Wir erinnern uns, Alfons Mensdorff-Pouilly war beziehungsweise ist für Zentral- und Osteuropa zuständig. Sein Mentor, Timothy Landon, mischte im Nahen Osten mit, wo er als alter Haudegen besonders viele Aufträge ergattern konnte. Beide arbeiteten für denselben britischen Rüstungskonzern (BAE Systems), der Unterstützung bei den kulturellen Geschäftsgebräuchen des Ziellandes benötigte.

Heimische Unternehmen kennen ihren Markt meist sehr gut. Sie brauchen keine Kulturberater, die ihnen für teures Geld ihre eigenen Geschäftspraktiken erklären. Sie haben sich über die Jahre ein Netzwerk an Verbindungsleuten aufgebaut und verfügen damit in der Regel bereits über ausgezeichnete Verbindungen zu den relevanten Entscheidungsträgern. Je nach Projektumfang greifen aber auch sie gelegentlich auf Freelancer zurück. Wer nicht gerne reist und eine oft durch Unsicherheit geprägte selbständige Tätigkeit vermeiden möchte, dem raten wir zu einer Festanstellung bei einem lokalen Rüstungsunternehmen. Die Bezahlung ist gut, und die Jobsicherheit ist hoch, die ganz großen Scheine liegen aber bei den Kunden im Ausland.

Geschätzte 85 Prozent der Umsätze mit Kriegsgeräten erwirtschaften deutsche Rüstungskonzerne auf dem internationalen Markt.[425] Die meisten Exporte gehen, wie es im Militärlobbysprech so schön heißt, in Länder, »die sich aufgrund ihres wachsenden Wohlstandes zu Schwellenländern mit einem erhöhten Sicherheitsbedürfnis entwickeln.«[426] Gemeint sind vor allem Brasilien, Indien und der arabische Raum. Niemand fürchtet sich dort mehr als Landons Freund Qabus ibn Said. Der von ihm absolut regierte Oman verzeichnet, gemessen an der Wirtschaftsleistung, die höchsten Militärausgaben der Welt. Mehr als ein Zehntel der Öleinnahmen investiert der Scheich in (seine) Sicherheit, dicht gefolgt von seinen Kollegen in Katar und Saudi-Arabien.[427] Saudi-Arabien war übrigens laut dem deutschen Rüstungsexportbericht für 2012 Berlins bester Kunde. Lange Zeit hatten die Scheichs keine Absicht, eine Mauer zu bauen, doch dann fühlten sie sich plötzlich unsicher und bestellten eine Grenzschutzanlage im Wert von 1,1 Milliarden Euro.[428] Die solide Qualität deutscher Produktion hatte sich, trotz der Ereignisse von 1989 in Berlin, bis Riad herumgesprochen.

Als Vermittler dürfen wir uns über einen solchen Erfolg jedenfalls besonders freuen. Kein Markt ist härter umkämpft als der Nahe Osten. Wer sich auf derart schwierigem Terrain gegen die Konkurrenz aus aller Welt durchsetzt, kann mit Stolz behaupten, es geschafft zu haben. Dennoch, als Neueinsteiger wollen wir uns zunächst einmal nur auf europäischem Boden bewegen. Immerhin 41 Prozent der deutschen Waffenexporte gehen an Länder innerhalb Europas. Trotz der langjährigen Finanz- und Wirtschaftskrise lässt sich auch auf dem alten Kontinent noch ein Heidengeld verdienen. Auch wenn die Mitgliedstaaten der Europäischen Union sich den ewigen Frieden auf die Fahnen geschrieben haben, so ganz wollen sie vom Krieg nicht lassen. Laut dem Stockholmer Institut für Friedensforschung (SIPRI) erlebte die europäische Rüstungsindustrie um die Jahrtausendwende sogar eine regelrechte Renaissance. Rund ein Viertel der weltweit verkauften Waffen kommt mittlerweile aus der EU. Im Jahr 2003 übertrafen die gemeinsamen Waffenexporte sogar jene des Weltmarkführers USA.[429] Am 10. Dezember 2012 wurde der Europäischen Union für ihre Verdienste der Friedensnobelpreis verliehen. Damit werden in Oslo jene geehrt, die »am meisten [...] auf die Verbrüderung der Völker und die Abschaffung oder Verminderung stehender Heere« hingewirkt haben. Vermutlich haben sich die Mitglieder des Vergabekomitees die SIPRI-Zahlen aus Stockholm ganz genau angeschaut. Tatsächlich gingen die Rüstungsausgaben der EU-Länder in der jüngsten Vergangenheit wieder etwas zurück. Die Finanz- und Wirtschaftskrise als Beitrag zum Weltfrieden? Im Zeitraum 2007 bis 2012 lagen die Rüstungsexporte wieder leicht unter jenen der USA.[430] Deren Präsident erhielt den Friedensnobelpreis schon 2009.

Vor allem Deutschland und Frankreich verdienen in Europa prächtig am Export.[431] Dabei müssen die Abnehmerländer nicht notwendigerweise kaufkräftig sein. Selbst bankrotte Länder sind ausgezeichnete Kunden, wie der Fall Griechenland beweist.

Lehrbeispiel: Griechenland

Das 11-Millionen-Einwohner-Land an der Ägäis fürchtet sich so sehr vor seinem Nachbarn und Nato-Partner Türkei, dass es zum viertgrößten Waffenimporteur der Welt aufstieg. Fast 7 Milliarden Euro lässt sich die griechische Regierung ihr Kriegsspielzeug pro Jahr kosten. Nur China, Indien, die Vereinigten Arabischen Emirate und Südkorea haben zwischen 2005 und 2009 mehr Waffen importiert.[432] *Im Verhältnis zur Wirtschaftsleistung wird Griechenland innerhalb der Nato nur von den USA übertroffen.*[433]

Auch deutsche Firmen waren vom steten Kaufrausch der Griechen begeistert. Während europaweit Rüstungsausgaben wie erwähnt in den letzten Jahren wieder leicht zurückgingen, stemmte sich Griechenland trotz schwieriger wirtschaftlicher Lage tapfer gegen den Trend. Das Land ist nach Portugal, einem weiteren Top-Krisenkandidaten, der größte Abnehmer deutscher Waffen. 170 Leopard-2-Panzer für 1,7 Milliarden Euro bestellten die Griechen alleine beim Münchner Rüstungsspezialisten Krauss-Maffei Wegmann. Zudem U-Boote von ThyssenKrupp, Hubschrauber von Eurocopter sowie Lenkflugkörper von Diehl BGT Defence. Vom Feinsten. Selbst im Krisenjahr 2010, als Griechenland in den finanziellen Abgrund blickte, zückte der Finanzminister heroisch die Kreditkarte und legte noch einmal 223 Panzerhaubitzen und ein U-Boot im Wert von 403 Millionen obendrauf. Damit verzehnfachten sich die griechischen Ausgaben für Rüstungseinkäufe in Deutschland.[434] *Nur in Deutschland wohlgemerkt. In Frankreich bestellten die Hellenen noch Kampfflugzeuge im Wert von 793 Millionen Euro und Bomben sowie Raketen für 58 Millionen Euro.*[435] *Auf dem Wunschzettel stehen damit lediglich noch 60 Eurofighter für 3,9 Milliarden Euro und ein paar*

Fregatten und Patrouillenboote für 4,4 Milliarden sowie Munition für die Leopard-Panzer. Ach ja, die bestehende griechische Flotte müsste auch modernisiert werden, und zwei Apache-Hubschrauber gehören ersetzt. Und mal schauen, vielleicht reicht es noch für weitere U-Boote für 2 Milliarden Euro?[436] Kommt auf den Kreditrahmen an. Laut UN-Waffenregister besitzt Griechenland exakt 1.614 Kampfpanzer, von denen Branchenkenner bezweifeln, ob sie überhaupt für den Einsatz in der zerklüfteten Region geeignet sind.[437] Wer weiß, vielleicht schlafen darin ja bald Obdachlose, deren Zahl sich seit 2009 auf rund 20.000 verdoppelte.[438] Und wenn das nächste Mal im Hafen von Piräus die Fährarbeiter streiken, dann taucht aus dem Nichts ein U-Boot auf und bringt die wartenden Touristen zur Insel ihrer Wahl. Ob sich auch die 420 Kampfflugzeuge anderweitig nutzen lassen, wird man sehen. Not macht ja bekanntlich erfinderisch.

Wer sich nun fragt, wie das alles möglich ist, hat die Sache mit der Korruption noch nicht ganz kapiert. Seien wir ehrlich, selbst die griechischen Generäle dürften im Stillen daran zweifeln, dass nach der Zypernkrise 1974 bald die zweite Türkeninvasion bevorsteht. Möglicherweise denken die griechischen Militärs ja weniger an die Sicherheit der Bevölkerung als an die Sicherheit ihrer eigenen finanziellen Zukunft. Erst vor wenigen Monaten hat ein Gericht in Athen den früheren Verteidigungsminister, Akis Tsochatzopoulos, der Geldwäsche und Bestechlichkeit schuldig gesprochen. Er hatte zusammen mit 16 Verwandten und Mitarbeitern 55 Millionen Euro Bestechungsgeld für den Kauf deutscher U-Boote und russischer Abwehrraketen kassiert.[439, 440] Sein Vize-Rüstungsdirektor, Antonis Kantas, sagte vor Gericht aus: »Ich habe so viele Schmiergeldzahlungen angenommen, dass ich mich gar nicht mehr an alle erinnere.«[441] Von Männern mit solchen Nehmerqualitäten können wir viel lernen.

2. Kontakte knüpfen

Wie schon erwähnt, Kontakte sind das A und O jeder erfolgreichen Vermittlung. Wir können das nicht oft genug wiederholen. Eine weitere Aufgabe besteht für uns darin, den Markt zu beobachten. Wir wollen uns schließlich die Aufträge sichern, noch bevor sie überhaupt offiziell ausgeschrieben werden. Guten Tag! Brauchen Sie was? Möchte jemand Waffen? Fregatten, Panzer, Eurofighter? Jetzt im Angebot! Es gilt die geheimen Wünsche der Entscheidungsträger in Erfahrung zu bringen. Dafür benötigen wir Beziehungen, möglichst in die höchste Führungsebene.

Bei militärischen Beschaffungsvorgängen gibt meist der Militärstab die Richtung vor. Oftmals handelt es sich um eine Kommission. Sie erstellt eine Anforderungsliste und beurteilt im Falle einer Ausschreibung die Angebote. Natürlich stehen die Militärs dabei in engem Kontakt mit dem politischen Führungspersonal im Verteidigungsministerium, mitunter auch mit der erweiterten Regierungsspitze. Immerhin sind es die Politiker, die die Entscheidung absegnen und die finanziellen Ressourcen aus unser aller Steuermitteln bereitstellen müssen.

Pirschen wir uns also an die Entscheidungsträger heran. Der Branchenverband der Waffenhersteller, BDSV, unterhält zu diesem Zweck, 800 Meter vom Berliner Regierungsviertel entfernt, ein eigenes Büro. Acht Angestellte tüfteln hier tagaus, tagein, wie sie für uns die Mächtigen bei ihren Entscheidungen unterstützen können. Insbesondere die Gesprächspartner in den Ministerien für Wirtschaft und Verteidigung gilt es mit Positionspapieren zu überzeugen.[442] Oder wir bewerben uns selbst um die Jobs. Es sollte in der Geschichte nicht das erste Mal sein, dass Spione und Maulwürfe politische Schaltzentren unterwandern.[443] Nicht der Stärkste gewinnt den Krieg, sondern der Schlauste. Zumindest in Berlin scheint die Arbeit ganz gut zu laufen. Laut Hilmar Linnenkamp, einem langjährigen Unterabteilungsleiter für internationale Rüstungsangelegenheiten im Verteidigungsministerium, unterhält die Industrie »traditionell beste Beziehungen bis in die Regierungsspitzen«.[444] Idealerweise können wir die Waffenlobbyaktivitäten gleich mit unserer politischen Tätigkeit verknüpfen. Im Wahlkreis des Bundestagsabgeordneten Volker Kauder ist zum Beispiel auch die Waffenschmiede Heckler & Koch beheimatet. Diese freut sich, dass ihr Mann »immer wieder die Hand über uns gehalten« hat.[445] Da unterstützt man den Kandidaten natürlich gerne. Vergleichsweise bescheidene 70.000 Euro waren es in den Jahren von 2001 bis 2011.[446] Ein Zusammenhang mit der Protektion besteht natürlich nicht. Der Vorsitzende der CDU/CSU-Bundestagsfraktion ist schließlich nicht käuflich. Er kümmert sich einfach gerne um die Firmen in seiner Region.[447] Ist auch egal. Vielleicht spielt die Militärmusik ohnehin bald in Brüssel. Daher wollen wir uns dort schon jetzt positionieren. Die Kontakte zur EU-Spitze pflegen wir dezent mithilfe von Thinktanks, die sich nicht ins Lobbyregister eintragen müssen, wie zum Beispiel die Security & Defense Agenda. Bleibt zu hoffen, dass sich die Investition lohnt. Eine Gemeinsame Außen- und Sicherheitspolitik gibt es schon. Jetzt braucht es nur noch eine schlagkräftige EU-Armee. Die Waffen bekommt sie dann von uns.

3. Anfüttern

Um einen Vermittlungserfolg einzufahren, müssen wir nicht nur frühzeitig Kontakt zu jenen Personen suchen, die an den Entscheidungsfindungsprozessen beteiligt sind. Nein, wir müssen uns die Personen auch gewogen machen. Das ist leichter, wenn wir etwas anzubieten haben. Im lockeren Gespräch lässt sich dann herausfinden, wer vertrauenswürdig ist und wer nicht. Mit wem lässt sich reden? Bei wem zahlt sich ein Bestechungsversuch aus?

Um das herauszufinden, ist es ratsam, die Kandidaten zunächst einmal ganz unverbindlich anzufüttern. Keine übertriebenen Gesten. Einfach freundlich sein und das Gespräch anbieten. Viele Vermittler nehmen den Begriff »anfüttern« wörtlich und laden ihre Gesprächspartner zum Essen ein. Andere sponsern etwa bei einem zielgruppengerechten Golfturnier ein ganzes Buffet.[448] Ob auch die Urlaubseinladung unter Freunden noch unter Anfüttern fällt, ist umstritten. Die deutsche Justiz ist da aber besonders streng.[449] Im Rahmen der sogenannten Amigo-Affäre geriet der bayrische Ministerpräsident Max Streibl heftig unter Kritik, weil er auf Kosten seines Schulfreundes Burkhart Grob Urlaub in Brasilien und Kenia gemacht hatte. Er hatte sich im Gegenzug beim Bundesministerium der Verteidigung erfolgreich um Aufträge für seinen Amigo bemüht. Im Mai 1993 musste Streibl deshalb zurücktreten.[450]

Einige Jahre später ließ sich der Chef des österreichischen Abwehramtes, Erich Deutsch, mehrmals zum Urlaub einladen, und zwar vom Cousin seiner Frau, dem EADS-Lobbyisten Erhard Steininger. Bei derart familiären Bedingungen hatte sich der gemeinsame Urlaub fast aufgedrängt. Die schiefe Optik bestand aber vor allem darin, dass Steininger just zu jener Zeit versuchte, dem österreichischen Bundesheer die Eurofighter schmackhaft zu machen. Als die Sache publik wurde, bezahlten sie die 2.000 Euro zurück. Auch die 7.000 Euro für den Urlaub in Thailand haben sie später zurückerstattet. Nicht, dass die Leute auf blöde Gedanken kommen.[451] Medial unangenehm wurde es für Steininger ohnehin erst im März 2007. Es war wieder einmal Zeit für einen gemeinsamen Urlaub. Während im trüben Wien der parlamentarische Eurofighter-Untersuchungsausschuss tagte, verbrachten die Freunde eine schöne Zeit in der Ramsau. Diesmal schien die Winterfrische besonders entspannend gewesen zu sein. Steininger hatte glatt vergessen, dass er just zu dieser Zeit vor dem U-Ausschuss aussagen sollte. Die Einladung muss er wohl übersehen haben. Der Chef des Inlandsgeheimdienstes will davon ebenfalls nichts gewusst haben.[452]

Alles harmlos im Vergleich zu den strategischen Anbahnungsversuchen des indischen Rüstungslobbyisten Abhishek Verma. Zu Hause in der Villa veranstaltete er gemeinsam mit seiner Frau wilde Partys. Laut indischen Medienberichten soll dabei nicht nur reichlich Champagner geflossen sein. Auch Prostituierte sollen sich an den geladenen Verwaltungsmitarbeitern abgearbeitet haben, um sie auf raffinierte Weise gefügig zu machen. Bezahlt haben soll die Orgie eine Gruppe von Unternehmen. Darunter die beiden Schweizer Firmen: Rheinmetall Air Defence und SAN Swiss Arms.[453]

Welcher Partymuffel diese Information den Medien zugespielt hat, ist unklar. Auf jeden Fall hat hier jemand die wichtigste Grundregel des Waffengeschäfts missachtet: Diskretion! Dass so etwas schwerwiegende Konsequenzen nach sich ziehen kann, bekam vor einigen Jahren EADS zu spüren. Der Konzern wollte der indischen Regierung 197 Militärhubschrauber verkaufen. Dann kam das Aus wegen »Unregelmäßigkeiten im Bieterverfahren«. Angeblich habe EADS schon eine frühere Ausschreibung nur »durch die verbotene Nutzung von Mittelsmännern« gewonnen, hieß es dazu im Verteidigungsministerium in Neu-Delhi.[454] Vielleicht waren ja schon damals Vermas Gehilfinnen (oder Gehilfen?) im Spiel.

Was lernen wir daraus? Zwei Dinge. Erstens, es gibt eine uralte, bewährte Methode, um Männer zu korrumpieren. Zweitens, selbst beim Anfüttern ist Vorsicht geboten. Indiskretion, oft basierend auf einem mangelnden Vertrauensverhältnis, kann schwerwiegende ökonomische Folgen haben. Hier ist Menschenkenntnis gefragt. Wir raten zu Safer Sex.

4. Bestechen

Sind wir von der Vertrauenswürdigkeit unseres Gegenübers überzeugt, ja hat sich ein gewisses Freundschaftsverhältnis aufgebaut, dann können und sollten wir einen Gang zulegen. Das gilt insbesondere dann, wenn es mit der erhofften Ausschreibung konkreter wird. Es stimmt schon, wahre Freunde lassen sich nicht um einen Gefallen bitten. Sie werden von sich aus aktiv. Doch hier geht es ums Geschäft. Da können wir uns nicht alleine auf abstrakte Werte verlassen. Außerdem brauchen auch Freunde etwas zu essen.

Ausschreibungsunterlagen besorgen

Hin und wieder ist es sinnvoll, etwas tiefer in die Spesenkasse zu greifen. Manchmal braucht es eben mehr als ein Bier oder eine Flasche Champagner, um die Zungen zu lösen und an wertvolle Insiderinformationen zu gelangen. Das gilt vor allem, wenn man, wie der wissenschaftliche Dienst des Europaparlaments, weiß, dass Beschaffungsvorhaben in 73 Prozent der Fälle nicht europaweit ausgeschrieben werden,[455] also relativ intransparent sind. Um die Motivation zu erhöhen, werden daher in der Regel Erfolgshonorare vereinbart. Wie hoch die Beteiligung ausfällt, ist Verhandlungssache.

Im Jahr 2007 beschloss die slowenische Regierung, 135 Radpanzer zu kaufen. Mehrere Rüstungsfirmen erklärten ihr Interesse. Mit dabei war auch der finnische Patria-Konzern, der zu 27 Prozent im Besitz von EADS ist. Vertreten wurde Patria vom lokalen Experten Hans-Wolfgang Riedl, dessen Dienste sich die Finnen eine Erfolgsbeteiligung von 7,5 Prozent am Auftragswert kosten ließen.[456] Eine gute Wahl, wie sich später herausstellte. Dem gerissenen Wiener Geschäftsmann gelang es, noch vor Beginn der offiziellen Ausschreibung an das detaillierte Anforderungsprofil zu kommen. Dafür soll Riedl einen Vertrauten von Premierminister Janez Janša, den ehemaligen Parteisekretär Jože Zagožen, mit 900.000 Euro bestochen haben. Das ist aber noch nicht alles. Riedl besorgte sich über ehemalige Arbeitskollegen auch das Angebot des mitbietenden Rivalen European Land Systems-Steyr. Ein Jackpot. Auf Basis dieser Informationen konnte Patria ein unschlagbares Angebot vorlegen. Müßig zu erwähnen, dass Patria den Auftrag haushoch gewann. Der Auftragswert belief sich auf 278 Millionen Euro. Riedl blieb abzüglich Spesen und weitergeleiteter Zahlungen eine Provision von 1,4 Millionen Euro, wenn da nicht die Anklagebehörden wären, die blöderweise den Betrag von seinem Konto einzogen.[457]

Neuausschreibungen herbeiführen

Besonders talentierte Vermittler schaffen es sogar, bereits fixierte Ausschreibungen zu annullieren. Wer, wie Alfons Mensdorff-Pouilly, einen Teil der konservativen Spitze der Bundesregierung liebt, dem kann auch dieses Kunststück gelingen. Laut Staatsanwaltschaft war es sein Verdienst, dass die amerikanischen F-16 nicht zum Zug kamen. Stattdessen konnten sich bei der zweiten Ausschreibung die Eurofighter-Hersteller durchsetzen. Mensdorff-Pouilly beschreibt seine Aktivität in einem Fax vom 27. Januar 2003 wie folgt: »Im Anschluss an die aggressive Zahlung von Erfolgsprämien an wichtige Entscheidungsträger gab Österreich einen Auftrag in Höhe von € 1,79 Milliarden für den Eurofighter Typhoon bekannt.« Unvorsichtigerweise gelangte der Bericht später aufgrund von Hausdurchsuchungen in die Hände der Londoner Ermittler, und Mensdorff-Pouilly musste kurz in Untersuchungshaft.[458] Wie wir wissen, konnte dieser kleine Fehler dank Tony Blair wieder ausgebügelt werden. Dass es sich bei den aggressiven Zahlungen um Bestechung gehandelt haben könnte, wies Mensdorff-Pouilly zurück. Das sei »ein völlig haltloser Vorwurf. Dafür wäre ich schon viel zu egoistisch. Ich teile nicht, außer mit dem Staat.«[459]

Zugegeben, wer besticht schon gerne? Das kostet ja ein Vermögen. Als sorgsam wirtschaftende Geschäftsleute werden wir stets nur jene Personen begünstigen, die wir für unsere Zwecke brauchen. Doch wer ist unserer Zuwendung würdig? Wen müssen wir wirklich bestechen, um an Aufträge zu kommen? Es kommt darauf an.

Beim österreichischen Eurofighter-Deal gab es beispielsweise eine 33-köpfige Kommission des Verteidigungsministeriums, welche die verschiedenen Abfangjägerangebote beurteilte.[460] Derart viele Menschen zu schmieren wäre viel zu teuer und unwirtschaftlich. Darüber hinaus wäre es auch hochriskant, so viele Personen einzuweihen. Man weiß ja nie, ob jemand indiskret ist und uns verpfeift. Glücklicherweise reicht es in der Regel völlig aus, die Meinungsführer von unserem Anliegen zu überzeugen. Im konkreten Fall gab es in der Kommission fünf Unterkommissionsleiter. Einer von ihnen war der Generalmajor und Luftwaffenchef Erich Wolf. Natürlich setzte er sich für die Eurofighter ein. Immerhin kam das Angebot von einer Firma, für die sein Freund Erhard Steininger arbeitete. Letzterer ist nicht nur EADS-Lobbyist, sondern auch sein Trauzeuge. Außerdem greift er den Wolfs in der Not auch gerne mal finanziell unter die Arme, in Form einer Zahlung in Höhe von 87.600 Euro an die Creative Promotion Werbe- und Sportveranstaltungsgesellschaft. Wolf ist bei der Firma zwar Kommanditist und Prokurist, aber geführt wird sie von seiner Ehefrau, Anna Maria Frühstück-Wolf. Eine glasklare Trennung von beruflichen und privaten Dingen. Weil die Sache manchen Neidern nicht ganz koscher vorkam, begann die Staatsanwaltschaft dennoch mit Ermittlungen, stellte den Fall aber bald wieder ein. Es könne nicht nachgewiesen werden, dass der Geldfluss in direktem Zusammenhang mit der Eurofighter-Vergabe stand. Ein Beweis, dass hier sorgfältig gearbeitet wurde.[461]

Selbstverständlich reicht eine einzige Zahlung in derart lächerlicher Höhe nicht aus, um einen Auftrag dieser Größenordnung an Land zu ziehen. Die Anklagebehörden vermuten, dass über diverse Netzwerke 180 Millionen Euro geflossen sind.[462] Bei einem Kaufpreis von am Ende 1,6 Milliarden Euro entspräche das einer Provision von knapp über 11 Prozent.

Früher war das noch billiger. Die Anschaffung der ersten deutschen Nachkriegsschützenpanzer im Jahr 1956 durch Verteidigungsminister Franz Josef Strauß kostete gerade mal 2,78 Milliarden Mark. Auch die Marge war geringer. Nach Aussagen des Zeugen, Werner Plappert, verlangte die CDU-Spitze für ihre Zustimmung zum Deal mit dem Genfer Generalunternehmer Hispano-Suiza 50 Millionen DM.[463] Das entspricht einer Provision von gerade mal 1,8 Prozent. Aus heutiger Sicht hätte die CDU deutlich mehr rausholen können. Die Herren der Wiederaufbaugeneration übten sich in Bescheidenheit und winkten den Panzerkauf durch, obwohl es zu diesem Zeitpunkt noch nicht einmal einen Prototypen gab. Lediglich ein Holzmodell konnte Strauß zusammen mit Bundeskanzler Konrad Adenauer besichtigen. Zu aller Überraschung stellte sich später heraus, dass die bestellten 10.680 Panzer (sicher ist sicher) schwere Probleme mit der Kühlung von Motor und Bremsen hatten. Außerdem kamen sie wegen der schwachen Ketten kaum voran und standen die meiste Zeit über in der Werkstatt. Nach etwas mehr als 2000 gelieferten Schützenpanzern war dann Schluss.[464] Den Politikern war klar geworden, dass es eventuell doch besser wäre, sich nach einem Nachfolgemodell umzuschauen. Weniger klar war, wo das ganze Schmiergeld hingeflossen war. Im Jahr 1958 fand man beim Schweizer Hersteller eine Liste mit den Namen vieler Politiker. Dahinter waren sechs- bis siebenstellige Summen notiert. Rund 2,3 Millionen DM sollen zum Beispiel den Weg zu Werner Repenning, dem persönlichen Referenten von Strauß, gefunden haben. Der CDU-Politiker Otto Lenz und der Waffenhändler Otto Praun sollen je 300.000 DM erhalten haben.[465] Der Verbleib der restlichen Millionen wurde nie restlos aufgeklärt.

5. Druck machen

Manchmal kommt es bei Aufträgen zu unerwarteten Problemen, etwa wenn sich ein Kunde trotz Absichtserklärung weigert, einen Kaufvertrag zu unterschreiben, oder gar droht, einen Auftrag zu stornieren. In diesen Fällen kann etwas Hilfe vonseiten der Politik nicht schaden. Dankenswerterweise ist die Bundesregierung bei solch wichtigen Fällen bereit, in der Sales- und Inkassoabteilung von Rüstungskonzernen auszuhelfen. Wenn die Bundeskanzlerin oder ihre Minister zu Staatsbesuchen reisen, dann fliegen die Waffenhändler gleich mit. Das erhöht die Sicherheit und ist gut fürs Geschäft.

Einmal flog die Bundeskanzlerin mit einem Rüstungsvertreter nach Angola. Ein andermal reiste der ehemalige deutsche Wirtschaftsminister Rainer Brüderle mit Waffenlobbyisten in die Türkei. Im Fall Griechenland legte sich wiederum Ex-Außenminister Guido Westerwelle ins Zeug. 1999 ging es den Hellenen noch vergleichsweise gut. 90 Eurofighter wollten die Militärs bestellen. Es gab bereits Gespräche mit den Herstellern, doch über eine Absichtserklärung kamen die Verhandler nicht hinaus. Zwischen 2005 und 2007 drängte Merkel die Griechen immer wieder, ihr Versprechen zu halten, bis sich im Frühjahr 2010 abzeichnete, dass Griechenland de facto pleite war. Westerwelle versuchte es trotzdem noch mal. Bei deutschen Rüstungsaufträgen dürfe auf keinen Fall gespart werden. Laufende Verträge seien einzuhalten.[466] Im gleichen Atemzug forderte er von Griechenland einen strikten Konsolidierungskurs.

Im Mai warf der grüne Europa-Abgeordnete Daniel Cohn-Bendit Deutschland und Frankreich vor, ihre Griechenlandhilfen an bestehende Rüstungsaufträge im Wert von mehreren Milliarden Euro geknüpft zu haben.[467, 468] Zu Beginn der Schuldenkrise belief sich der Schuldenstand von Griechenland auf 310 Milliarden Euro. Hätten sich die Griechen dem Pazifismus verschrieben und von 1974 bis 2005 gänzlich auf Rüstungsausgaben verzichtet, wären 80 Prozent dieser Schulden erst gar nicht entstanden.[469]

FAZIT

Kontakte zum Außen- und Wirtschaftsministerium sowie zum Bundeskanzleramt zahlen sich aus. Wer in der eigenen Hauptstadt starken Rückhalt spürt, der braucht um die Früchte seiner Arbeit nicht zu bangen. Mit einer mächtigen Regierung im Rücken geht das Debitorenrisiko auch gegenüber ausländischen Kunden zurück.

6. Erfolgreicher Abschluss und Verteilung der Beute

Hurra! Der Deal ist perfekt. Sind die Verträge abgeschlossen, dann darf gefeiert werden. Im Oktober 2003 lud der Luftwaffenchef Erich Wolf angesichts der Eurofighter-Vertragsunterzeichnung zu einer Party mit dem Motto »Gipfelsieg«.[470] Bei der lustigen Feier am Heeresstützpunkt Langenlebarn durften sich hohe Militärs, inklusive Verteidigungsminister Günther Platter und Eurofighter-Chef Aloysius Rauen, bei faschingsgschnastauglichen Spielchen vergnügen. Unter anderem schossen die Gäste mit Spritzpistolen auf Porträts (vermeintlicher) Eurofighter-Gegner wie Karl-Heinz Grasser. Bezahlt hatte die Gaudi erst EADS. Nach medialer Kritik übernahm Gastgeber Wolf die ohnehin günstige Rechnung in Höhe von 4.500 Euro.[471, 472]

Nach dem Kater werden sich die Verantwortlichen wohl gefragt haben, wie sie an die versprochenen Erfolgsprovisionen kommen. Bekanntlich werden Prämien erst nach erfolgreichem Geschäftsabschluss ausbezahlt. So lässt sich leichter argumentieren, dass vermeintliche Bestechungsgelder in Wirklichkeit individuelle Folgeaufträge darstellen, die rechtlich rein gar nichts mit dem ursprünglichen Auftrag zu tun haben. An der Zahlung selbst ändert sich natürlich nichts.

Illegale Methoden

Es gibt zahlreiche Methoden, wie Erfolgsprämien ohne rechtliche Konsequenzen eingestrichen werden können. Wer eine möglichst diskrete und steuerschonende Auszahlung wünscht, dem empfehlen wir den bewährten Überweisungsweg via Schweizer Bankkonten. Im Idealfall laufen die Transaktionen zudem über anonyme Briefkastenfirmen, um die Privatsphäre zu schützen. Firmen mit Sitz in Steueroasen sind bei Waffenschiebern besonders beliebt. Dies ist auch die steuerlich günstigste Variante.[473] Hundertprozentig sicher ist die Schweiz aber heute nicht mehr. Immer öfter melden eidgenössische Banken bei dubiosen Transaktionen Geldwäscheverdacht, wenn auch teilweise erst nach vielen Jahren. Der griechische Chefeinkäufer im Verteidigungsministerium, Antonios Kantas, hatte viele Millionen Euro aus Rüstungsgeschäften bei Julius Bär in Zürich und Singapur angelegt. Das Geld stammte von 17 Firmenvertretern aus mehreren Staaten. Inklusive Zinsen wurden aus den 8,7 Millionen Euro Schmiergeld sogar 15 Millionen Euro. Auch die UBS, die Schweizer Niederlassung der französischen Bank BNP Paribas, die Dresdner Bank und die Zürcher Privatbank Hofmann, die heute zur

Credit Suisse gehört, waren mit Tarnkonten behilflich.[474, 475] Allein die Tatsache, dass die Schmiergeldzahlungen aufflogen, erschütterte schon das Vertrauen in die Schweizer Bankkundenanonymität. Der griechische Verteidigungsminister, Akis Tsochatzopoulos, hatte das in weiser Voraussicht bereits geahnt und griff zur Notwehr. Um den Datenschutz zu retten, bat er den damaligen Chef des Eidgenössischen Justiz- und Polizeidepartments, Christoph Blocher, eventuell eingehende Rechtshilfeersuchen der griechischen Justiz zu ignorieren. Leider tauchte Ende 2013 in Griechenland eine Aktennotiz auf. Der zufolge soll Blocher im Jahr 2007 2,5 Millionen Euro bekommen haben als Entschädigung für seine unermüdlichen Bemühungen, nichts zu tun. Tatsächlich schien der sonst recht umtriebige Schweizer Ehrenmann über all die Jahre stillgehalten zu haben. Die Affäre kam nur aufgrund umfangreicher Geständnisse in Athen ans Licht.[476]

Möglicherweise wird es in Zukunft nötig, wieder vermehrt auf Bargeldübergaben zu setzen. So wie in den 90er Jahren, als sich der Waffenhändler Karlheinz Schreiber mit dem CDU-Schatzmeister Walther Leisler Kiep auf einem Parkplatz in der Schweiz traf. Kiep erhielt vom Geldboten der Rüstungsindustrie einen Koffer mit einer Million Mark, die er pflichtbewusst an die CDU-Parteikasse abführte.[477] Selbst Finanzminister Wolfgang Schäuble geriet damals unter Verdacht, 100.000 DM in bar für die CDU angenommen zu haben.[478] Wohin das Geld entschwand, ist bis heute ungeklärt. In den gesetzlich vorgeschriebenen Rechenschaftsberichten war es jedenfalls nicht zu finden. Schäuble entschuldigte sich medienöffentlich, und die Sache war gegessen.

Legale Methoden

Wer lieber auf Nummer sicher geht, überweist die Beträge ganz offiziell und lässt sich als Grund für die Zahlung eine besonders kreative Geschichte einfallen. Beliebt sind vor allem Werbe-, Sponsor- und Beraterverträge. Da kann es schon einmal vorkommen, dass einen die Summen an die Hyperinflation vergangener Tage erinnern. Der EADS-Lobbyist Erhard Steininger beispielsweise überwies seinem Rüstungskompagnon Alfred Plattner 188.000 Euro, damit dieser alltägliche Dinge ausführte wie Autos organisieren oder Behördenwege erledigen.[479] Kurt Lukasek erhielt 28.500 Euro für »Medienbeobachtung, Medienanalyse, Medienbetreuung«. Er arbeitete zunächst für die österreichischen Rechtsparteien BZÖ und FPÖ, die sich für den Eurofighter einsetzten.[480] Der damalige Verteidigungsminister Herbert Scheibner (FPÖ) präferierte zunächst die schwedischen Saab Gripen, änderte aber kurz vor der Abstimmung seine Meinung zugunsten des Eurofighters. Ab September 2010 erhielt er vom Eurofighter-Hersteller eine monatliche Zahlung von 5.000 Euro aufgrund eines Beratervertrages.[481]

Vereinzelt gab es auch Anzahlungen. Die Ehefrau des Eurofighterbefürworters Erich Wolf erhielt eine solche in Höhe von 87.600 Euro für ein »Marketingkonzept für einschlägige Luftfahrtveranstaltungen in und außerhalb Österreichs«.[482] Davor war noch von einem Darlehen die Rede.[483] Das Konzept steht bis heute aus.

Kreative Buchführung

Legendär wurden die Zahlungen des FPÖ-nahen Eurofighter-Werbepartners 100% Communications.[484] Für 96.000 Euro organisierten die Agentureigentümer Erika und Gernot Rumpold am 17. Juli 2002 in der Wiener Sky Bar die wohl exklusivste Pressekonferenz des Landes. Eurofighter-Chef Rauen konnte nicht lange bleiben. Er hatte eine Stunde später schon den nächsten Termin.[485] Weiter organisierte die Agentur eine potemkinsche Sicherheitskonferenz für 340.000 Euro, von der die Medien des Landes nichts mitbekamen. Um welches Thema es dabei ging und welch hochrangiger Sicherheitsexperte daran teilnahm, ist Geschäftsgeheimnis. Weitere Leistungen aus dem Abrechnungskatalog: Vorsprechen bei Ministern für 140.000 Euro; Kontakte zu Landeshauptleuten für 120.000 Euro (einer konnte sich an ein kurzes Gespräch erinnern, ein anderer ist sich nicht sicher, ein Dritter sagte ab); Einrichtung eines spartanischen Büros inklusive *einem* Computer für 200.000 Euro. Die Rumpolds selbst verrechneten für ihre Lobbyarbeit einen Tagessatz von 39.000 Euro beziehungsweise das 55-Fache des Gehalts des österreichischen Bundeskanzlers. Von März bis Juni 2002 erwirtschaftete das Ehepaar durch seine unermüdliche Arbeit (»Tag und Nacht«) 940.000 Euro.[486] Kein schlechtes Salär für eine Agentur, die keine Referenzprojekte, keine Webseite, keine Telefonnummer und auch keine Mitgliedschaft im PR-Verband vorweisen konnte.[487] Der großzügige EADS-Konzern hatte mit den Kosten kein Problem. Alle Rechnungen wurden anstandslos bezahlt, selbst als die Entscheidung pro Eurofighter längst gefallen war.[488] Abgerechnet wurde im Gesamtpaket, dem sogenannten »Susi-Sorglos-Paket«. Wert: 6,6 Millionen Euro.[489] Standardantwort von Erika Rumpold auf die Frage nach dem Grund für die hohen Rechnungen: »Das kostet bei uns so viel«.[490]

Wenn es um höhere Beträge geht und die Gefahr besteht, dass einem die Justiz früher oder später auf die Schliche kommt, ist es besser, mit offenen Karten zu spielen. Die Höhe der Rechnungen erregt zwar kurzfristig Aufsehen, dafür gibt es keine rechtlichen Konsequenzen, zumindest in Österreich. Über die zulässige maximale Höhe der Beträge bei gegebener Begründung entscheidet die örtliche Anklagebehörde. Ungeachtet dessen empfehlen wir ausdrücklich offene und transparente Zahlungsflüsse bei gleichzeitig kreativer Namensgebung. Einziger Nachteil: Das Einkommen ist steuerpflichtig.

7. Joker

Im Idealfall lassen sich nach sauberer Arbeit innerhalb der gesetzlichen Verjährungsfrist von drei Jahren keine Schmiergeldzahlungen nachweisen. Falls doch, gibt es Backupmechanismen, die eine persönliche Katastrophe verhindern.

Als Erstes wäre hier die Partei zu nennen. Wer Mitglied einer Regierungspartei ist, kann auf die Unterstützung einer großen Organisation mit umfangreicher Machtfülle vertrauen. Klar muss man sich da auch um die Anliegen der Parteifreunde kümmern, aber die Vorteile einer politischen Solidargemeinschaft überwiegen bei Weitem. Als es in Deutschland bei der Entwicklung neuer »Drei-Kappen-Fallschirme« in der Zeit von Verteidigungsminister Manfred Wörner zu Schlampereien kam, drohte die SPD mit einem Untersuchungsausschuss. Immerhin war es zu einem Toten gekommen. Kurz lagen bei der CDU die Nerven blank. Doch dann kam heraus, dass auch Sozialdemokraten involviert waren. Daraufhin wurden die Untersuchungen eingestellt.[491] In Österreich ließ der einstige Finanzminister Wilhelm Molterer von der ÖVP die Steuerakte von Steininger geschwärzt an den Eurofighter-Untersuchungsausschuss liefern. Alle Stellen, wo Steiningers Zahlungen aufgezählt waren, waren unkenntlich gemacht. Aus Datenschutzgründen, wie es heißt. Die Opposition protestierte. Die rechtlichen Mittel dagegen waren begrenzt.[492]

Glücklicherweise sind die Justizbehörden auch oft überlastet. Vor allem die chronisch unterbesetzten österreichischen Staatsanwaltschaften klagen angesichts der Fülle an Fällen über zu wenig Personal.[493] Umso bedauerlicher für die Ermittler, dass es im Gegensatz zu Deutschland kein zentrales Kontoregister gibt. Um Zahlungsflüsse nachzuvollziehen, müssen sich Staatsanwälte mühsam von Konto zu Konto vorantasten, und allzu oft endet der Geldfluss dann irgendwo in einer Barabhebung. Was in Deutschland in Sekundenschnelle per Mausklick funktioniert, dauert in Österreich Wochen bis Jahre, so die Leiterin der Wirtschafts- und Korruptionsstaatsanwaltschaft in Wien.[494]

Manchmal schaut die Justiz auch einfach weg. An den hohen Zahlungen der Eurofighter-Werbefirma 100% Communications hatte die Staatsanwaltschaft nichts auszusetzen. Der Grundrechtseingriff sei durch die Verdachtslage nicht zu rechtfertigen, so der Staatsanwaltschafts-Sprecher. Warum die Ermittlungen eingestellt wurden, wollte er nicht verraten.[495] Auch die Münchner Staatsanwaltschaft verzichtete im Fall der Eurofighter auf eigene Ermittlungen. Dafür erhielt sie von EADS einen internen 400 Seiten langen Bericht. 70 Interviews hatte das Unternehmen mit über 50 Personen geführt und 300.000 Dokumente ausgewertet. Zu einem konkreten Ergebnis kamen die Autoren nicht. Es wäre auch überraschend gewesen, hätte sich der Konzern selbst belastet.[496]

Hin und wieder gibt es auch Glücksfälle wie den Premierminister Tony Blair, der Staatsanwälte zurückpfiff. Darauf sollte man sich aber besser nicht verlassen. Dass Ermittlungen offiziell von oberster Stelle eingestellt werden, kommt relativ selten vor, und für kleinere Unternehmen ohne Lobbyingaktivitäten fühlt sich ein solches Schutzengerl sowieso nicht zuständig.[497]

Pharma

Risiko	*
Moral	***
Profit	***

Warum in der Pharmabranche arbeiten?

> »Es gibt Tausende Krankheiten,
> aber nur eine Gesundheit.«
>
> Ludwig Börne

… und diese wollen alle Menschen haben. Und jetzt stellen wir uns vor, wir können diese Gesundheit verkaufen. Stellen wir uns vor, wir haben die Pillen, die sich nicht nur alle Menschen wünschen, nein, von denen sie auch noch abhängig sind.

Blaue Pillen, rosa Pillen, Drops, Tropfen, Zäpfchen, zum Lutschen, Schlucken oder Spritzen, Pillen gegen Husten, schlechte Laune, für schönere Haut, gegen Babys, aber für ein längeres Leben. Wer im Gesundheitswesen arbeiten will, dem raten wir nur eines: den Eintritt in die wundersame Welt der Pharmaindustrie! Wer weiße Kittel liebt und Mäuse hasst, von Gott mit Kreativität und Skrupellosigkeit gesegnet ist, der ist in der Pharmaindustrie goldrichtig! Denn Geld gibt es hier genug: Es wächst in den Laboren und Marketingabteilungen. 2013 brachte es die Pharmaindustrie weltweit auf 897,8 Milliarden Euro Umsatz.[498] Das ist so viel Geld, dass die Amerikaner damit locker noch mal einen Irakkrieg führen könnten.[499] Den größten Anteil am Kuchen hat die amerikanische Firma Pfizer mit einem Jahresumsatz von stolzen 47,9 Milliarden Euro.[500] An zweiter Stelle steht aber schon der mehr oder weniger deutschsprachige Raum mit der Schweizer Firma Novartis in Basel. Sie blickt auf die schöne Summe von 47,5 Milliarden Euro Jahresumsatz zurück.[501] Immerhin auf Rang 17 liegt das erste deutsche Pharmaunternehmen Boehringer Ingelheim mit 14,7 Milliarden Euro.[502] Wem das aber nicht genug ist, der wählt einfach den deutschen Standort einer ausländischen Firma und spielt gleich bei den ganz Großen mit. Denn warum sollten wir das Land verlassen, wenn bei uns große Gewinne und nur kleine Abgaben warten? Deutschland und Österreich können hier wahrlich als Steuerparadiese gelobt werden: So zahlte der Konzern AstraZeneca im Jahr 2005 in Deutschland gerade mal 0,046 Prozent seines Umsatzes an Steuern. Aber das wurde sogar noch übertroffen. Roche weiß, wie's wirklich geht: 0,005 Prozent, dicht gefolgt von Pfizer mit 0,03 Prozent Steuerabgaben! Hut ab! Da können die deutschen Kollegen noch etwas lernen, zahlte Bayer doch ganze 2,3 Prozent. Der Schweizer Konzern Novartis war mit 1,7 Prozent seines Umsatzes aber sicher auch nicht allzu traurig.[503]

Auch für genug Arbeitsplätze ist gesorgt: Deutschland hat 100.000 und Österreich 10.000 Stellen anzubieten. Besonders sei hier auch die Schweiz erwähnt. Nicht nur Käse und Schokolade, nein, auch Tabletten sind der absolute Verkaufsschlager. Rund 118.000 Menschen arbeiten direkt oder indirekt für die Pharmaindustrie und sind damit an der Wertschöpfung von 35,5 Milliarden Schweizer Franken beteiligt.[504]

Und wie schaut es mit den Löhnen aus? Während es ein gewöhnlicher Pharmavertreter auf 4.000 bis 5.000 Euro[505] im Monat bringt (Dienstauto, Laptop und Smartphone inklusive), wollen wir es natürlich bis ins Topmanagement schaffen. Denn selten sind Managerposten besser bezahlt als in der Pharmaindustrie: Spitzenverdienste von bis zu 590.000 Euro[506] im Jahr warten auf uns. Daniel Vasella, ehemaliger Chef von Novartis, verschaffte sich selbst das größte öffentlich bekannte Managergehalt in Europa: 20,2 Millionen Franken.[507] Da lässt es sich auch leichter verkraften, dass Pharmavertreter einen fast so schlechten Ruf genießen wie die Kollegen von der Rüstungsindustrie.

Fassen wir zusammen: Große Auswahl, krisensichere Jobs, fixe Anstellung bei hohem Gehalt. Überzeugt? Dann Schritt für Schritt zum Erfolg.

Grundsätzliches

Am besten lernen wir die Grundprinzipien der Branche, indem wir gemeinsam den langen Weg der Medikamente verfolgen: von der Erfindung einer neuen Krankheit bis hin zum milliardenfachen Verkauf des passenden Heilmittels. Zur Einstimmung für alle naiven Neueinsteiger noch ein paar grundsätzliche Anmerkungen von Hagen Pfundner, Chef der Roche-AG Deutschland: »Gesundheit ist ein besonderes Gut. Das Problem ist, dass wir uns häufig als eine Industrie darstellen, die nur Gutes für die Gesellschaft tut – aus der Angst, dass man uns Gewinnstreben vorwirft. Wir sollten aber offen zugeben: Unser Geschäftsmodell ist es, mit Arzneimitteln Geld zu verdienen.«[508]

Blicken wir der Wahrheit direkt ins Auge: Mit Medikamenten für seltene Krankheiten werden wir nicht reich und die Behandlung von 25 Millionen aidskranken Afrikanern macht uns auch nicht fett.[509] Es mag hart klingen, aber ein richtiges Vermögen macht nicht, wer Menschen heilt, sondern wer ihre Symptome behandelt, am besten ein Kundenleben lang. Wir werden aber sehen, dass sowohl Produzenten als auch Ärzte und Konsumenten dabei durchaus auf ihre Kosten kommen.

Die Erfindung einer neuen Krankheit oder gratis Drogen für alle

»Es gibt Tausende Krankheiten …« und meistens kein Heilmittel. Das liegt daran, dass es erstens ganz schön schwierig ist, eines zu finden. Zweitens kostet es viel Zeit und drittens viel Geld. Da wir aber möglichst wenig Geld ausgeben, aber viel einnehmen wollen, ist es sinnvoll, lieber eine eigene Krankheit zu erfinden. So kann sichergestellt werden, dass wir das passende Mittel dagegen haben und auch die passenden Einnahmen. Daher ist es naheliegend, eine neue, möglichst häufig vorkommende Krankheit zu erfinden.

Variante eins: Herzenssache

Werfen wir einen Blick auf die Medikamente, die allgemein am liebsten geschluckt werden. An oberster Stelle stehen Mittel für Bluthochdruck und chronische Herzinsuffizienz.[510] Der französische Konzern Sanofi-Aventis verdient damit jedes Jahr alleine in Deutschland 170 Millionen Euro. Wie wär's also mit einer neuen Krankheit beziehungsweise einem neuen Mittel gegen Bluthochdruck? Bei der Erfindung einer neuen Krankheit denken viele vielleicht, dazu fehlt mir die nötige Kreativität. Keine Sorge, es reicht schon, lediglich ein bisschen an den Zahlen zu drehen. Als normal wurde bisher ein Blutdruck von 120/90 mm HG[511] eingestuft. Verschieben wir diese Zahl lediglich auf 120/80, hat das zur Folge, dass die Zahl der Bluthochdruck-Patienten von 20 Millionen auf 26 Millionen hochschnellt. Was also vorher noch »Gesundheit« hieß, ist jetzt die Krankheit »Bluthochdruck« und bringt der Pharmaindustrie statt 2,5 Milliarden jetzt 3,3 Milliarden Euro Gewinn im Jahr! Ist doch ganz einfach, oder, und hat auch gar nicht weh getan![512]

Einziger Wermutstropfen: Wer mit Zahlen arbeitet, der muss diese auch belegen können, und das kostet, wie wir später sehen werden. Denken wir noch etwas weiter. Flexibler ist es, in einem Bereich zu arbeiten, wo die Grenzen zwischen gesund und krank stark verschwimmen.

Variante zwei: Glückssache

Welche Pille wünschen sich selbst gesunde Menschen so sehr, dass sie sie freiwillig schlucken? Die Glückspille! Was, illegale Drogen? Aber nein, das Schöne an der Pharmaindustrie ist, dass fast alles legal ist, das gilt für Drogen genauso wie für Korruption. Bloß nennen wir Drogen Psychopharmaka und Korruption Marketing. Und im Gegensatz zum örtlichen Drogendealer ist es bei uns mehr oder weniger gratis. Die Kassen zahlen, und wir verdienen Milliarden. Der Konsum von Psychopharmaka hat in den letzten Jahren in Europa drastisch zugenommen. In manchen EU-Ländern wird mehr als jedem zehnten Erwachsenen ein Antidepressivum verschrieben. In Deutschland hat sich die Zahl der Verschreibungen innerhalb eines Jahrzehnts mehr als verdoppelt: von knapp über 20 Tagesdosen je 1.000 Einwohner im Jahr 2000 auf 50 Tagesdosen je 1.000 Einwohner im Jahr 2011.[513] Es besteht also großer Bedarf. Übrigens, nur weil die Drogen legal sind, heißt das nicht, dass die Konsumenten auf einen gewissen Nervenkitzel verzichten müssen. Beispielsweise sah es ein britisches Gericht als erwiesen an, dass das Antidepressivum Seroxat das Suizidrisiko bei Kindern und Jugendlichen um das Achtfache erhöht. Der Konzern GlaxoSmithKlein hatte dies nicht öffentlich erwähnt. Allerdings gab das Gericht selber zu, dass die britischen Gesetze eine solche Informationspflicht gar nicht vorschreiben würden.[514] Wer es lieber sicherer mag, aber nicht gerne Süßes isst, der kann bei Verstimmungen zu Zyprexa greifen. Hier sah es diesmal ein amerikanisches Gericht als erwiesen an, dass der Pharmakonzern Eli Lilly die Nebenwirkungen wie Überzuckerung und Diabetes verharmloste oder sogar verheimlichte. Eli Lilly wird es verkraften. Der Konzern hatte bis zum Urteil mit dem Medikament schon 37 Milliarden verdient.[515]

Variante drei: Eine Sache der Vernunft

Wir leben in einer Welt, in der nichts wichtiger ist als das schnelle und reibungslose Funktionieren aller. Dass wir das aber nicht von Natur aus in uns haben, zeigt ein Blick auf unseren Nachwuchs. Die lieben Kleinen sind unaufmerksam, hören nicht richtig zu, befolgen unsere Regeln nicht oder lehnen sich sogar dagegen auf! Eltern sagen Charlotte oder Kevin dazu, aufgeklärte Ärzte sprechen lieber von »Aufmerksamkeitsdefizit-Hyperaktivitätsstörung« (ADHS).

Wir nennen es Ritalin (Wirkstoff Methylphenidat). Die Zahl der ADHS-Diagnosen bei Kindern und Jugendlichen bis 19 Jahren ist in Deutschland in fünf Jahren um 42 Prozent gestiegen. 620.000 Kinder und Jugendliche (4,14 Prozent) galten 2011 ganz offiziell als ADHS-krank.[516] Nur gut, dass ein Kraut dagegen gewachsen ist. Zusätzlicher Bonus: Wird die Einnahme von Tabletten wie das tägliche Zähneputzen von klein auf gelernt, bedeutet dies oft den Beginn einer lebenslangen Kundschaft: Früh übt sich, wer sich ewig bindet! Übrigens kommt ADHS immer öfter auch bei Erwachsenen vor. Wenn auch bei Ihnen mehrere der folgenden Symptome zutreffen, wenden Sie sich vertrauensvoll an einen Arzt oder Apotheker:

Der Betroffene:
- kann schlecht planen und bringt Aufgaben nicht zu Ende
- schiebt Wichtiges bis zum letzten Moment auf
- ist schusselig und vergesslich
- neigt zum Jähzorn
- neigt zu Alkohol und Drogen
- zeigt riskantes Verhalten und hat häufig Unfälle
- wechselt Arbeitsstellen und Partner häufig
- kann zusätzlich unter Ängsten, Depressionen und Essstörungen leiden[517]

Gut. Die Grundidee ist klar. Jetzt geht es an die operationale Umsetzung: Zwei Bereiche sind hier besonders gefragt: a) die Marketingabteilung; sie sorgt dafür, dass alle unsere Produkte unbedingt kaufen wollen. Und b) die Forschungsabteilung mit all ihren wissenschaftlichen Studien; sie lässt unsere Kunden felsenfest an ihre Krankheiten glauben.

Werbung: »Ihr Wunsch, unsere Medizin«

Werbeslogan der Firma Bristol-Myers Squibb

Wenn wir uns den Medikamentenkonsum genauer anschauen, so fällt auf, dass knapp die Hälfte (46 Prozent) aller Österreicher über 15 Jahre regelmäßig Tabletten einnehmen.[518] Und das obwohl die Europäer 61,6 Jahre[519] ihres Lebens kerngesund sind. Wie geht das? Wie bringen wir möglichst viele Leute dazu, Medikamente zu schlucken? Wie bringen wir sie dazu, unsere neueste Errungenschaft zu kaufen? Mit einer ausgewogenen Werbestrategie.

Ohne Werbung geht in der Pharmaindustrie einfach gar nichts. Pfizer und Johnson&Johnson zählen in den USA zu den Top-Werbern. Sie investieren mehr Geld in die Bewerbung ihrer Produkte als McDonald's und Coca-Cola.[520] Auch in Deutschland wird fleißig geworben. Die Firma Bayer beschäftigt 37.000 Leute im Bereich Marketing, aber nur 1.600 in der Forschung.[521] Die hohen Kosten im Marketing lassen sich ganz leicht erklären. Darunter fallen nicht nur Werbeplakate und TV-Spots, sondern laut einem ehemaligen Pharmamanager von Eli Lilly Schweden auch »teurer Nippes für Ärzte, Reisen für Meinungsführer, Geld für positive Artikel [...] in wissenschaftlichen Fachzeitschriften, Vorbereitung und Durchführung von wissenschaftlichen Kongressen bis hin zu Bordellbesuchen für besonders ›pflegebedürftige‹ Manager.«[522] Zur Zielgruppe der Ärzte kommen wir gleich. Schauen wir uns zunächst einmal an, was die Marketingleute in ihren Büros so treiben.

Angst

Wer kennt sie nicht, die Angst, krank zu werden? Und das Erschreckende ist, dass es jeden von uns schon morgen erwischen kann! Die Weltgesundheitsorganisation WHO teilte Anfang 2014 mit, dass die Zahl der neu diagnostizierten Krebsfälle weltweit stark angestiegen sei und auch sehr wahrscheinlich weiter ansteigen werde. 2012 sind

14,1 Millionen Menschen weltweit neu an Krebs erkankt, 8,2 Millionen sogar an Krebs gestorben.[523] Ab zur Vorsorgeuntersuchung. Oder doch lieber verdrängen? Im Normalfall wählen die meisten Menschen die Verdrängung. Aufgabe der Werbung ist es, unsere Konsumenten immer wieder mit ihren Ängsten zu konfrontieren. Charles Medawar von der unabhängigen Gruppe Social Audit in Großbritannien meint, durch die Werbung der Pharmaindustrie würden gesunde Menschen zu Hypochondern, die ihr Leben zaghaft führten und sich halb zu Tode sorgten.[524] Wir meinen: Vorsicht ist besser als Nachsicht, denn sicher ist sicher!

Sicherheit

Genauso wichtig wie vor Gefahren zu warnen ist es, Sicherheit zu geben. Wäre es nicht wunderschön, wenn es eine Impfung gegen Krebs gäbe, zum Beispiel eine gegen Gebärmutterhalskrebs? Und tatsächlich, Forscher haben einen Impfstoff gegen zwei menschliche Papilloma-Viren (HPV) entwickelt, die durch Geschlechtsverkehr übertragen werden. Diese beiden Virenarten (von mehr als hundert verschiedenen) sind zu 70 Prozent für spätere Gewebsveränderungen verantwortlich. Im Durchschnitt dauert es dann ca. 15 Jahre, bis sich daraus eventuell ein Krebstumor entwickelt.[525] Bisherige Impfstoffstudien haben lediglich bewiesen, dass die Immunisierung vor Krebsvorstufen schützen kann. Einige Wissenschaftler glauben aber, dass dies automatisch auch einen Schutz vor dem eigentlichen Tumor darstellt. Andere verweisen auf den nicht erwiesenen Nutzen sowie auf Nebenwirkungen und halten die Impfungen für überstürzt.[526] Wir als Laien können das wohl nicht beurteilen. Aber ist es den Versuch nicht zumindest wert? Wir denken, allein der Glaube daran gibt unseren Kundinnen und Kunden ein Gefühl von Sicherheit und ermöglicht ein entspannteres Leben! Das dachten sich auch die Regierungen von Deutschland, Österreich und der Schweiz und führten die Gratisimpfung für Kinder und Jugendliche ein. Solche länderumfassenden Impfkampagnen erfordern Unmengen an Marketingleuten. Eine besonders effektive Werbestrategie haben sich die englischen Kollegen einfallen lassen. Im Mai 2010 bot der British National Health Service Mädchen zwischen 16 und 18 Jahren einen Einkaufsgutschein über 45 Pfund (54 Euro), wenn sie sich impfen ließen.[527] Kreativ, aber nicht mehr ganz *up to date*. Haben die englischen Jugendlichen im Durchschnitt doch mit 16 ihr erstes Mal, ein Drittel ist sogar noch jünger.[528] Blöd eigentlich, da die Impfung laut Hersteller nur hundertprozentig vor den HPV-Viren schützt, wenn sie vor dem ersten Geschlechtsverkehr gespritzt wird. Das Einverständnis der Eltern der minderjährigen Mädchen war übrigens nicht erforderlich.

Ich kann's mir gar nicht leisten, krank zu sein

Aber abgesehen davon, dass es nicht besonders lustig ist, krank zu sein, können es sich erfolgreiche Menschen und solche, die es werden wollen, gar nicht leisten, krank zu sein! Natürlich ist der Körper in der Lage, eine Erkältung auch ohne Medikamente zu überstehen, aber welcher berufstätige Mensch kann zwei Wochen zu Hause bleiben? Ja selbst ein Schüler schafft es heute fast nicht mehr, den Stoff von zwei Wochen nachzuarbeiten. Besser also wir lassen uns ein paar Medikamente verschreiben und haben die Sache in drei Tagen überstanden. Oder noch besser, wir lassen uns gleich dagegen impfen. Und das tägliche Aspirin, Vitamin C und die Magnesium- und Eisentabletten nicht vergessen! Außerdem muss klar gesagt werden, dass Medikamenten-Shopping zwar nicht ganz so attraktiv ist wie Schuhekaufen, trotzdem aber eindeutig zu den zivilisatorischen Errungenschaften unserer Zeit zählt. Denn mal im Ernst, was ist uns lieber, große Worte oder eine kleine Pille? Wer möchte schon vom Apotheker hören: »Kündigen Sie, verlassen Sie Ihre Frau und ziehen Sie raus aufs Land.« Ein paar dezent verpackte Antidepressiva und alle können weitermachen wie bisher. Zumindest meinen das zirka 8 Prozent der Europäer.[529] Selbst die Pharmakritikerin Jacky Law bringt es auf den Punkt: »Wir haben die medikamentöse Situation, die wir verdienen.«[530]

Freie Medikamente sind überschätzt (Line-Extension)

Außerdem sind die Marketingabteilungen intensiv darum bemüht, neue Marketingstrategien speziell für die Pharmabranche zu entwickeln, wie zum Beispiel die sogenannte Line-Extension: Kurz vor Auslaufen der 20-jährigen Patentfrist eines Medikaments wird eine neue Anwendungsform entwickelt und in den Markt geschleust. Mit diesem Trick kann die Patentfrist ausgeweitet werden und damit, unbehindert von Generika-Konkurrenz, der hohe Medikamentenpreis beibehalten werden.[531] Generika, also wirkstoffgleiche Kopien, sind in Deutschland im Durchschnitt um zwei Drittel günstiger als »Markenmedikamente«.[532, 533] Spitze, dachte sich die österreichische Regierung im Jahr 2008 und wollte Ärzte zwingen, statt der teuren Originale verstärkt Generika zu verschreiben. Dadurch ließen sich die Kostensteigerungen im Gesundheitswesen etwas dämpfen. Die Ärzteschaft schrie auf, und es folgte eine in unseren Augen vorbildliche Werbekampagne mit dem Slogan: »Sie verdienen die beste, nicht die billigste Medizin! – Ihre Ärztinnen und Ärzte« Die Werbung erzielte ihre Wirkung, und die Reform wurde abgesagt.[534]

Wer auf Markenklamotten steht, der wird auch in der Apotheke lieber zum Original greifen. Vertrauen wir dem, was wir schon seit Jahren aus der Werbung kennen! Andersrum ist es natürlich nie verkehrt, am Kuchen der anderen mitzunaschen. Ist eine Firma mit einem Medikament erfolgreich, bringen wir dasselbe Medikament nur ganz leicht verändert ebenfalls raus; das nennt sich dann Metoo-Strategie. Dass dies marktwirtschaftlich äußerst sinnvoll ist, zeigt ein Blick auf die Statistik: Von 21 »neuen« Wirkstoffen, die 2005 in Deutschland auf den Markt kamen, sind nur zehn wirklich neu.[535]

Nicht nur das Wie, sondern auch das Wann ist in der Werbung entscheidend. Wollen wir einen Wirkstoff erfolgreich bewerben, ist es wichtig, dass das Marketing schon anläuft, bevor überhaupt klar ist, ob das Medikament die Zulassung erhält. Das hilft mitunter beim

Genehmigungsverfahren. Denn ist ein Medikament einmal in aller Munde und wird vom Konsumenten herbeigesehnt, ist es für die Verantwortlichen viel schwieriger, Nein zu sagen. Haben wir ein Problem mit den Ärzten, wenden wir uns einfach direkt an die Konsumenten. Zugegebenermaßen ist es in vielen Ländern (zumindest in der EU) verboten, verschreibungspflichtige Medikamente direkt zu bewerben.[536] Pharmafirmen dürfen lediglich Ärzte ausführlich über ihre Produkte informieren. Aber hier kommen wieder einmal die Kreativabteilung beziehungsweise unsere Anwälte ins Spiel. Stellen wir doch die Krankheit in den Mittelpunkt der Kampagne. Solange das Medikament nicht auftaucht, ist alles legal![537] So funktioniert das:

Wussten Sie, dass Gebärmutterhalskrebs die weltweit zweithäufigste Krebsart ist?

Wissenschaftliche Beweisführung

Wie schaffen wir es, dass uns die Welt unsere Heilsversprechen glaubt und wir unsere Zulassung bekommen? Dazu, liebe Leser, gibt es die Wissenschaft! Die Wissenschaft ist die neue Religion. Was Wissenschaftler predigen, ist ebenso in Stein gemeißelt wie die Zehn Gebote. Um eine Zulassung für ein Medikament zu erhalten, brauchen wir eine Reihe von Studien. Dabei können wir natürlich nicht darauf warten, dass irgendein langhaariger Promotionsstudent auf die Idee kommt, genau zu unserem Thema zu forschen. Suchen wir lieber uns wohlgesonnene, anerkannte wissenschaftliche Persönlichkeiten. Sollen sie doch für uns forschen. Die Rechnung geht auf uns.

Meinungsbildner

Sogenannte *Key Opinion Leader* oder Meinungsbildner stammen aus der Crème de la Crème der Ärzteschaft: Chefärzte, Oberärzte, Fachärzte und Uniprofessoren. Haben wir sie auf unserer Seite, folgt ihr eine Schar weißer Kittel wie Lemmingen. Eine der Hauptfunktionen hochkarätiger Experten liegt darin, im Sinne unseres Medikaments schon vor der Genehmigung für ordentlich gute Stimmung zu sorgen. Oder wie die Marketingabteilung zu sagen pflegt, einen »Buzz« zu kreieren. Unsere Meinungsbildner erstellen wichtige Studien, schreiben Artikel in Fachzeitschriften oder halten Vorträge auf Ärztekongressen. So kann im optimalen Fall bei der breiten Ärzteschaft schon im Vorhinein eine positive Erwartungshaltung in Bezug auf unseren Wirkstoff geschaffen werden. Denn mit der richtigen Einstellung sieht die Welt gleich ganz anders aus.

An Meinungsbildnern sollte daher nicht gespart werden. Bis zu 300 Millionen US-Dollar investieren Pharmariesen in ihre medialen Zugpferde. Allerdings sollten wir es auch nicht übertreiben. Die Experten der Pharma-Beratungsfirma Cutting Edge raten tunlichst davon ab, ein und denselben Meinungsführer zu oft und zu offensichtlich für eigene Zwecke einzusetzen. Der Schlüssel zur erfolgreichen »Führung« von ärztlichen Meinungsbildnern liege ihrer Meinung nach in der richtigen Balance.[538] Deswegen legen sich die Firmen im Durchschnitt gleich 259 Stück davon zu. Umso glaubwürdiger wirken die Ärzte, wenn sie auch selber von sich und ihrer Unabhängigkeit überzeugt sind. Denn nur weil man Flug, Unterkunft und Verpflegung für einen Vortrag vom Veranstalter bezahlt bekommt, ist man ja nicht gleich korrumpiert, höchstens geschmeichelt. Auch ein Vortragshonorar ist normal und angebracht. Über die angemessene Summe lässt sich streiten. Fachärzte verdienen in ihrem angestammten Beruf 84.000, Oberärzte 114.000 und Chefärzte 279.000 Euro im Jahr.[539] Es empfiehlt sich also, ihren Nebenverdienst in der Pharmaindustrie ebenfalls zu staffeln. Ein nur lokal bedeutender Meinungsführer bekommt einen Stundensatz von durchschnittlich 184 Dollar. Die Topkategorie ist mit 578 Dollar im Rennen. Manchen mag die Chefetage mit Spitzenwerten von bis zu 3000 Dollar in der Stunde vielleicht etwas überdimensioniert erscheinen, für uns ist das allerdings vielversprechend.[540] Wirklich lukrativ wird die Lobbyarbeit aber ohnehin erst durch die »Extravergütungen«. Durchschnittlich 5.388 Dollar werden zum Beispiel für die Teilnahme an einer firmeninternen Beratersitzung gezahlt. Spitzenwerte dürften bei bis zu 25.000 Dollar für eine Sitzung liegen, Strand und Palmen inklusive. Falls die angeworbenen Ärzte in Anbetracht solcher Summen um ihre Unabhängigkeit fürchten, verweisen wir gerne auf Kollegen, die gleich für mehrere Pharmafirmen arbeiten. Da können sie ja gar nicht mehr nur die Interessen von einem vertreten! Und schließlich ist es normal, dass ein so teurer Bereich wie die Medizin nicht mehr alleine vom Staat getragen wird, das kennen wir ja schon von der Uni. Falls dies immer noch nicht überzeugt, vielleicht tun es ja die folgenden Zahlen: Bis zu 250.000 Dollar im Jahr können durch Meinungsbildungsaktivitäten im Sinne der Pharmaindustrie nebenbei verdient werden.[541] Das dürfte selbst einen Chefarzt aufhorchen lassen.

Wissenschaftliche Studien

Wissenschaftliche Studien ermöglichen ein großes Maß an Flexibilität. Wir sollten uns daher schon im Vorhinein klar sein, was das Ergebnis sein soll, bevor wir sie in Auftrag geben. Zwischen 2007 und 2011 wurden in Österreich 72 Prozent der Forschungsstudien im Bereich Kinderarzneimittel von der Industrie gezahlt.[542]

Werfen wir einen Blick auf die Praxis. Erinnern wir uns an die Erfindung neuer Krankheiten in Bezug auf Bluthochdruck. Wie könnte eine passende Studie zum Thema aussehen? Sowohl Sanofi-Aventis mit ihrer Studie PHARAO als auch AstraZeneca mit ihrem Pendant TROPHY untersuchten in Zusammenarbeit mit 250 deutschen Ärzten 1.000 Patienten mit normalem Blutdruck. Dabei konnten sie zeigen, dass eine vorbeugende Behandlung die Entstehung von Bluthochdruck verhindern kann. Damit wäre also wissenschaftlich bewiesen, dass auch gesunde Menschen durch Einnahme von Medikamenten ihr Bluthochdruckrisiko senken können. Leider kann es gelegentlich passieren, dass Neider den wissenschaftlichen Erfolg anzweifeln. In diesem Fall war es das *American Journal of Hypertension*. Dieses behauptete, dass die Studien Mängel hätten, das Resultat wahrscheinlich ungültig sei und die Schlussfolgerungen irreführend, ganz zu schweigen von den ungeklärten langfristigen Nebenwirkungen.[543] Alles kein Problem. In so einem Fall nehmen wir Uneinigkeit gerne in Kauf. Indem wir Kritik offen zulassen, erhöhen wir im Zweifelsfall unsere Glaubwürdigkeit. Wichtig ist letztendlich doch nur, dass wir die politischen Institutionen und die Ärzte auf unserer Seite haben.

Wirtschaftseffiziente Darstellung

Möchten wir Leute in Politik und Gesundheitswesen von unserem Mittel überzeugen, ist es hilfreich, wirtschaftlich zu argumentieren. Ein wichtiger Faktor ist die Art und Weise der Kostenberechnung. Wie können wir erklären, dass beispielsweise eine bundesweite HPV-Impfung dem Staat eine große Ersparnis bringt?

Direkte Kosten:[544]

1. ***Als Kosten für die Impfung berechnen wir:***
   a) den Impfstoff
   b) die Kosten der Ärzte, die sie spritzen
   c) eine bundesweite Impfkampagne

2. ***Als Kosten ohne Impfung berechnen wir:***
   Kosten für das Gesundheitswesen, wenn Frauen an Gebärmutterhalskrebs erkranken
   a) minimale Werte
   b) Durchschnittswerte
   c) maximale Werte

Indirekte Kosten/Nutzen

3. ohne Impfung

a) Kosten Krankheitstage
b) entgangener wirtschaftlicher Beitrag durch Krankheit
c) Kosten vorzeitiger Tod
d) entgangener wirtschaftlicher Beitrag durch Tod

4. mit Impfung

a) wirtschaftliche Leistung ohne Krankheitstage
b) wirtschaftliche Leistung bei Durchschnittskrankheitswerten
b) wirtschaftliche Leistung bei durchschnittlich langem Leben
d) wirtschaftliche Leistung bei langem Leben

Es zeigt sich, dass die Miteinberechnung der indirekten Kosten die Impfung um 87 Prozent günstiger macht als bei Studien, die sich nur auf die direkten beziehen.[545]

Richtige Antworten: 1a, 2c, 3a,b,c,d, 4d

In Deutschland sind inzwischen schon 30 bis 45 Prozent[546] der 12- bis 17-jährigen Mädchen geimpft worden, als Kassenleistung, versteht sich. Das kostete die Versichertengemeinschaft im ersten Jahr mehr als eine Milliarde Euro. Auch die Schweizer Gesundheitskasse greift bei der HPV-Impfung tief in die Tasche, und die österreichischen Volksschüler können sich ab 2014 auf spitze Nadeln freuen. Auch Feministinnen haben Grund, sich zu freuen, denn dank der wirtschaftlichen Sichtweise werden nicht nur alle Mädchen, sondern auch die eigentlichen Überträger der Krankheit geimpft, nämlich die männlichen Erdbewohner. Jetzt steht also einer flächendeckenden Impfung aller Kinder nichts mehr im Wege. Denn was gibt es Schöneres für einen Politiker, als Eltern sagen zu können: »Wir werden damit Leben retten« (Alois Stöger, österreichischer Gesundheitsminister von der SPÖ[547]).

Der richtige Umgang mit Studien

Wichtig ist Folgendes:[548]

- **Mit den Schlechtesten vergleichen:** Nicht mit etablierten Konkurrenzprodukten. So ist die Wahrscheinlichkeit viel höher, dass wir überlegen sind.
- **Dosierung reduzieren:** Treten in Tests bei höherer Dosierung Nebenwirkungen auf, wählen wir für die Studie einfach eine niedrigere Dosis, auch wenn dann in der Praxis wieder die höhere Dosis empfohlen wird.
- **Placebo strecken:** Gibt es Probleme mit unseren Inhaltsstoffen, geben wir auch ins Placebomedikament unsere Inhaltsstoffe rein. Beispiel: Mercks HPV-Impfung beinhaltet Aluminium. Es steht im Verdacht, Allergien und Autoimmunkrankheiten (Arthritis, Multiple Sklerose u. Ä.) auszulösen. Lösung: Einfach auch das Wasser für die Placebo-Gruppe mit Aluminium versetzen.[549] Das entspricht zwar nicht mehr ganz der Bezeichnung Placebo, aber was tut man nicht alles für die Wissenschaft.
- **Gegenstudie liefern:** Erkranken manche Studienteilnehmer doch an Autoimmunkrankheiten,[550] dann reichen wir eine weitere Studie nach, in der wir beweisen, dass junge Mädchen generell häufiger von Autoimmunkrankheiten betroffen sind.[551]
- **Abbruch:** Zeigen sich bei längerem Gebrauch wirklich viele Nebenwirkungen, beenden wir die Studie vorzeitig.
- **Schweigen:** Fallen die Resultate schlecht aus, publizieren wir sie lieber nicht. Sonst wirft uns noch jemand vor, wir würden »durch manipulative Auswertung und selektive Weitergabe von Daten [...] der Öffentlichkeit das Wissen um die Schädlichkeit vorenthalten«.[552]

Erst jüngst passierte genau das dem Pharmaunternehmen Merck mit seinem Medikament Vioxx. Ein US-Gericht sah es als erwiesen an, dass auf die Einnahme von Vioxx zwischen 88.000 und 139.000 Herzinfarkte zurückzuführen seien. 40 Prozent, also zwischen 35.200 und 55.600 Menschen, wären daran auch wirklich gestorben.[553] Die Strafe von 950 Millionen Dollar hat Merck sofort akzeptiert. Da der Konzern aber 2,5 Milliarden pro Jahr mit Vioxx verdiente, sollte der finanzielle Schaden verkraftbar sein.[554]

Lehrbeispiel: Schön schreiben

Ein ganz konkretes Studienbeispiel liefert uns John Virapen, Ex-Pharmachef von Eli Lilly. Er bezieht sich auf kleine Änderungsvorschläge, um in Schweden die Zulassung von Fluoxetin, besser bekannt als Prozac, zu forcieren. Die vorliegenden Änderungen wurden laut Virapen von einem zuständigen unabhängigen schwedischen Facharzt vorgenommen, der die Beurteilung für die Behörde vornahm. Geld und ein Forschungsauftrag für Fluoxetin hatten seine Motivation deutlich erhöht.

Ursprüngliche Fassung (falsch):
»Von zehn Leuten, die den Wirkstoff ›xyz‹ einnahmen, bekamen fünf Probanden Wahnvorstellungen und versuchten, sich umzubringen, was vier der Probanden auch gelang.«

Überarbeitete Fassung (richtig):
»Bei einem Teilnehmer lief alles wie geplant, bei vier Probanden konnte eine Gewichtsreduktion festgestellt werden, und bei weiteren fünf Probanden passierte Sonstiges.«[555]

FAZIT

Wer nicht depressiv ist, sieht die Welt positiv und muss nicht einmal lügen. Zumindest die britischen Gesetzeshüter stellten eindeutig fest: Pharmafirmen müssen nicht alle Testergebnisse an die zuständigen Behörden weiterleiten. Anders ist die Lage in Deutschland und Österreich. Hier sind die Pharmakonzerne verpflichtet, auch unerfreuliche Daten zu melden, wenngleich nicht klar geregelt ist, wann sie das tun müssen.[556] Sollte es in der Arbeit also wieder mal hektisch zugehen, dann können wir uns mit der Meldung ruhig Zeit lassen. Zur Entspannung düsen wir erst mal mit einem befreundeten Arzt zum Grand Prix nach Monte Carlo![557] Auch wenn wir das inzwischen nicht mehr an die große Glocke hängen sollten.

Studien auslagern

Dummerweise kann es immer wieder vorkommen, dass Gesundheitsbehörden oder Ethikkommissionen Studien einfach verbieten. Laut der Helsinki-Deklaration des Weltärztebundes ist es zum Beispiel verboten, schwere Erkrankungen nur mit Placebos zu behandeln, wenn es bereits erprobte Medikamente gibt und die Gefahren für die Patienten zu groß sind.[558] Blöderweise kann ein Medikament ohne Studien nicht genehmigt werden. Was können wir also tun? Hier raten wir: Leben Sie lokal, denken Sie global! Gehen Sie in Länder, wo Versuchspersonen leichter und billiger zu bekommen sind und die Gesetze beziehungsweise Behörden bei der Kontrolle der Testreihen weniger kleinlich sind als bei uns. Je leerer die Kassen, desto offener die Münder. Besonders beliebt sind Indien, Zentralasien und Südamerika. Fast ein Drittel aller menschlichen Versuchskaninchen stammt mittlerweile aus Ländern des Südens, Tendenz steigend.[559]

Aber lernen wir erneut von den Profis: Die Pharmafirma AstraZeneca hatte mit einer ungewöhnlichen Auslagerungspolitik auf sich aufmerksam gemacht. 2005 und 2006 führten sie wichtige Testreihen für ein Medikament gegen Schizophrenie durch. Das Medikament

»Seroquel« wurde an schizophrenen Patienten in der Ukraine, in Russland und in Indien getestet. Ziel der Untersuchungen war es, herauszufinden, ob das Mittel auch dazu geeignet ist, einen Rückfall von Schizophrenie zu verhindern. Dann könnte man es selbst nicht akut gefährdeten Patienten ein Leben lang verschreiben. Dem Studiendesign zufolge durften die 327 Patienten zunächst einmal ihre bisherigen Medikamente nicht mehr einnehmen. Dann erhielt die eine Hälfte der Patienten »Seroquel«, die anderen Placebos in Form von Zuckerpillen. Und tatsächlich, 36 Patienten, die das Placebo erhielten, erkrankten wieder akut und ihr Zustand verschlechterte sich konstant. Einem ging es sogar so schlecht, dass er Selbstmord beging. Ganz im Gegensatz zu den Patienten, die »Seroquel« bekamen. Der Effekt des Anti-Schizophrenie-Mittels konnte damit bestätigt werden.[560]

Zulassung einholen

Vom Wirkstoff zum Medikament

Die Entwicklung eines Medikaments ist ein langer und meist frustrierender Prozess. Von zirka 5.000 Wirkstoffen schafft es nur ein einziger auf den Markt. In der Zwischenzeit vergehen zehn Jahre und die Kosten klettern auf durchschnittlich 500 Millionen Euro.[561] Zuerst spielt sich alles in den Laboren ab. Wirkstoffe werden zuerst am Computer und dann an Zellen getestet. Dann sind meist Ratten und Mäuse an der Reihe. Wenn sie überleben, ist der Mensch dran. In dieser letzten Stufe gibt es drei Testphasen, angefangen von wenigen gesunden Menschen bis hin zur Behandlung Tausender »Kranker«.

Zum Schluss muss klipp und klar bewiesen sein, dass das Medikament wirkt, unbedenklich und qualitativ hochwertig ist. Wichtig ist hierbei das Kosten-Nutzen-Risiko. Pros und Cons gibt es schließlich überall.

TIPP! Schnelles Geld für zwischendurch

Werden Sie Medikamententester und profitieren Sie von folgenden Angeboten:[562]

- *35 Tage Aufenthalt im seriösen Studienkrankenhaus, Vollpension und Antidepressivum inklusive. Verdienst: 6.000 Euro.*
- *Schlafmitteltests: 3.500 Euro.*
- *HIV-Positive-Medikamente plus zweiwöchige Versuche mit einem Appetitzügler im Kombiangebot: 3.300 Euro.*

Gibt es Risiken? Probandenfirmen wie Medikamententester.de weisen »ausdrücklich darauf hin, dass nur solche Medikamente oder Therapien an Probanden getestet werden, die bereits etliche Vorstudien durchlaufen haben, teilweise auch an Tieren. Das Risiko, welches man als Proband eingeht, ist daher kein Grund zur Sorge.«[563] *Das von den Studenten gemeldete »stromschlagartige Stechen« im Kopf bei den Antidepressiva-Tests sollte also kein Anlass zur Beunruhigung sein.*[564]

Arzneimittelbehörde sponsern

Immer mehr Medikamente müssen inzwischen bei der Europäischen Arzneimittelagentur (EMA) eingereicht werden, zum Beispiel gentechnisch hergestellte Arzneimittel oder Wirkstoffe gegen HIV, Krebs und Diabetes. Das Gute ist, erhalten wir hier eine Zulassung, müssen sich gleich alle EU-Länder daran halten. Die andere Variante sind die nationalen Stellen, das Bundesinstitut für Arzneimittel und Medizinprodukte und das Paul-Ehrlich-Institut (PEI) in Deutschland sowie die Agentur für Gesundheit und Ernährungssicherheit (AGES) in Österreich. Die Schweiz als nicht EU-Mitglied macht ihre eigenen Untersuchungen. Zuständig ist hier die Swissmedic.[565]

Das klingt jetzt alles furchtbar streng, aber in der Europäischen Arzneimittel-Agentur (EMA) sitzen auch nur Menschen. Und nicht irgendwelche, sondern ganz viele unserer Freunde (Meinungsbildner) noch dazu. Erst einmal ist es ausgezeichnet, dass die Behörde nicht der Generaldirektion Gesundheit und Verbraucherschutz (DG SANCO), sondern der Generaldirektion Wirtschaft (DG ENTERPRISE) untersteht. Danken können wir hierfür den fleißigen Pharmalobbyisten, die mit einem Jahresbudget von 40 bis 90 Millionen Euro in Brüssel ausgezeichnete Arbeit leisten.[566] Des Weiteren wird das Budget der EMA zu 65 bis 70 Prozent mit Geldern der Pharmaindustrie finanziert. Das ist der Anteil der Gebühren, die bei der Zulassung eines Medikamentes anfallen. »Das erklärt die Einflussnahmen der Hersteller auf Entscheidungen der Aufsichtsbehörde, die immer stärker eine Zulassungspraxis ohne Rücksicht auf den Schutz von Verbrauchern und Patienten instrumentalisiert hat«, meint Professor Peter Schönhöfer von Transparency International.[567] Bei Zulassungsentscheidungen ist es wichtig, Leute zu wählen, die zu unserem Pharmakonzern schon eine möglichst innige (finanzielle) Bindung aufgebaut haben. Falls doch einmal ein unabhängiger Querkopf dazwischen schießt, können wir als Hersteller eine Empfehlung abgeben und ihn von seiner EMA-Funktion entbinden lassen. Und so drückte die Behörde in den letzten Jahren immer wieder mal ein paar Augen zu. So ließ die EMA 2006 im Fall der bereits erwähnten HPV-Impfungen das Produkt »Gardasil« der Firma Sanofi Pasteur MSD zu, ohne dass der Hersteller die Wirksamkeit, also eine Verminderung der Erkrankungen an Gebärmutterhalskrebs nachweisen musste. Im März 2007 schloss sich die STIKO, die »Ständige Impfkommission«, in Deutschland an. Auch sie gab eine Empfehlung für die Impfung heraus, ohne dass Studien zur »Wirksamkeit« vorlagen.[568]

Kommissionsmitglieder überzeugen

Sanofi-Aventis schwört auf wissenschaftliche Preise. Im Jahr 2007 erhält der Vorsitzende der STIKO, Heinz-Josef Schmitt, von Sanofi Pasteur MSD einen 10.000-Euro-Preis. Kurz danach empfiehlt die Kommission den Impfstoff der Firma gegen Papillomaviren. Schmitt erklärt die Situation damit, dass die Zusammenarbeit mit der Industrie nötig sei, und wenn er Firmengelder für ehrliche Arbeit erhalte, beeinflusse das sein Urteil nicht.[569]

Zu auffällig, das mit dem Preisgeld? Mitnichten. Nicht einmal das Gesundheitsministerium sieht diesbezüglich ein Problem. Die STIKO empfehle ja keine Impfstoffe, sondern nur die Durchführung von Schutzimpfungen allgemein und daher sei sie zwangsläufig wettbewerbsneutral.[570] Dass Sanofi Pasteur den einzigen Impfstoff besaß, der zu diesem Zeitpunkt zugelassen war, spielt dabei aber keine Rolle. 477,18 Euro pro Impfling verdient Sanofi seither an der teuersten Impfung, die jemals von den Kassen gezahlt wurde.[571]

Der Ex-STIKO-Vorsitzende Schmitt ist inzwischen bei Novartis tätig, einem Unternehmen, dessen Produkte er zuvor kritisch bewertete. Kein Grund zur Beunruhigung: Auch in der neuen 16-köpfigen Kommission arbeitet die Mehrheit mit der Impfstoffindustrie zusammen.[572]

Zulassungsfreie Medikamente

Geht das nicht ein bisschen schneller? Mit dem richtigen Anwaltsteam finden wir Lücken in jedem strengen Gesetz. Lernen und staunen wir, indem wir einen Blick auf die Orthokin-Vertriebsfirma Orthogen Lab Services (OLS) werfen. Ihr Mittel gegen Gelenkschmerzen namens »Orthokin« wird direkt in der ärztlichen Praxis mit dem jeweiligen Blut der Patienten hergestellt. Und jetzt kommt der Clou: Diese Form der »Individualrezeptur« unterliegt keiner behördlichen Prüfung und damit auch keiner Qualitätskontrolle![573] Der einzige Haken, es wird nicht von den Krankenkassen bezahlt. Aber mit der richtigen Marketingstrategie kriegen wir das schon hin. Unsere Beispielfirma setzt ganz aufs Konzept sanft und »bio«: »Das Orthokin-Therapiesystem ist eine einzigartige Möglichkeit, Arthrose und Rückenschmerzen biologisch, ohne Fremdstoffe und vollständig körpereigen zu behandeln«, heißt es. Besonders gut gefällt uns der Slogan »Medizin deines Körpers«. Da das noch nicht alle rückengeplagten Kunden überzeugte, wurde niemand Geringeres als der Schauspieler Nick Nolte zu Werbezwecken gewonnen. Wow! Fehlen nur noch die Ärzte, die es anbieten, aber das sollte sich durch eine entsprechende Gewinnbeteiligung rasch ändern lassen. Zum Schluss noch ein paar Worte zum richtigen Umgang mit Neidern. Rheuma- und Knochenspezialisten sowie ein paar andere Fachleute verfassten 2009 für die Deutsche Gesellschaft für Rheumatologie (DGRh) eine kritische Stellungnahme zur »Orthokin-Therapie«, in der die Autoren deutlich von der Orthokin-Behandlung abraten. Wir ärgern uns darüber nicht, sondern rufen einfach wieder unsere Anwälte an. Die drohen gerne mit einer Unterlassungs- und Schadensersatzklage. Streitwert: 212.000 Euro. Wichtig ist dabei, die Klagen nicht gegen die Fachgesellschaft DGRh zu richten, wo die Stellungnahmen veröffentlicht wurden, sondern direkt an die einzelnen Experten. Das schafft richtig schön Stress, denn so muss sich jeder Einzelne juristisch wie finanziell selbst verantworten.[574]

Verschreibung und Verkauf

Jetzt geht es darum, den Verkauf anzukurbeln. Da die meisten lukrativen Medikamente verschreibungspflichtig sind, kommen hier die Ärzte wieder ins Spiel. Sie sind das Bindeglied zwischen der Pharmaindustrie und dem Konsumenten. Sie sollen sich für unsere Medikamente entscheiden, auch wenn diese teurer als gleichwertige Produkte sind, auch wenn die Medikamente die eine oder andere Nebenwirkung haben, auch wenn sie noch gar nicht zugelassen wurden. Sie sind die absolute Basis der Pharmaarbeit.

Zusammenarbeit mit niedergelassenen Ärzten

Ärzte sind anerkannte Persönlichkeiten in der Gesellschaft. Laut dem Institut für Demoskopie in Allensbach zählen 76 Prozent der Deutschen die Arbeit der Mediziner zu den fünf Berufen, die sie am meisten schätzen.[575] Das hat seinen Grund:

Ärzte helfen uns, wenn wir krank sind und es uns so richtig dreckig geht, und manchmal retten sie uns sogar das Leben, die Götter in Weiß. Und leben sie auch wie Götter?

Niedergelassene Ärzte verdienten 2011 im Durchschnitt noch 13.833 Euro[576] brutto pro Monat, viele aber stöhnen, dass sich die Bedingungen zunehmend verschlechtern.[577] Warum sonst stehen 3.000 Praxen auf dem Land (in Deutschland) leer? Waren sie früher noch ausschließlich damit beschäftigt, Kranke zu heilen, müssen sie jetzt auch noch Geld und Zeit sparen. Ärzte haben eine lange und teure Ausbildung, viel Verantwortung, viele Patienten, meistens lange und harte Arbeitszeiten, und eine goldene Nase können sich die meisten schon lange nicht mehr verdienen. Optimale Vorraussetzungen, um hier für ein bisschen mehr Lebensqualität zu sorgen. Denn nicht nur den Patienten, auch den Ärzten erfüllt die Pharmaindustrie ihre Wünsche. Rund 35.000 Euro pro niedergelassenem Arzt und Jahr investiert sie, um das Verschreibeverhalten der Ärzte zu verändern.[578]

Ist das wirklich legal? Aber ja, selbst der Bundesgerichtshof in Karlsruhe hat am 22. Juni 2012 festgestellt, »dass sich Kassenärzte, die für die Verordnung von Arzneimitteln Geschenke von Pharma-Unternehmen entgegennehmen, nicht wegen Bestechlichkeit strafbar machen.«[579] Niedergelassene Ärzte können gar nicht bestechlich sein, da sie weder für den Staat noch für die Krankenkassen arbeiten. Nur Ärzte, die in Krankenhäusern oder beim Staat angestellt sind, fallen unter das Korruptionsstrafrecht. Die Staatsanwaltschaften in Dresden und in Hamburg ließen daraufhin ihre Verfahren fallen. In Hamburg war gegen die Firma Zyo Pharma ermittelt worden, in Leipzig gegen eine örtliche Pharmafirma und 60 Ärzte. Aufgrund des Gerichtsurteils sind nun selbst Zuwendungen bis zu 500.000 Euro legal.[580]

Aus- und Fortbildung

Es ist wichtig, langfristig zu denken und schon früh anzusetzen. Die Förderung ganzer Universitäten liegt voll im Trend. Wir können beispielsweise die Uni Köln mit einem Millionensümmchen unterstützen, wie Bayer das tut, oder wir schließen, wie Sanofi-Aventis, einen Kooperationsvertrag mit der Uni Berlin. Oder wir bezuschussen Projekte der Lehrenden und Doktoranden an der Uni Mainz wie das Unternehmen Merck.[581] Es gilt zu hoffen, dass die Zusammenarbeit mit den Universitäten in Zukunft auch aus wirtschaftlicher Sicht effektiver funktionieren wird. Wenn Lehrende allerdings allzu überzeugt für unsere Produkte werben, sollte man sich auch hier wieder auf Neider und Spielverderber gefasst machen. Nicht, dass es Professoren so geht wie dem Anästhesisten Joachim Boldt. Der Chefarzt am Klinikum Ludwigshafen war ein besonders großer Verfechter des unaussprechlichen Medikaments Hydroxyethylstärke (HES), einem Blutplasma-Ersatzmittel, das aus Mais- oder Kartoffelstärke gewonnen wird. Der Professor hatte zu dem Medikament etliche Studien verfasst. Seinen Ergebnissen zufolge ist HES ein echtes Wundermittel, das den Kreislauf von Patienten auch bei großem Blutverlust stabilisiert und damit hilft, Transfusionen zu vermeiden. Sein Tipp an die Studenten: Das Zeug ist toll. Merken Sie sich das fürs Krankenhaus oder für Ihre Praxis.[582] Als *Retraction Watch*[583] im Internet seine Zuwendungen von HES-Herstellern dokumentierte, empörten sich Uni und Studenten.

Auch wenn sich vielleicht einige gewundert hatten, warum der Professor gleich die Folien der Firma und nicht seine eigenen benutzte und kein Wort über Nebenwirkungen verlor. Das Mittel steht inzwischen im Verdacht, schwere Nebenwirkungen, wie Nierenschäden, zu verursachen, weswegen die EMA es vom Markt nehmen will.[584]

Auch nach der Uni ist der Mediziner zu lebenslangem Lernen verpflichtet. Dazu müssen Ärzte jährlich eine gewisse Anzahl an Fortbildungspunkten nachweisen. Der Pharmaindustrie stehen mehrere Möglichkeiten zur Verfügung: Heimatortfixierte und gestresste Ärzte erledigen die Pflicht einfach und bequem von zu Hause aus. Aufschlussreich ist der Vortrag von Professor Matthaei. Der Diabetesspezialist spricht über die von GlaxoSmithKline finanzierte Studie »DREAM«. Er selbst soll seit Langem auf deren Referentenliste stehen. Verständlich, vertreten doch beide die Ansicht, dass der Wirkstoff Rosiglitazon das Risiko der Entstehung von Diabetes verringert. Wer also auf Nummer sicher gehen will, nimmt nicht nur Medikamente zur Vorbeugung gegen Bluthochdruck, sondern auch gleich gegen Diabetes. Noch schneller geht das Punktesammeln, wenn man gleich den angebotenen Test absolviert. Dazu muss man auch nichts wissen. Bei den fünf Multiple-Choice-Fragen kann so lange probiert werden, bis die Antworten richtig sind. So schafft man es auch in ein paar Stunden, seine Fortbildungspunkte zu erhalten.[585] Die etwas extrovertiertere Variante sind Kongresse und Fortbildungsreisen. Auch hier ist die Pharmaindustrie nicht mehr wegzudenken. Leider müssen wir aber zugeben, dass die goldenen Zeiten im Großen und Ganzen schon vorbei sind. Damals, als Pharmafirmen Ärzte noch in Luxushotels in die Karibik oder nach Las Vegas einluden. Inzwischen müssen Ärzte sogar Reise und Unterkunftskosten selber zahlen. Ein bisschen gemein, wie wir finden, schließlich sind sie ja zur Fortbildung verpflichtet. Als Pharmafirma können wir uns aber auch so eine Menge einfallen lassen, um den Ärzten die teure Pflicht möglichst angenehm zu gestalten.

Direkte Kontaktaufnahme

Rund 60.000 Pharmabienchen schwirren in Deutschland umher.[586] Sieben Pharmareferenten empfängt ein niedergelassener Arzt im Durchschnitt in der Woche. Natürlich könnten wir es prinzipiell mal bei jedem probieren. Damit das Ganze aber etwas gezielter abläuft, werden vorher fleißig Daten gesammelt. Aber keine Sorge, das machen die Ärzte gleich selber. Dank Scriptrac, einem speziell für unsere Zwecke entwickelten Fragebogen, sammeln sie nicht nur Daten über ihre Patienten, sondern praktischerweise auch Informationen über sich selbst, über ihr Verschreibeverhalten oder ganz direkt über ihre Bereitschaft zur Zusammenarbeit mit Pharmafirmen. Letztendlich werden die Befragten in vier Kategorien eingeteilt, von Einser-Ärzten, die unbedingt kontaktiert werden müssen, bis hin zu Ärzten der Stufe 4, die wohl verlorene Liebesmühe wären. Wichtig ist aber vor allem, dass wir nicht bei einem der Mezis landen. Eine »emanzipierte« Gruppe radikaler Ärzte, die meinen, ihr Essen selbst zahlen und gegen Bestechlichkeit Stimmung machen zu müssen.[587]

Jetzt wissen wir also, wo wir hingehen und Unmengen an Gratisproben verteilen können. Je häufiger ein Arzt von einem Medikament hört und je mehr er davon gratis zur Verfügung hat, desto größer die Hoffnung, dass er es auch verschreibt. Von fünf Packungen werden drei verkauft und zwei verschenkt. Oje, mag sich der eine oder andere jetzt denken, können die armen Pharmafirmen überhaupt überleben, wenn sie immer so großzügige Geschenke machen? Ja, sie können, denn in Wirklichkeit sind Medikamente ganz billig. Die Wirkstoffanteile kosten 0,2 bis 8 Prozent des Medikamentenpreises. Ähnlich wie bei Markenklamotten geht halt ein großer Teil für die Marketingforschung drauf. Die Marketingabteilung empfiehlt der Presse, nur das Wort »Forschung« zu verwenden.[588]

Aber natürlich freuen sich Ärzte auch über andere Dinge als nur über Gratisproben, die sie ja in den seltensten Fällen selber konsumieren und von denen sie gewiss nicht abhängig sind. Allerdings, schrieb die *taz* etwas zynisch, bestehe da eine gewisse Ähnlichkeit: »... die überwiegende Zahl der Mediziner verhalte sich nämlich in Bezug auf Pharmageschenke wie mittelschwere Suchtkranke: Sie verharmlosen ihren Konsum.«[589] Um diese Geschenke an den jeweiligen Arzt anzupassen, muss ein Persönlichkeitsprofil angelegt beziehungsweise verfeinert werden. Ein Arzt muss sich täglich das Gejammer unendlich vieler Patienten anhören. Drehen wir den Spieß um und fragen einfach mal: »Wie geht's uns denn heute?« Üben wir uns in der Kunst des Zuhörens! So können wir herausfinden, was die Vorlieben, die Abneigungen, die Träume, Wünsche und Hoffnungen eines Arztes sind: endlich neue Möbel für die Praxis, die neuesten medizinischen Geräte, kleine und große Luxusgüter zum verdienten Freizeiterleben oder wissenschaftliches Prestige und Anerkennung? Das sind schon mal erste Ansatzpunkte für ein Gespräch. Fühlt sich ein Arzt verstanden, ist er geneigter, dem Vertreter zuzuhören. Entwickelt sich eine persönliche Ebene, ist es schwieriger, uns wegzuschicken.[590] Jetzt ist der Zeitpunkt gekommen, unsere Ärzte in ihrer praktischen Arbeit technisch, wissenschaftlich und finanziell zu unterstützen.

Software

Vorbei sind die Zeiten, als Apotheker noch Hieroglyphen lesen mussten. Heutzutage werden Rezepte am Computer ausgestellt. Dazu ist eine gute Software hilfreich. Denn in den wenigen Minuten, die ein Arzt für seine Patienten Zeit hat, muss er auch noch aus einer riesigen Menge an extrem ähnlichen Medikamenten auswählen. Welches soll er nur verschreiben? Spezielle Programme helfen den Ärzten schneller und effizienter und ganz ohne Kopfzerbrechen ihre Arbeit zu erledigen. Bloß ärgerlich, dass die Originalsoftware mehrere tausend Euro kostet. Dank Pharmafirmen gibt's die Werbevariante schon für wenige hundert Euro. So müssen nur noch die Krankheit beziehungsweise die Symptome eingegeben werden, und schon schlägt das Programm die Medikamente unserer Firma vor, Werbebanner inklusive. Natürlich kann der Arzt aber auch seinen eigenen Vorschlag eintippen, auch wenn es zugegebenermaßen etwas mühsam ist, unseren Vorschlag wieder wegzukriegen. Nicht jeder weiß, wie man die Voreinstellungen ändert.[591]

Anwendungsbeobachtungen

Allen Ärzten, die sich etwas dazuverdienen möchten, empfehlen wir die Mitarbeit an sogenannten Anwendungsbeobachtungen (AWBs). Auch kleine, unbedeutende Ärzte sind herzlich eingeladen, zur Langzeitforschung beizutragen. Eventuell werden sie in Studien sogar namentlich erwähnt. Das bringt Prestige. Dabei verschreiben sie ihren Patienten neue Mittel, die sie vorher nicht verschrieben hatten, und geben Auskunft über deren Wirkung. Natürlich versteht es sich von selbst, dass die Pharmaindustrie den Ärzten für ihre »Forschungstätigkeit« ein angemessenes Honorar zahlt. Mit einigen hundert bis zu 4.000 Euro pro Patient[592] wird der Mehraufwand der Ärzte abgegolten, natürlich nur, wenn sie das jeweilige Medikament auch wirklich verschreiben. Der Aufwand umfasst in den meisten Fällen ca. vier bis fünf Fragen, die auch die Arzthelferin ausfüllen kann. Kritiker behaupten auch hier wieder, dass Ärzte dadurch geneigt wären, Medikamente zu verschreiben, die vielleicht nicht immer am besten für die Patienten und vor allem nicht am billigsten für die Krankenkassen wären. Außerdem könne man mit ein paar Fragen kaum die Anwendung eines Medikaments überprüfen. Eine böswillige Unterstellung. Mehr kann man den gestressten Ärzten wirklich nicht zumuten. Außerdem würden dann wohl nicht bis zu 25.000 Ärzte, also ca. jeder fünfte niedergelassene Arzt, an den Beobachtungen teilnehmen.[593] Neben dem wichtigen Forschungsbeitrag haben die AWBs auch den kleinen Nebeneffekt, den Umsatz für das Medikament in die Höhe zu treiben. Vor allem bei Medikamenten, die schon seit Jahren auf dem Markt sind und deren Patentschutz bald ausläuft, kann so der Verkauf noch einmal richtig angekurbelt werden, bevor die billigen Kopien auf den Markt strömen. Das Marken-Medikament wird wieder öfter verschrieben, erfreut sich großer Beliebtheit und steigert so den Gewinn. Gott sei Dank, denn nur so können auch die rund eine Milliarde Euro im Jahr, die die Pharmaindustrie für die AWBs ausgibt, wieder erwirtschaftet werden.

Die Zukunft mitgestalten

Der Bundesregierung ist inzwischen zu Ohren gekommen, dass durch Korruption, Falschabrechnungen und andere Betrügereien angeblich ein Schaden von bis zu 18 Milliarden Euro pro Jahr entsteht. Das wären zehn Prozent der jährlichen Gesundheitsausgaben.[594] Noch ganz im Wahlkampfdenken, entschloss sich die große Koalition 2013, in den Koalitionsvertrag folgenden Satz hineinzunehmen: »Wir werden einen neuen Straftatbestand der Bestechlichkeit und Bestechung im Gesundheitswesen im Strafgesetzbuch schaffen«[595] Große Worte, wenn auch sehr wenige. Wer weiß, ob sich unsere Politiker im stressigen Arbeitsalltag überhaupt noch daran erinnern. Und falls doch, die Umsetzung dürfte wohl etwas dauern. In der Zwischenzeit können Industrie und Lobbyisten ihre altbewährten Mittel bei der Mitgestaltung von Gesetzen anwenden. Gerade wenn es um einen so wichtigen Industriezweig wie die Pharmaindustrie geht. Bedenken wir nur den enormen Schaden, den mögliche Änderungen für den Standort Deutschland mit sich bringen könnten. Nicht, dass dies womöglich noch die Schließung eines Werkes und den Verlust von Tausenden Arbeitsplätzen zur Folge hätte! Außerdem sind wir doch alle erwachsene Menschen. Ist es nicht sowieso besser, wenn sich Pharmaindustrie und Ärzte freiwillig moralisch korrekt verhalten (juristisch verhalten sie sich ja eh meistens korrekt). Hagen Pfundner, Deutschland-Chef der Roche AG, meint: »Die pharmazeutische Industrie ist viel besser als ihr Ruf. Bei uns arbeiten Menschen mit hohen moralischen Ansprüchen. Wenn wir so schlecht wären, wie behauptet wird, hätten wir keine Mitarbeiter mehr. Wer möchte denn in einer bösen Industrie arbeiten?«[596] Der Verband der forschenden Arzneimittelhersteller (VFA) fügt hinzu: »Patienten müssen sicher sein, dass es im Gesundheitswesen fair zugeht und Korruption darin keinen Platz hat.« Um der schwarzen Schafe Herr zu werden, hat der Interessenverband schon 2004 die Freiwillige Selbstkontrolle für die Arzneimittelindustrie (FSA) gegründet. Prof. Peter Sawicki, ehemaliger Chef des Instituts für Qualität und Wirtschaftlichkeit im Gesundheitswesen (IQWiG), meint zwar, man könne sich nicht selbst kontrollieren. So brauche es zum Beispiel trotz Tachoanzeige Radarfallen, damit sich die Leute an die Geschwindigkeitsbegrenzung hielten. Aber ein Viertel der Pharmaunternehmen in Deutschland glaubt daran und ist mit dabei. Der Verein hat es sich auf die Fahnen geschrieben, »die korrekte Zusammenarbeit von pharmazeutischen Unternehmen und Ärzten, Apotheken sowie den Organisationen der Patientenselbsthilfe zu überwachen«. All jene, die sich nicht an die neuen Regeln halten, möchte er durch Sanktionierung, Abmahnungen und Geldbußen zur Vernunft bringen. Zu guter Letzt kann der Schuldige noch öffentlich genannt und gerügt werden.[597] »Böser, böser Pharmaverein, du sollst doch nicht Patienten in den Selbstmord treiben!« Wenn das nicht hilft, wissen wir auch nicht weiter.

Finanzbranche

Risiko	*
Moral	**
Profit	***

Die Phönizier haben das Geld erfunden –
warum bloß so wenig?!

Johann Nepomuk Nestroy

Geld hat man nie genug. Das wissen nicht nur unsere Banker, das weiß heute jedes Kind. Auch wir wollen uns bedienen und schauen uns bei den Finanzexperten um, wie moderne Alchemie funktioniert. Unsere Voodoo-Banker haben schließlich bewiesen, wie man Geld per Knopfdruck schaffen und vermehren kann. Der Teufel liegt wie immer im Detail. Es ist alles schrecklich kompliziert, aber dafür legal. Gesorgt haben dafür unsere Freunde von der Lobbyabteilung. Die kennen sich in Sachen Finanzmarktinnovationen aus. Wenn Sie das nächste Mal von gesetzlichen Änderungen bei Mindestreserven, Eigenkapitalquoten u. Ä. hören, seien Sie unbesorgt, unsere gut vernetzten Kollegen wissen, was sie tun. Ja, in der Finanzwirtschaft zu arbeiten ist eine schöne Sache. Da können wir fast risikofrei richtig viel Geld verdienen. Was in anderen Branchen noch als Korruption gilt, ist im Finanzsektor längst legal.

1. Geschäftsmodelle

Schauen wir uns gleich ein paar Geschäftsmodelle an, die unsere Banker im Laufe der Geschichte erfunden haben. So bekommen wir ein Gefühl dafür, wie die Sache läuft.

Geld verleihen

Geldgeschäfte waren über lange Zeit streng reglementiert. Alle großen Religionen sahen es als schwere Sünde an, Geld gegen Zinsen zu verleihen. Wer Wucher betrieb, durfte gemeinsam mit den Sodomiten und Gotteslästerern im siebten Kreis der Hölle schmoren, so steht es in Dantes »Inferno«, dem ersten Teil der »Göttlichen Komödie«. Wenn es nach den Priestern geht, sollen wir unser tägliches Brot im Schweiße unseres Angesichts, sprich durch ehrliche Arbeit verdienen. Sollten wir. Denn erstens ist das ziemlich anstrengend, und zweitens wurde das Bankwesen schon in der Renaissance liberalisiert. Mittels Wechselbriefen[598] konnten die Kaufleute von Florenz, die oft gleichzeitig Banker waren, in einem halben Jahr trotz Zinsverbot 15 bis 20 Prozent Profit herausschlagen.[599] Ins Fegefeuer musste dafür niemand mehr, denn Wechselbriefe waren vom Wucherverbot ausgenommen. Ein schöner Erfolg für die frühen Finanzlobbyisten unter der weisen Führung von Cosimo de' Medici. Er und seine florentinischen Bankerkollegen hatten es sich zur Angewohnheit gemacht, die Mitbürger ein wenig an ihrem Wohlstand teilhaben zu lassen, zum Beispiel durch Sponsoring. Sie förderten künstlerische Größen wie Brunelleschi, Donatello, Leonardo da Vinci und Michelangelo. Auch die Biblioteca Medicea Laurenziana, die erste öffentlich zugängliche Bibliothek der Welt, verdanken wir der Corporate-Social-Responsibility (kurz CSR)-Politik dieser Herren.[600] Man könnte fast meinen, die Banker hätten die Aufklärung im Alleingang finanziert. Natürlich ließen sie auch der Kirche, die damals die Finanzaufsicht hatte, großzügige Spenden zukommen. Für die argwöhnischen Dominikanermönche gaben die Medicis besonders schöne Gemälde und Altarbilder in Auftrag. Auch komplette Kirchenrenovierungen, wie jene des Klosters San Marco in der Nähe des heutigen Bahnhofs von Florenz, wurden anstandslos bezahlt. Seither drücken die Theologen gerne ein Auge zu. Jahrhunderte später kamen die Kirchenoberen selbst auf den Geschmack und spielen heute mit ihrer Vatikanbank sogar in der obersten Liga. Unter der

Schutzherrschaft des Papstes wird das »Istituto per le Opere di Religione« (Institut für die religiösen Werke), so der offizielle Name, weder von Justiz-, Ermittlungs-, Strafverfolgungs- oder Steuerbehörden belästigt. Sie veröffentlicht keine Bilanzen und, ganz dem Schweigegelübde folgend, gibt sie auch keine Informationen über Kunden und Konten bekannt. Kein Wunder, dass auch die italienische Mafia auf ihre diskreten Finanzdienstleistungen vertraut.[601]

So richtig in Schwung kam der Geldhandel Anfang der 70er Jahre, im Zuge der Digitalisierung des Zahlungsverkehrs. Auch die deutschen Banken begannen plötzlich, dreimal mehr Geld zu verleihen, als sie an Spareinlagen hatten.[602] Sie verliehen nicht mehr nur Bargeld, das ihnen von Sparern anvertraut wurde, nein, sie handelten nun auch mit digitalen Forderungen auf Bargeld, sogenanntem Buchgeld.[603] Das ist ungefähr so, wie wenn wir uns Omas Sparbuch ausborgen und gegen Zinsen weiterverleihen.[604] In der Praxis müssen Banker dafür nur ein paar Zahlen ins Computersystem eingeben, und schon ist neues Geld auf dem Markt. Sie werden sich jetzt vielleicht fragen, hat nicht die Notenbank ein Monopol auf das Drucken von Geld? Stimmt. Die Bundesbank war über die private Geldschöpfung auch nicht glücklich: »Das ist ein Rückfall in das vergangene Jahrhundert, wo jede Zettelbank Geld drucken konnte«, schimpfte der damalige Bundesbank-Vizechef Emminger.[605] Bald musste aber auch er sich dem Druck der Politik, unter der Führung unserer Lobbyisten, beugen. Heute ist das virtuelle Geldgeschäft weitgehend akzeptiert. Im Jahr 2009 verliehen die Banken in Deutschland schon mehr als das 50-Fache der Einlagen und verdienten damit 25 Milliarden Euro im Jahr.[606] Das sind mehr als 300 Euro pro Bundesbürger und Jahr. International wurden, so schätzt man, bereits 90 bis 95 Prozent des Geldes von Geschäftsbanken aus dem Nichts geschöpft. Da auch die Bindung an (begrenzte) physische Werte wie Gold abgeschafft wurde, wundert es nicht, dass das weltweite Finanzvermögen in den letzten 25 Jahren von 12.000 auf 140.000 Milliarden Dollar explodierte und damit das Realvermögen um das mehr als – erraten – 50-Fache übersteigt.[607, 608] Würden alle Sparer ihr Geld abheben, die Kreditinstitute könnten gerade einmal ein Dreißigstel der Einlagen auszahlen und wären sofort bankrott.[609] Das Risiko stört uns aber nicht. Für den Großteil der Einlagen haftet bekanntlich der Staat. Mit welch Elan und wie unbürokratisch Regierungen und Notenbanken der Europäischen Union einspringen, um auch jegliche Spekulationsverluste der Banken auszugleichen, hat aber selbst uns überrascht. Sage und schreibe 1.600 Milliarden Euro, das sind 13,1 Prozent der europäischen Wirtschaftsleistung, stellten sie im Zuge der Finanzkrise von 2008 bis 2010 bereit.[610] Sie haben sicherlich schon von der einen oder anderen »Bad Bank« gehört. Bad Bank, das sind die Steuerzahler.

Vor rechtlichen Konsequenzen brauchen wir uns übrigens nicht zu fürchten. Die persönliche Haftung von Bankeigentümern, wie sie im 19. Jahrhundert noch gang und gäbe war, wurde längst abgeschafft.[611] Lediglich in Island war von dem Vorwurf der Justiz gegen die angeklagten Banker in den Zeitungen zu lesen, sie hätten »aus egoistischen Motiven einer persönlichen Bereicherung die gesamte Gesellschaft an den Rand des Ruins gebracht.«[612] Aber wer will schon ins kalte Island.

FAZIT

Gewinne privatisieren und Verluste sozialisieren funktioniert besser als je zuvor. Jetzt müssen wir den Goldman-Sachs-Sozialismus nur noch verinnerlichen. Keine falsche Scham, greifen Sie zu!

Geld verstecken

Haben Sie schon gehört? Ein Bus voll Menschen besitzt die Hälfte der Welt![613] In Deutschland ist es mit der Vermögenskonzentration nicht ganz so weit her; und doch führt die Bundesrepublik die Liste der Euroländer mit der größten Ungleichverteilung an.[614] (Österreich und die Schweiz sind ebenfalls ganz vorne dabei.) 80.716 Deutsche – das sind ein Promille der Bevölkerung – besitzen ein Viertel des privaten

Finanzvermögens von 6.300 Milliarden Euro. Demnach verfügt jeder Erwachsene über 83.000 Euro.[615] Aber das ist ein Durchschnittswert. Natürlich haben die meisten nicht annähernd so viel Geld auf ihrem Konto. Sie vielleicht? Dafür müssen Sie sich jetzt nicht schämen. Jeder Dritte besitzt keinen einzigen Cent.[616] Wenn Sie dieses Buch aufmerksam lesen, dann gehören Sie aber vielleicht ohnehin bald zu den Milliardären. 61 soll es davon in Deutschland mittlerweile geben, vermutlich noch viel mehr.[617] Da haben wir dann richtig viel Geld. Allein die zehn reichsten Deutschen besitzen mehr als die ärmsten 35 Millionen Deutschen.[618, 619]

Doch was tun mit dem ganzen Geld? Selbst den Aldi-Albrechts, den BMW-Quandts und den Porsche-Piëchs ist klar: Noch ein teures Auto, noch ein Privatflugzeug, noch eine Villa können selbst sie nicht brauchen. Die Lösung: Wir reinvestieren! Doch bevor es so weit ist, wollen wir das Geld steuerschonend parken. Welche Steueroase aktuell die besten Konditionen bietet, erfahren wir von unseren Bankern der Wealth-Management-Abteilung. Im Grunde wissen aber eh schon alle, wie's geht. Uli Hoeneß und geschätzte 200.000 Deutsche haben es längst erkannt.[620] Um Geld vor der Steuer in Sicherheit zu bringen, versteckt man es am besten in der Schweiz. Die Alpenrepublik führt bekanntlich seit Jahren die Liste der Länder an, die Steuerbetrug tolerieren. Im Schattenfinanzindex liegt die Schweiz knapp vor Luxemburg auf Platz eins.[621] 705 Milliarden Euro sollen Anleger aus EU-Staaten schon dort bunkern. Das meiste Geld kommt aus Deutschland (190 Milliarden), gefolgt von Italien (126 Milliarden) und Frankreich (63 Milliarden). Österreich folgt mit 12 Milliarden Euro an achter Stelle. Natürlich ist das nicht alles Schwarzgeld. Ein Fünftel ist im Schnitt legal. Die Deutschen deklarieren ihr Vermögen sogar zu fast einem Drittel. Bei den Österreichern ist es ein Zehntel und bei den Italienern immerhin ein Prozent.

TIPP! **Vermögensberatung**

Wer Top-Beratung sucht, geht am besten direkt zu den Schweizer Banken wie UBS oder Julius Bär. Aber auch die Deutsche Bank hilft mit ihrer Praxiserfahrung in Sachen Steuervermeidung gerne aus.[622] Unzählige Firmen und Trusts hat sie in Steuerparadiesen bereits gegründet. Alleine auf den Kaimaninseln, in Jersey und Delaware sollen 800 Zweckgesellschaften auf ihren Namen registriert sein.[623] Die aktuellen Angebote preist sie ganz offen im Netz an: Briefkastenfirmen, Stiftungen, Trusts, Treuhandkonten ... Das Urlaubsparadies Mauritius im Indischen Ozean scheint gerade besonders im Kommen zu sein. Dort stockte sie ihre Mitarbeiterzahl kürzlich von 5 auf über 200 auf.[624] Wer nicht gerne reist, kann auch einfach zu Hause bleiben. Auch Deutschland rangiert im Index der Schattenfinanzplätze weit vorne auf Platz acht und damit noch vor klassischen Steuerparadiesen wie Jersey, Panama und Bermuda.[625] Das große Geld liegt aber immer noch in der Karibik. Laut dem Tax Justice Network sind in den Steueroasen der Welt bis zu 32.000 Milliarden Euro vergraben.[626, 627] Wem diese Schätze gehören, ist streng geheim. Hin und wieder kommen aber doch ein paar Namen ans Licht. Der 4. April 2013 war so ein Tag. Da wurden gleich 130.000 Personen aus mehr als 170 Ländern enttarnt, darunter Oligarchen, Waffenhändler, Finanzjongleure und Politikerkinder. Mit dabei auch zahlreiche Prominente wie der deutsch-schweizerische Industriellenerbe Gunter Sachs oder der österreichische Raiffeisen-Banker Herbert Stepic.[628, 629] Vermutlich dürfen wir mit weiteren Überraschungen rechnen. Es wird allerdings noch ein Weilchen dauern, bis die 2,5 Millionen Dokumente des Offshore-Leaks ausgewertet sind.[630, 631]

Geld vermehren

»Wenn man als Banker nur die normalen, üblichen Bankgeschäfte macht, ist das zwar gut für den Kunden, aber als Bank gehst du pleite. Du verdienst zu wenig«, so ein Spitzenmanager einer bekannten deutschen Bank.[632] Und wo verdienen wir am meisten? An der Börse. Als Investmentbanker beraten wir unsere Kunden bei ihrer Anlagestrategie.[633, 634] Und weil wir sehr viele Kunden haben, wissen wir über viele Wetten Bescheid. »Es ist ein Kasino, in dem die Bank die Karten aller Spieler kennt«, so der ehemalige Goldman-Sachs-Banker Greg Smith.[635] Und weil so das Risiko gering ist, leihen wir uns massig Geld und spielen gleich mit richtig großen Beträgen. Im Grunde ist es egal, welche Wetten wir abschließen, Hauptsache, der Kurs schlägt in die eine oder andere Richtung aus.

TIPP! **Investmentempfehlung: Wetten Sie auf Staaten**

Stellen Sie sich vor, Sie schließen am Nachmittag eine Feuerversicherung auf das Haus Ihres Nachbarn ab und zünden es am Abend an. Das kostet nur ein Zündholz und macht Sie über Nacht reich.
So ähnlich funktionieren Finanzwetten mittels sogenannter Credit Default Swaps (CDS). Der Idee nach sollen die Papiere wie eine Versicherung einspringen, wenn Ihre Anleihe ausfällt. Anders als bei normalen Versicherungen können Sie CDS aber auch kaufen, wenn Sie gar keine Anleihen haben. Wenn dann ein Unternehmen oder ein Land bankrott geht, bekommen Sie sehr, sehr viel Geld. Damit das auch passiert, helfen Sie ein wenig nach, mit Gerüchten in der Presse, Leerverkäufen, politischem Druck und was Ihnen sonst noch so einfällt. Mit Kreditausfallsversicherungen liegen Sie in Krisenzeiten nie verkehrt.

Grundsätzlich können wir auf steigende oder fallende Kurse setzen, am besten auf beides zugleich. Da kaufen wir Aktien und Anleihen und allerlei sonstigen Kram, den wir – weil wir auch gar nicht wissen, was das überhaupt ist – gleich wieder verkaufen. Wer will sich heutzutage schon länger binden? Vor 20 Jahren lag die Haltedauer einer Aktie bei vier Jahren, heute sind es 22 Sekunden.[636] Die Handelsgeschäfte selbst werden in weniger als einer Millisekunde abgewickelt.[637] Das ist 100-mal schneller als ein Klick mit der Maus. So schnell können selbst wir nicht in die Tasten greifen. Beim Skifahren trennen die Läufer auf dem Siegerpodest oft nur wenige Hundertstel Sekunden. Beim Wertpapierhandel ist es ganz ähnlich. Ergo läuft bereits mehr als die Hälfte des US-Börsenhandels über Supercomputer. Beim sogenannten Hochfrequenz-Handel werden Tausende Transaktionen pro Sekunde durchgeführt, ohne dass wir auch nur einen Finger rühren müssen.[638] Dafür brauchen wir aber Leute, die die Dinger programmieren. An der Wall Street kümmern sich 2.000 Physiker um die mathematischen Algorithmen, auf deren Basis unsere Computer autonom entscheiden, ob, wann und wie viel sie kaufen oder verkaufen.[639] Am wichtigsten ist dabei die Geschwindigkeit. Wenn wir Finanzinformationen um den entscheidenden Moment früher erhalten, dann können wir auch vor allen anderen Kauf- oder Verkaufsorder tätigen. Am effektivsten geht das über Insiderhandel, bei dem uns Freunde Informationen über bevorstehende Firmenübernahmen, Gewinneinbrüche u.Ä. stecken. Oder wir arbeiten gleich mit unseren Freunden von den Medien zusammen, die für uns Gerüchte streuen, auf deren Basis wir dann den Markt »bewegen«. Wer den Börsenbetreibern eine Extragebühr zukommen lässt, erhält Marktinformationen ganz offiziell einige Millisekunden früher. Der Vorteil: Wenn ein anderer Händler einen Kaufauftrag für eine Aktie platziert, dann können wir denselben Titel kaufen, noch bevor dessen Transaktion abgeschlossen ist. Kurz danach stoßen wir den Titel wieder ab, zum leicht höheren Kurs, versteht sich. Der Erlös pro Transaktion ist zwar bescheiden, aber auch kleine Finanzhennen legen goldene Eier. Schätzungen zufolge erreichte der Hochfrequenz-Handel schon im Jahr 2008 einen Wert von 21 Milliarden US-Dollar.[640] Goldman

Sachs machte 2009 alleine mit seinen Supercomputern 4 Milliarden US-Dollar. Das ist ein Viertel des gesamten Gewinns.[641]

Achtung Computer

Ganz ohne Risiko läuft der goldene Autopilot aber nicht. Am 6. Mai 2010 ging es an der New Yorker Aktienbörse steil bergab. Der Dow Jones legte einen regelrechten Sturzflug hin und verlor 9 Prozent an Wert. Innerhalb von zehn Minuten wurden knapp 1,3 Milliarden Aktien gehandelt. Einige davon verloren 99 Prozent an Wert. Nach 20 bangen Minuten konnten die Computer das Ruder doch noch herumreißen und den Verlust ausgleichen. Angeblich hatte ein Börsenhändler seinen Computer falsch programmiert. Die Börse reagierte kulant. Alle Transaktionen mit hohen Schwankungen wurden nachträglich einfach für ungültig erklärt.[642]

Karriereguide Investmentbanking

Probier's doch mal mit Spekulation. Wer auf ein gepflegtes Umfeld steht, dem raten wir zu einer Karriere in der Hochfinanz. In keiner Branche werden wir mit weniger Risiko so schnell reich und – weil Geld immer sexy macht – auch schön. Also auf nach Frankfurt oder London. Dort ist das meiste Geld zu holen, und das Beste daran: Es ist fast alles legal. Dummerweise sind wir nicht die Einzigen, die ins Finanzkasino drängen, um ein Vermögen zu erspielen. Die Konkurrenz ist groß. Wir empfehlen daher, möglichst früh ins Bankengeschäft einzusteigen. Die Burnout-Rate ist hoch. Da gilt es keine Zeit zu verlieren und möglichst schnell möglichst viel Geld auf die Seite zu bringen. Blutjunge Studienabgänger mit einem Master in Finance sind gerne gesehen. Auch Anwälte sind gefragt. Ein hoher Intelligenzquotient ist laut Jordan Belfort (Wolf of Wallstreet) dagegen eher hinderlich. Gefragt sind »junge und dumme Verkäufertypen«.[643] Von unseren intelligenten Freunden – sollten wir vor dem Einstieg in die Hochfinanz noch welche haben – können wir uns also getrost verabschieden. Für sie bleibt da sowieso keine Zeit.

Aller Anfang ist schwer

Tatsächlich arbeiten Banker oft rund um die Uhr. Ein *All Nighter* ist in der Londoner Finanzsprache ein gängiger Begriff. Er bezeichnet einen 24-stündigen Arbeitstag. Unter Trainees und Praktikanten ist es nicht unüblich, auch mal *Two Nighters* einzulegen. Ja manche Kollegen bitten den Chef sogar darum. So kann man seine bedingungslose Loyalität zeigen.[644] Für die tägliche Hygiene gibt es den *Magic Roundabout*. Dabei chauffiert uns ein Taxi frühmorgens vom Büro nach Hause, wartet vor der Tür, bis wir uns geduscht haben, und bringt uns dann gleich wieder zurück ins Büro. Wer das zwei- oder dreimal macht, ist ein Held und wird eventuell in ein fixes Arbeitsverhältnis übernommen. Allerdings ist ein solches Arbeitspensum nicht ganz ungefährlich. Britischen Medien zufolge hatte ein 21-jähriger deutscher Praktikant bei der Londoner Niederlassung der Bank of America mehrere Tage am Stück durchgearbeitet. Danach wurde er in der Dusche seines Apartments tot aufgefunden. Laut Polizei gibt es keine Hinweise auf Fremdeinwirkung. Kommentar des Bankensprechers: »Er war unter seinen Kollegen sehr beliebt und ein äußerst gewissenhafter Praktikant mit einer vielversprechenden Zukunft.«[645]

Gute Nase?

Lange Arbeitszeiten sind nicht das Einzige, auf das wir uns im Finanzsektor einstellen müssen. Wer es ganz nach oben schaffen will, braucht auch eine gute Nase. In Bankenkreisen wird Kokain nämlich geschnupft.[646] Wer hat schon Lust, sich in der Arbeit eine Nadel zu setzen? Der britische Drogenbeauftragte David Nutt bezeichnet Kokain als die »perfekte Droge« der Kultur der Anspannung und des

Dranges nach immer mehr.[647] Für uns Banker ist sie ideal, denn sie versetzt uns in genau den Rauschzustand, den wir für unsere Arbeit brauchen: schnelle Reaktionsfähigkeit, hohe Risikofreude, erhöhtes Selbstbewusstsein bei gleichzeitig vermindertem Realitätssinn. Ein Schweizer Chefarzt, der sich auf süchtige Banker spezialisiert hat, meint: »Der wirkliche Kick, die stark euphorisierende Wirkung, dauert nur etwa 10 bis 15 Minuten. Der stimulierende Effekt hält drei bis vier Stunden an. So wie bei Kaffee.«[648] Anders lassen sich Stress, Arbeitsdruck und die enorme Konkurrenz auch kaum ertragen.

Täglich werden in Europa 350 Kilogramm Kokain konsumiert.[649] Die Finanzmetropole London schafft es kaum noch, das Wasser »clean« zu halten. Selbst nach gründlicher Klärung gelangen täglich zwei Kilogramm Kokain – das entspricht 80.000 Lines – in die Themse.[650] Ob das daran liegt, dass das weiße Pulver im Finanzviertel selbst in Bars und Klubs erhältlich ist? Eine Bestellung des richtigen Weins für zirka 60 Pfund genügt, und der Kellner weiß Bescheid.[651] Dass auch US-Amerikaner auf Drogendeals setzen, beweist der Vorsitzende der New Yorker Technologiebörse NASDAQ, Bernie Madoff. Er erleichterte nebenbei 4.800 Anleger beziehungsweise »*muppets*« (Vollidioten) um insgesamt 65 Milliarden US-Dollar.[652] Dreimal hatte die US-Börsenpolizei seinen Investmentfonds unter die Lupe genommen, ohne Folgen.[653] Sein Büro wurde »Nordpol« getauft, weil dort enorme Mengen von Schnee gefunden wurden.[654] Am schlimmsten erwischte es jedoch die traditionsreiche Barings Bank. Ihre Investmentbanker sollen vor dem Platzieren der Wetten ebenfalls zu viel geschnupft haben.[655] Nach fast 300-jähriger Geschichte musste die älteste britische Handelsbank am 6. März 1995 nach einem Verlust von einer Milliarde Euro Konkurs anmelden.[656] Seither fordert ein italienischer Staatssekretär Drogentests in Finanzinstituten. Das soll verhindern, dass Ersparnisse Menschen anvertraut werden, die aufgrund von Drogenmissbrauch »nicht dazu in der Lage sind, Entscheidungen zu treffen«.[657] So weit wird es aber wohl nicht kommen, denn auch die Gesetzgeber selbst greifen gerne zu.

Ein anonymer Drogentest ergab: Ein Drittel der italienischen Abgeordneten kifft oder kokst.[658]

Schlechtes Image

Manche behaupten, die Finanzbranche stand schon einmal besser da – was ihr Image betrifft. Laut einer Umfrage zu den am meisten geschätzten Berufen schnitten die Banker, zusammen mit den Fernsehmoderatoren (?) und Politikern (!) am schlechtesten ab.[659] Ein Banker meint sogar, das Ansehen läge nur mehr knapp über dem von Kinderschändern, wohingegen es früher mit dem von Pfarrern und Ärzten mithalten konnte.[660] Das ist wohl etwas übertrieben. Auch Pfarrer standen schon mal besser da. Und was die Ärzte betrifft – sie toppten 2013 das Ranking –, da machen Sie sich im Kapitel Pharmaindustrie selbst ein Bild. Aber Image ist ja bekanntlich nicht alles, was zählt.

Gutes Geld!

In der Finanzbranche gibt es die mit Abstand höchsten Gehälter! Selbst Neueinsteiger verdienen oft mehr als ihre Väter am Ende der Karriere. Ein Ex-Banker fühlte sich beim Berufseinstieg gar »wie ein Junge in einem Bonbon-Laden, der nicht weiß, in welches Glas er zuerst greifen soll«.[661] Wer es wie Lloyd Blankfein an die Spitze der Investmentbank Goldman Sachs geschafft hat, von der *Financial Times* zur Person des Jahres und von Forbes zu einem der »unverschämtesten Vorstandschefs« gewählt wird,[662] der hat sich ein Einkommen von 69 Millionen Dollar pro Jahr verdient.[663] Immerhin brechen die meisten Banker auf dem Weg zum monetären Olymp bereits bei der halben Distanz ein. Schon mit 35 sind viele pensionsreif. Sie leiden unter Schlaflosigkeit, Panikattacken und Herzrhythmusstörungen. Viele sind psychisch angeschlagen oder werden wegen der vielen Drogen gar impotent. Sie fühlen sich depressiv und schlapp.[664] Wir aber sind noch frisch und wollen uns die Finanzbranche etwas genauer anschauen.

Übungsbeispiel für Landespolitiker

Wer Geldsorgen hat, geht meist zur Bank. Die einen bitten um einen Kredit. Die anderen rauben sie aus. Beides ist nicht besonders klug, denn Ersteres ist zu teuer und Letzteres viel zu riskant. Da halten wir es lieber mit Bertolt Brecht. Der gab uns schon 1931 in der Dreigroschenoper den entscheidenden Tipp: »Was ist ein Dietrich gegen eine Aktie? Was ist ein Einbruch in eine Bank gegen die Gründung einer Bank?« Mehr brauchen wir dazu wohl nicht sagen. Auf geht's, wir gründen unsere eigene Bank! Oder noch besser, wir machen es wie der ehemalige Kärntner Landeshauptmann Jörg Haider, übernehmen eine drittklassige Bank und blasen sie mächtig auf. Nur eines ist schöner als ein Geldautomat: ein eigener Geldautomat.

Eine Anleitung in vier Schritten:

1. Wir schnappen uns eine Provinzbank, am besten eine Landesbank, wie die Hypo Group Alpe Adria, kurz Hypo. Da brauchen wir nicht mal Geld investieren, denn die gehört ja schon uns, den Steuerzahlern. Und weil wir per Gesetz als Eigentümervertreter fungieren, setzen wir gleich mal unsere Freunde an die Spitze der Bank.

2. Bevor wir das Geld für uns arbeiten lassen können, brauchen wir noch ein wenig Spielgeld. Dazu geben wir Anleihen aus, sprich wir nehmen am Kapitalmarkt Kredite auf. Und damit wir nicht so viel Zinsen zahlen müssen, suchen wir uns noch jemanden, der für uns in unbegrenzter Höhe bürgt. Schön, dass sich die Steuerzahler auch hierfür anbieten. Dass die Haftung das Landesbudget schon mal um das Zehnfache übersteigt, beunruhigt uns nicht.[665] Passiert eh nix. Außerdem bekommen wir als Landesvertreter ja auch etwas dafür: konkret 140 Millionen Euro an Haftungsprovisionen.[666] Damit können wir unsere Wahlkämpfe finanzieren und noch viel, viel mehr.[667]

3. Gut, mittlerweile sollten wir ein paar Milliarden Euro beisammenhaben. Mit einem Teil des Geldes bauen wir am Balkan ein richtiges Bankennetz auf, mit Filialen und so. Das macht richtig Eindruck und verschafft uns die nötige Systemrelevanz, damit wir später einmal gerettet werden. Als »Hausbank der Balkan-Mafia«[668, 669] verteilen wir den Rest an ehrenwerte Freunde wie den kroatischen Ex-General und Waffenhändler Vladimir Zagorec[670] oder den montenegrinischen Drogenboss »Saric«.[671] Zudem gibt es da noch einige Spezis, die sich schon länger ein eigenes Anwesen an der Adriaküste wünschen, mit einem kleinen Boot dazu, dafür bei normalen Banken aber keinen Kredit bekommen. Blöd nur, wenn unsere Freunde die Kredite nicht zurückzahlen. Da gibt es dann meistens Ärger.

Achtung: Hypo-Investment !

Wussten Sie, dass die Hypo 2.000 Yachten verleast hat? Auch der Yachthafen und das dazugehörige Fünf-Sterne-Luxushotel Nautica im malerischen Fischerstädtchen Novigrad in Istrien (siehe Bild) gehören der Bank.[672] Bloß mit der Konzession für den Betrieb des Yachthafens hapert es noch.
An sich war die Idee ja gut. Wir vergeben 21 Millionen Euro an eine befreundete Investorengruppe, um das touristische Angebot in unserem Lieblingsferienort aufzupeppen. Dass die Investoren, wie viele andere Hypokunden, den Kredit nicht zurückzahlen, konnte nun wirklich niemand wissen. Bei Co-Investor Harald Fischl tat das besonders weh. Er ist ein alter Freund von Jörg Haider und sogar Gründungsmitglied und Finanzreferent seiner Buberl-Partei »Bündnis Zukunft Österreich« (BZÖ). Jetzt will er auch noch die Konzession für den Yachthafen behalten.[673] Bei Selbstbedienung kennt sich der gelernte Kellner aus.[674]

Schön sind so Streitigkeiten unter Freunden nicht, aber ein paar faule Kredite sollen uns jetzt nicht die Freundschaft verderben. Dabei handelt es sich ohnehin nur um einen Bruchteil der Darlehen, die von den Hypo-Managern oft auf Zuruf der Politik vergeben wurden. Die Bilanzsumme der Hypo erreichte ihren Höhepunkt im Jahr 2008 mit 43.300 Millionen Euro. Ja, auch Menschen in Slowenien, Serbien und Bosnien-Herzegowina haben Wünsche.[675] Aber bevor uns bei dieser Summe langsam mulmig wird, kommen wir zum letzten Punkt.

4. Rechtzeitig aussteigen! Wie im Kasino ist auch im normalen Finanzgeschäft Timing alles. Den richtigen Zeitpunkt für den Absprung zu finden ist aber gar nicht so einfach. Dafür braucht es den richtigen Riecher oder einen Dummen, der uns die Bank abkauft, bevor uns die Behörden den Laden zudrehen. Schließlich können unsere Freunde von der Bankenaufsicht nicht ewig wegschauen. Im Fall der Hypo saßen die Dummen im Vorstand der Bayrischen Landesbank. Satte 1,6 Milliarden Euro ließen sich die Manager die Bank samt »mehrstöckigem Leichenkeller«[676] kosten.[677] (Am Ende dürften es 3,7 Milliarden Euro und mehr werden.[678]) Zweieinhalb Jahre später fanden die Bayern in Person des österreichischen Finanzministers und Vizekanzlers Josef Pröll (ÖVP) einen noch Dümmeren, der die Zombiebank in einer Nacht-und-Nebel-Aktion wieder zurückkaufte. Oder waren Pröll und sein engster Berater Michael Höllerer (siehe unten) vielleicht gar nicht so dumm? Immerhin hätten die österreichischen Banken, allen voran Prölls früherer Arbeitgeber, die Raiffeisenbank, im Falle eines Konkurses der Hypo hohe Verluste einstecken müssen.[679, 680] Pröll entschied instinktiv richtig und durfte sich nach seiner Politkarriere über einen Managerjob im Raiffeisen-Konzern freuen.[681] Schätzungen zufolge wird die Abwicklung der Hypo die österreichischen Steuerzahler mindestens 10 Milliarden Euro[682] kosten. Das macht pro Haushalt 4.260 Euro.[683] Das sind jetzt wirklich die Dummen.

Kleiner Trost: Bei dem Betrag sind die 300 Millionen Euro an Beratungshonoraren für die »*CSI Hypo*« (102.740 Arbeitstage à 2.920 Euro pro Person) schon inkludiert.[684]

FAZIT

Bei entsprechender Teamarbeit von Bankmanagern und Politikern lassen sich in entspannter Atmosphäre selbst aus einer Provinzbank Milliarden herausholen. Gewöhnliche Bankräuber müssten dafür ganz schön schuften. 20.000 500-Euro-Scheine wiegen mehr als 22 Tonnen![685] Und wer akzeptiert schon so große Scheine?

IfaK empfiehlt:

Starten Sie eine Crowdfunding-Kampagne und sammeln Sie bei Freunden und Kollegen Kapital für Ihre ganz private Bankübernahme. Abgesehen von der Hypo Alpe Adria sind aktuell noch zahlreiche weitere Banken günstig zu haben. Zum neuen Lebensstil gehören auch die richtigen Accessoires. Auf der Webseite »Alpe Adria Asset«[686] bietet die Hypo günstige Yachten, Autos etc. an. Der Einstiegspreis für beispielsweise ein Schiff der Ferretti-Gruppe bewegt sich zwischen 60.000 und 5 Millionen Euro, je nach Ausstattung.[687] Das IfaK-Team steht Ihnen als Begleitung für Probefahrten gerne zur Verfügung.

Karriereguide Finanzlobbyismus

Wer gerne politische Entscheidungen trifft, ohne auf das Gehalt eines Bankers verzichten zu müssen, dem empfehlen wir eine Karriere als Finanzlobbyist. Im Kern besteht die Arbeit darin, die Gesetzgeber diskret dabei zu unterstützen, die rechtlichen Rahmenbedingungen so zu gestalten, dass sich auch unsere innovativsten Finanzprodukte optimal entfalten können. Durch eine möglichst liberale Gesetzgebung können auch die strafrechtlichen Konsequenzen minimiert und damit die Justizbehörden entlastet werden, prophylaktisch sozusagen. Und weil alles Rechtliche sehr kompliziert ist und niemand gerne wegen ein paar krummer Deals ins Gefängnis geht, stehen einflussreiche Banker mit gutem Draht zu politischen Entscheidungsträgern hoch im Kurs. Alleine in Brüssel gibt es 700 Organisationen mit 1.700 Finanz-Lobbyisten und einem Budget von 123 Millionen Euro.[688] 15 der 17 Expertengruppen, die EU-Institutionen offiziell in Finanzmarktfragen beraten, werden von der Finanzindustrie dominiert.[689]

Freude am Seitenwechsel

Als echte Profis, wie Jörg Asmussen, und Jungtalente, wie Michael Höllerer (siehe Lebensläufe unten), bewegen wir uns agil zwischen Ministerien, Banken und Bankenaufsicht hin und her. Meist starten wir unsere Karriere bei einer führenden Bank. Im zweiten Schritt geht es ins Finanzministerium, wo wir Politiker praxisnah bei der Ausarbeitung wichtiger finanzpolitischer Gesetze beraten. Vom Ministerium hüpfen wir weiter zur Bankenaufsicht. Irgendwer muss die Gesetze ja schließlich kontrollieren. Wer könnte das besser als wir, die sie geschrieben haben *und* das nötige Fachwissen mitbringen? Eben. Die meisten Finanzmarkttheoretiker wissen doch gar nicht, wie der Laden läuft. Als Finanzmarktaufseher bekommen wir Einblick in die Geschäfte sämtlicher Banken des Landes. Daran sind auch unsere ehemaligen Arbeitgeber interessiert. Und so ist es dann vielleicht nur eine Frage der Zeit, bis wir an höherer Stelle wieder in unsere Hausbank zurückkehren.

Leistungsgerechte Entlohnung für Abgeordnete

Wer auf Nummer sicher gehen möchte, dass die eigenen Gesetzesvorlagen auch so von unseren Volksvertretern beschlossen werden, der greife auf die guten alten Strichlisten zurück. Laut Ueli Maurer, ehemaliger Nationalrat der Sozialdemokraten in Bern, machen das auch die Schweizer Großbanken: »Für jede Abstimmung, bei der die Parlamentarier im Sinne der Bank votieren, gebe es ein ›Strichli‹. Am Ende des Jahres werde abgerechnet – und entsprechend fließe Geld in die Parteikasse.«[690] Ein schönes Beispiel einer leistungsgerechten Entlohnung in einem plutokratischen System.

Vorbilder

Zu guter Letzt haben wir noch die Lebensläufe zwei unserer größten Vorbilder herausgesucht. Prägen Sie sich die Karrieresprünge der Herren gut ein. Wenn es auch Ihnen einmal gelingt, derart elegant zwischen Aufsichtsorganen, Ministerien und Banken herumzuspringen, wird das Ihrer Karriere neuen Schwung verleihen.

Lebenslauf

Name: Jörg Asmussen
Geburtsdatum: 31. Oktober 1966
Geburtsort: Flensburg
Partei: SPD

Studium:

- *1992: Master in Business Administration, Wirtschaftsuniversität Luigi Bocconi, Mailand*

- *1994: Abschluss als Diplom-Volkswirt, Rheinische Friedrich-Wilhelms-Universität, Bonn*

Werdegang als Bankenlobbyist:[691]
- Aufsichtsrat in diversen Banken wie der IKB (Vorreiter beim Kauf toxischer Hypothekendarlehen)
- Mitgründer der Finanz-Lobbyorganisation »True Sale International GmbH (TSI)« zur Förderung von Offshore-Geschäften

Werdegang als Bankenaufseher:
- 2012–2013: Mitglied des Direktoriums der Europäischen Zentralbank[692]
- *2008–2011: Verwaltungsratsvorsitzender der Bundesanstalt für Finanzdienstleistungsaufsicht (BaFin)*

Werdegang als Politikberater:
- *seit 2013: Staatssekretär für Finanzmarktreformen unter Wolfgang Schäuble (CDU)*
- *2008–2011: Mitglied der Expertengruppe »Neue Finanzmarktarchitektur«*[693]
- *2008–2011: Staatssekretär im Bundesministerium für Finanzen*[694]
  - *Teilverstaatlichung der Commerzbank (Jan. 2009)*
  - *500-Mrd.-Euro-Bankenrettungspaket (Okt. 2008)*[695]
  - *Verstaatlichung der HypoRealEstate (Sep. 2008)*[696]
  - *Verstaatlichung der IKB-Bank (Jul. 2007)*[697]
- *1996–2008: Finanzmarktberater von Finanzminister Theo Waigel (CSU), Hans Eichel (SPD) und Peer Steinbrück (SPD).*[698]
  Besondere Leistung: Abbau überflüssiger Regulierungen und Erleichterung des Handels mit »Schrott-Papieren« (2005)[699]

Lebenslauf

Name: Michael Höllerer
Geburtsdatum: 14. Januar 1978[700]
Geburtsort: k. A.
Partei: ÖVP

Studium:

- 2012: Master in Europarecht »Die Aufsicht über Finanzkonglomerate und die europäische Aufsichtszusammenarbeit«, Donauuniversität Krems[701]
- Mag. Jur. der Universität Wien[702]

Werdegang als Bankenlobbyist:

- *seit 2014: Geschäftsführer, Raiffeisen Capital Management (RCM)*[703]
- *seit 2012: Generalsekretär, Raiffeisen Zentralbank AG (RZB)*[704]
- *2006–2008: Vorstandssekretär bei der Raiffeisen Zentralbank AG*[705] *(Rechte Hand von RZB-Chef Walter Rothensteiner)*

Werdegang als Bankenaufseher:

- *2009–2012: Finanzmarktaufsicht (FMA)*[706, 707]
- *2002–2006: Finanzmarktaufsicht (FMA)*[708, 709]
- *1990er–2002: Mitarbeiter im Bundesministerium für Finanzen, Ausarbeitung des Gesetzes zur Neuordnung der Bankenaufsicht (FMA)*[710]

Werdegang als Politikberater:

- 2008–2012: Mitarbeiter im Finanzministerium unter Josef Pröll (ÖVP) und Maria Fekter (ÖVP), zuständig für die

Bereiche: Finanzmärkte, Kapitalmarkt, Beteiligungen und Internationale Finanzinstitutionen[711]

- Verstaatlichung der Österreichischen Volksbanken (April 2012)
- Verstaatlichung der Hypo Alpe Adria (Dezember 2009)
- Verstaatlichung der Kommunalkredit (November 2008)

Dass die Herren ausgezeichnete Arbeit leisten, sehen wir an den Ergebnissen. Während Firmen in Österreich in der Regel 25 Prozent Steuer auf ihren Gewinn abführen müssen, zahlt der Raiffeisenverband in manchen Zeiträumen gerade mal ein Prozent.[712] Finanzlobbyisten sind ihr Geld also allemal wert.

Deutsche Bank

Einige der einflussreichsten Lobbyisten arbeiten für die Deutsche Bank, darunter Persönlichkeiten wie der ehemalige US-Notenbankchef Alan Greenspan,[713] die ehemaligen Vorsitzenden der Finanzdienstleistungsaufsicht, Helmut Bauer[714] und Caio Koch-Weser,[715, 716, 717] sowie Ernst Uhrlau,[718] ehemaliger Präsident des deutschen Bundesnachrichtendienstes. Klar, wer für die größte Bank des Landes und das zwölfteinflussreichste Unternehmen der Welt arbeitet, weiß nicht nur, wie's geht, sondern hat auch etwas anzubieten.[719] Von 2000 bis 2014 gab die Deutsche Bank 4,6 Millionen Euro alleine für Parteispenden aus, um die freien und nur dem eigenen Gewissen verantwortlichen Bundestagsabgeordneten von ihren Argumenten zu überzeugen. Rund 59 Prozent der Spenden flossen an die CDU und 28 Prozent an die FDP. Der Rest verteilt sich auf SPD und Grüne.[720] Bei dieser Summe sind die vielen Berater- und Sponsoringverträge noch nicht dabei.[721] Wer so viel Geld ausgibt, der darf auch an wichtigen finanzpolitischen Gesetzen mitschreiben, allen voran am Investmentmodernisierungsgesetz, mit dem in Deutschland Hedgefonds erlaubt wurden.[722, 723] Die von bösen Zungen als »Heuschreckenkapitalisten« bezeichneten Fondsgesellschaften besitzen mittlerweile 15 Prozent aller großen börsennotierten Unternehmen des Landes.[724] Auch am Kreditwesengesetz, an der Europäischen Finanzmarktrichtlinie und an diversen Steuergesetzen wirkte die Deutsche Bank mit. Und natürlich war ihre Expertise auch beim Bankenrettungspaket gefragt. Um den gegenseitigen Austausch von Personal zu fördern, gab es sogar ein eigenes Programm mit dem passenden Titel »Seitenwechsel«.[725] Die Übergänge zwischen Finanzwirtschaft und Politik sind fließend. Wenn die Atmosphäre einmal passt, dann läuft's nicht nur beruflich hervorragend, sondern auch privat.

Während ordinäre Lobbyisten oft vergeblich darauf warten, dass Politiker sich auf ihre Partys verirren, funktioniert das bei der Deutschen Bank umgekehrt. Im Frühjahr 2008 dürfte es unmöglich gewesen sein, einen Termin bei Bundeskanzlerin Merkel zu bekommen, denn da war Mutti damit beschäftigt, die Geburtstagsparty für unseren Deutsche-Bank-Chef zu organisieren. Am 22. April lud Merkel zum Dinner ins Kanzleramt, um Josef Ackermann (nachträglich) zu seinem 60er zu gratulieren.[726] Unter den 30 geladenen Gästen waren viele bekannte Gesichter aus Wirtschaft, Medien und Society. Die Top-Manager von ThyssenKrupp, BASF und Hilti waren da, ebenso der Chefredakteur der *Bildzeitung*, der Mitherausgeber der *Frankfurter Allgemeinen Zeitung* und der Axel Springer-Verlag. Für Unterhaltung sorgte Frank Elstner. Die Kulturberichterstattung übernahm der Ressortleiter des Magazins *Focus*.[727] In ihrer Laudatio schwärmte die Kanzlerin von den Leistungen des Geburtstagskindes, die zu nennen ihr »besonders leicht fällt«. Die entscheidenden »Anstöße für die Entwicklung des Finanzplatzes Deutschland« habe er auf den Weg gebracht und »in erheblichem Maße zur erfolgreichen Positionierung der Deutschen Bank auf den internationalen Finanzmärkten beigetragen, insbesondere was das Investment-Banking angeht«. Gemeint sind wohl die Bemühungen zur Lockerung der Finanzmarktregeln. Schon in den 90er Jahren wurde den deutschen Banken erlaubt, Tochtergesellschaften in weniger reglementierten Ländern wie Irland zu gründen, um am boomenden Schattenfinanzsystem mitzunaschen.[728] Was in Deutschland noch als illegal galt, war in vielen angelsächsischen Ländern schon längst normal. Heute unterhält die Deutsche Bank geschätzte 800 Zweckgesellschaften in Steueroasen wie den Kaimaninseln oder dem US-Bundesstaat Delaware.[729] Am Ende bedankte sich Merkel für sein intensives gesellschaftliches Engagement. Die Bank fördert Kunst und Kultur mit 82,7 Millionen Euro pro Jahr beziehungsweise 0,3 % der Gesamterträge.[730] Dafür sieht man gerne über die eine oder andere Verfehlung hinweg.

FAZIT

Geld regiert nicht nur die Welt, sondern auch Deutschland. Wer die richtigen Berater hat, findet bei Politikern sowohl ein offenes Ohr als auch Menschen zum Feiern. Dank wohltätiger Gaben drückt die Gesellschaft beide Augen zu. Auch wir verzichten (aus Platzgründen) auf eine Auflistung der Skandale. Wenn Sie wissen wollen, ob die Deutsche Bank Börsenkurse manipuliert,[731] die eigenen Kunden übers Ohr haut[732] und mit Vorliebe in schmutzige Geschäfte investiert,[733] dann wenden Sie sich bitte an den konzerneigenen Skandalbeauftragten, Thomas Poppensieker.[734, 735] Wir weisen lediglich darauf hin, dass die Gewinne aus derartigen Geschäften die Strafzahlungen bei Weitem übersteigen.[736, 737, 738, 739] Gerade mal 4,1 Milliarden Dollar mussten die beiden Deutsche-Bank-Chefs, Jürgen Fitschen und Anshu Jain, für mögliche Klagen auf die Seite legen. Verständlich, dass sie nicht garantieren können, dass es in Zukunft keine weiteren Fälle von Fehlverhalten gibt. Das mag zwar schlecht sein für die Geschädigten, doch dafür steht, wie Guido Hoymann vom Bankhaus Metzler messerscharf analysierte, die Deutsche Bank heute besser da als je zuvor. »Das muss man Ackermann auch mal zugute halten.«[740] Und wenn so manche Forscher des Internationalen Währungsfonds zeigen, dass die Lobbyarbeit der Banken dazu beigetragen hat, dass sich die Institute in Sachen Risiko mehr entfalteten, dann spricht das doch nur für die Qualität unserer Arbeit.[741] Dass das zur größten Wirtschaftskrise seit der Großen Depression geführt haben soll, ist reine Spekulation. So eine Krise ist vergleichbar mit einer Naturkatastrophe. Da kann man eben wenig tun.[742]

TIPP! **Party!**

Schauen Sie mal bei einer »Fashion meets Finance«-Party vorbei. Bei den exquisiten Events finden ausschließlich Banker und Damen der Modebranche Einlass. Kontrolliert wird ganz unbürokratisch mittels Blick auf die Visitenkarte. Vergessen Sie daher bei der Reservierung nicht Tätigkeitsbezeichnung und Gehalt anzugeben.[743] Und wenn Sie vor der Party beim Geldautomaten noch etwas Kleingeld holen, dann lassen Sie die Quittung liegen. So sieht die schöne Dame hinter Ihnen gleich Ihren Kontostand.[744]
Letzter Tipp zum Schluss: Wenn eine Frau Sie fragt, was Sie tun würden, wenn Sie 10 Millionen hätten, dann antworten Sie cool: »Ich würde mich wundern, wo der Rest des Geldes geblieben ist.«[745]

Fußball

Risiko	*
Moral	*
Profit	**

Kriege oder todkranke Menschen sind nicht für jeden was. Wem die bisherigen Branchen zu ernst waren, der möge nicht nur Korruption, sondern auch das Leben als ein großes Spiel ansehen.

Widmen wir uns der schönsten Nebensache der Welt: dem Fußball!

Mit dieser Leidenschaft sind wir nicht allein. Rund 265 Millionen aktive Fußballspieler gibt es weltweit. Fans wohl noch viel mehr. Auch in Deutschland laufen nicht nur alle dem Geld, sondern 6 Millionen ebenso dem Ball hinterher. Das ist aber kein Widerspruch.

Im Folgenden lernen wir, wie wir fit und gesund bleiben und dabei noch einiges dazuverdienen.

Und wie kommen wir zum großen Geld? Ein kleiner Tipp: 1-2-X.

Top-Tipp

Die Wahrheit liegt
auf dem Platz.
(Otto Rehhagel)

Egal ob wir auf dem Spielfeld gewinnen oder verlieren, dabei sein ist alles. Wenn wir die Sache richtig drehen beziehungsweise das Ergebnis stimmt, gibt's Siegerprämien auch für Verlierer!

Haben Sie schon mal im Verein gespielt? Na, dann wissen Sie ja, wie der Hase läuft. Bei einem Spiel, wo es für den Tabellenstärksten um nichts mehr geht, ist es einfach nur fair, auch das schlechteste

Team mal gewinnen zu lassen. Wenn dieses auch noch kurz vor dem Abstieg in die untere Liga steht, sagen zwei Kisten Bier in der Kabine des Gegners mehr als tausend Worte. Matchfixing nennt man das im Fachjargon. Das können wir als Spieler betreiben, aber auch als Zuschauer – indem wir Wetten abschließen.

Sie haben doch sicher schon einmal auf ein Spiel gewettet, oder? Dann ist Ihnen bestimmt aufgefallen, wie komisch Wettgeschäfte eigentlich sind. Wenn wir auf den Favoriten setzen, ist die Wahrscheinlichkeit, dass wir gewinnen, hoch, aber der Gewinn niedrig. Setzen wir auf den Außenseiter, ist es genau umgekehrt. Besser wäre es da natürlich, wenn der Favorit überraschend verliert, noch besser, wenn der Favorit bis zur 80. Minute mit 2:0 in Führung liegt und der Außenseiter dann noch schnell drei Tore schießt. Das bringt einen richtig fetten Gewinn.[746]

Und wie kann ich das wissen? Ganz einfach, indem wir den Spielausgang kaufen. Mit guten Kontakten zu unseren Idolen auf dem Spielfeld ist alles möglich. Es sollte auch gar nicht schwer sein, Spieler und Schiedsrichter zu finden, die mit sich reden lassen. Insgesamt 425 Matchfixer sind in Europa offiziell bekannt.[747] Die Dunkelziffer liegt um einiges höher. Im Durchschnitt wird weltweit pro Tag ein neuer Fall von Wettbetrug bekannt.[748] Europol geht für den Zeitraum 2008 bis 2011 von 380 manipulierten und 300 weiteren verdächtigen Spielen aus, darunter Champions-League Qualifikation, WM-Qualifikation und nationale Spitzenligen.[749, 750] Es ist also alles ganz normal. Denn trotz Investitionskosten rechnet sich das Ganze wunderbar. Den europaweit höchsten Profit von 700.000 Euro gab es am 22. September 2009 beim 7:0-Kantersieg der Red Bull Juniors gegen TSV Hartberg, in der zweithöchsten österreichischen Liga.[751, 752] Aber auch Länderspiele, insbesondere internationale Freundschaftsspiele, sind besonders häufig getürkt. Bestimmt haben auch Sie sportliche Freunde, die sich neben der Arbeit etwas dazuverdienen wollen. Wenn Sie kein eigenes Wettbüro aufmachen wollen, dann konzentrieren Sie sich auf Spieler von Mannschaften, auf die Sie live wetten können. Aber meiden Sie die obersten Ligen. Die werden zu stark überwacht.[753]

Gründe, ins Wettgeschäft einzusteigen:

1. **Tradition:** Schon die Partie Liverpool vs. Manchester United im Jahre 1914 war »gefixt«.[754, 755]
2. **Umsatz:** Durch Sportwetten werden jährlich 400 bis 1.000 Milliarden Euro[756] gemacht. Alleine beim Champions-League-Finale: Borussia Dortmund vs. Bayern München gab es einen Wettumsatz von über einer Milliarde Euro.[757]
3. **Trend:** Im Jahr 1995 gab es weltweit 250 Wettanbieter, heute sind es schon rund 10.000.[758]
4. **Kosten-Nutzen-Rechnung:** Bis zu 100.000 Euro investieren Profis pro Spiel,[759] dafür winkt ein durchschnittlicher Wettgewinn von 500.000 bis 1,5 Millionen Euro.[760]

Mannschaftsaufstellung

Spieler

Das größte Problem beim
Fußball sind die Spieler.
Wenn wir die abschaffen
könnten, wäre alles gut.
(Helmut Schulte)

Wer ein Spiel gewinnen will, braucht verlässliche Spieler. Das wird Ihnen jeder gute Trainer bestätigen. Es ist daher nicht überraschend, dass mehr als drei Viertel der Manipulatoren in den Mannschaften selbst zu finden sind.[761] Bei Spielern der zweiten und dritten Liga stoßen wir auf besonders offene Ohren. Sie verdienen nicht viel, leben aber oft auf demselben großen Fuß wie die Stars. Eine Analyse von knapp 3.300 Profis in Osteuropa hat gezeigt: 40 Prozent von ihnen werden nicht regelmäßig bezahlt.[762] Die werden sich über ein Zubrot sicher freuen.

Doch welche Spieler brauchen wir überhaupt? Meist gehören die Herzen der Fans den Stürmern, die Tore schießen – oder auch nicht. Wir interessieren uns aber mehr für die Abwehr. Torhüter können am Ball vorbeispringen. Verteidiger begehen im Strafraum dumme Fouls oder lassen kurz ihren Gegenspieler alleine. Da weiß dann niemand: Hat der geschlafen oder war das Absicht? Welche Tricks zur erhofften Niederlage führen, ist zweitrangig. Hauptsache, das Ergebnis stimmt. Erdzan Beciri, der inzwischen gesperrte Verteidiger des österreichischen Zweitligisten *Vienna*, war beispielsweise Hands-Spezialist im eigenen Strafraum.[763]

Teamarbeit

Das Einfachste wäre, wir wetten auf uns selber. Dafür müssten wir aber zuerst eine mühsame Profikarriere starten, und dann wäre immer noch fraglich, ob es uns gelingt, ein Spiel im Alleingang zu entscheiden.[764] Da setzen wir lieber auf einen Spielmacher wie Sanel Kuljic, der nach weiteren Mitspielern sucht und in der Regel auch findet. Wer sich überzeugen lässt, der kennt meistens noch mehr korrupte Brüder, wie zum Beispiel Dominique Taboga vom österreichischen Zweitligisten SV Grödig: »Kuljic hat mich gefragt, ob ich denn nicht Geld verdienen möchte ... Ich müsste ihm nur Spieler in der ersten und zweiten Bundesliga nennen, die für ca. 20.000 Euro pro Person und pro Spiel ein Fußballspiel manipulieren und absichtlich verlieren würden.«[765] Frei nach dem Motto, gemeinsam sind wir schwach.

Dass ohne Mitarbeit des Schiedsrichters aber selbst Teamarbeit nicht immer zum gewünschten Misserfolg führt, zeigt das österreichische Bundesliga-Spiel vom 27. Oktober 2013.

SV Grödig vs. Red Bull Salzburg

Der Aufsteiger SV Grödig spielte gegen den Tabellenführer und Lokalrivalen Red Bull Salzburg und verlor erwartungsgemäß mit 0:3. Der Absprache zufolge sollte es zum Spielende aber noch einen Elfmeter für Salzburg geben. Grödig-Verteidiger Dominique Taboga strengte sich auch mächtig an. In der Nachspielzeit attackierte er Salzburgs Flügelspieler Dusan Svento im Strafraum schwer.[766] Ein lupenreines Foul. Doch was macht der Schiedsrichter? Er lässt weiterspielen![767] Man munkelt, er sei im Laufe des Spiels über verdächtig hohe Wetten auf exakt diesen Spielverlauf informiert worden.

Erfolgsrezept: Flach
spielen, hoch gewinnen.
(Franz Beckenbauer)

Auf eine besonders hohe Niederlage dürften die Spieler zweier afrikanischer Klubs gesetzt haben, um ihren jeweiligen Gegnern den Aufstieg in die dritthöchste nigerianische Liga (Division 3) zu ermöglichen. Der Bubeyero FC verlor 69:0. Die Mannschaft des Akurba FC hatte einen noch schlechteren Tag. Weltrekordverdächtiger Endstand: 79:0.[768]

Schiedsrichter

Der gute Schiedsrichter
ist mehr als eine Pfeife.
(Stuttgarter Zeitung)

Eine rote Karte hier, ein fragwürdiger Strafstoß da, in 90 Spielminuten gibt es für Schiedsrichter unzählige Möglichkeiten, das Spielgeschehen zu beeinflussen. Mannschaften, die ihre Fans wirklich lieben, spielen auf Sieg und bestechen den Spielleiter. Wie effektiv so eine kleine Erfolgsprämie sein kann, erzählt uns Erik Hagen, ehemaliger norwegischer Legionär in der russischen Premjer-Liga.

Zenit vs. Vitoria[769]

Für einen Sieg im UEFA-Cup-Spiel gegen den portugiesischen Klub Vitoria Guimarães versprach das Management von Zenit St. Petersburg jedem seiner Spieler eine Prämie von 12.000 Dollar. Hagen und seine Teamkollegen mussten nicht lange rechnen. Sie sammelten kurz vor dem Spiel von jedem noch schnell 3.000 Dollar ein und drückten es dem serbischen Schiedsrichter Dejan Delević in die Hand. Ein glatter Sieg in der Vorspielzeit. Der Elfmeter in der 39. Minute zugunsten von Zenit und der Ausschluss eines Vitoria-Spielers waren da nur noch Formsache.[770]

Investment	3.000 x 11	= $ 33.000
Prämie	$ 9.000 x 11	= $ 99.000
Gewinn	**$ 6.000 x 11**	**= $ 66.000**

	Endstand	Gelbe Karten	Rote Karten	Elfmeter
Zenit – Vitoria	2:1	7 (4-2)	2 (1-1)	1 (1-0)

Wer es genau wissen will und auf einen bestimmten Endspielstand wettet, zum Beispiel 1:3, der bestellt beim Schiedsrichter eine Punktlandung. Will sich das gewünschte Ergebnis innerhalb der regulären Spielzeit partout nicht einstellen, dann lassen wir einfach nachspielen. Im San Siro Stadion – der Heimstätte von Berlusconis AC Milan – soll das besonders häufig vorkommen. Stellt sich das Wunschergebnis zu früh ein, dann gilt es, weitere Treffer zu unterbinden. Da kann es schon mal vorkommen, dass in einer Partie fünf Tore wegen Abseits aberkannt werden.[771]

Wem das nicht genug ist, der wettet auch noch auf den Spielverlauf. Überraschende Tore in den letzten Spielminuten bringen besonders viel Geld. Geübte Schiedsrichter pfeifen den Elfmeter daher nicht nur für die richtige Mannschaft, sondern auch zur rechten Zeit. Trifft der Schütze nicht, wird der Strafstoß wiederholt.

Wenn Sie selbst Schiedsrichter sind, dann wetten Sie auf sich selbst. Wie wär's mit einem sicheren Tipp auf die Länge der Nachspielzeit? Der Schlusspfiff in der richtigen Minute und schon klingelt die Kasse.[772] Schwieriger ist es, »drei Eckstöße in der ersten Spielhälfte oder einen Out-Einwurf zwischen den Minuten 50 und 52« herbeizuzaubern.[773] Für echte Profis ist aber auch das machbar.

Harte Bandagen

Wenn die angemieteten Spieler und Schiedsrichter versagen, dann helfen nur noch schwere Geschütze. Zum Beispiel technische Tricks des Stadionpersonals. Spiele, die unter Flutlicht ausgetragen werden, eignen sich besonders gut.[774] »Wenn die Lichter ausgehen, bevor die zweite Hälfte beendet ist, ist die Wette ungültig«, erklärt Wilson Raj Perumal.[775] Dann gewinnen wir zwar nicht, aber wir verlieren zumindest keine Millionen. Raj muss es wissen. Er arbeitete jahrelang für eines der berüchtigtsten Wettsyndikate der Welt.[776] Die setzen zur Manipulation eines einzigen Spiels auch schon mal 50 Leute aus zehn Ländern ein.[777] Der 48-jährige Boss beziehungsweise Mittelsmann für die chinesische Mafia, Eng Tan Seet (engl. Name: Dan Tan) soll einmal eine Million Dollar gezahlt haben, damit das Ergebnis passt.[778] Wer würde dafür nicht seinen Spielerkollegen ein wenig Schlafmittel in die Wasserflaschen kippen?[779]

Auch in Europa braucht man sich kaum vor Strafverfolgung zu fürchten. In vielen Ländern ist das Anwerben von Matchfixern legal. Erst die Platzierung der Wette ist strafbar,[780] aber das erledigen ohnehin die Kollegen in den Hinterzimmern Asiens. Lediglich in Deutschland wird seit den großen Wettskandalen 2005 und 2009 ermittelt. In Österreich »legte man zu eifrigen Kriminalisten … nahe, intensive Ermittlungen zu unterlassen«, wohl aufgrund der »engen personellen Verflechtungen zwischen Wettgewerbe, Verband und Politik«, so der deutsche Journalist Jürgen Roth.[781, 782] In der Schweiz ist Wettbetrug sowieso faktisch nicht strafbar, solange man ihn über Computer begeht.[783]

Laut Ralf Mutschke, dem Wettbetrugsexperten beim Weltfußballverband FIFA, ist die Chance, dass man wegen Wettbetrugs verurteilt wird, geringer, als bei einem Verkehrsunfall überfahren zu werden. Für Ermittlungserfolge bräuchte es internationale Polizeidatenbanken und Meldewege, aber die will niemand. Kürzlich habe ihm sogar einer von der osteuropäischen Mafia erzählt: »Wir gehen raus aus dem Rauschgifthandel, rein in die Spielmanipulation. Da haben wir ein wesentlich geringeres Risiko bei mindestens gleichbleibendem Gewinn.«[784] Sport statt Drogen!

Ob FIFA-Präsident Blatter dafür den »American Global Award for Peace« erhielt?[785] Um ein Haar hätte sein Vorgänger, João Havelange, 1989 sogar den Friedensnobelpreis für soziale Gerechtigkeit erhalten. Die Jury entschied sich aber schließlich doch für den Dalai Lama.[786]

FAZIT

Mit internationalen Sportwetten lässt sich viel Geld verdienen. Aber lassen Sie sich bitte nicht erwischen, dem Sport zuliebe. Gegen den eigenen Verein zu wetten, das sehen die Fans gar nicht gern. In China waren die Funktionäre unvorsichtig. Jetzt »sitzt fast die gesamte Verbandsführung hinter Gittern, die verschaukelten Fans bleiben aus, die Stadien sind leer, der Spielbetrieb steht vor dem Zusammenbruch. Bis vor wenigen Jahren war Fußball nach Tischtennis die zweitpopulärste Sportart des Landes.«[787] Damit ist es jetzt leider vorbei, und auch die goldenen Zeiten des Fußball-Wettgeschäfts kommen wohl nicht so schnell zurück. Für Europa also bitte *fair play* beziehungsweise *play it safe*.

Das FIFA-Modell

Fußball macht »die Welt schöner und die Menschen besser«.[788] Das sagt nicht irgendwer, das sagt Sepp Blatter, Präsident des mächtigsten Sportverbandes der Welt. Wir ergänzen: Fußball macht Menschen auch reich. Vielleicht nicht alle, aber immerhin einige FIFA-Funktionäre.

Sepp Blatter zeigt uns, wer Geld scheffeln will, gründet oder führt einen Verein. Das folgende »FIFA-Modell« lässt sich auch auf viele andere Bereiche übertragen. Da Sie aber mit einem Jodelverein nur schwer etwas verdienen werden, wählen Sie lieber einen Bereich, bei dem viel Geld im Spiel ist.

1. Verein gründen

Jeder Sport, der etwas auf sich hält, braucht einen Dachverband, am besten in Form eines gemeinnützigen Vereins. Und nirgendwo ist das Vereinsrecht so liberal wie in der Schweiz. Da gelten für den provinziellen Fußballverein Ihrer Kinder die gleichen Bedingungen wie für die milliardenschwere FIFA. Rund 50 weitere internationale Sportverbände, wie das Internationale Olympische Komitee, der Internationale Handballverband, der Internationale Volleyballverband und die UEFA sind deswegen hier angesiedelt.[789] Bei Gewinnen in dreistelliger Millionenhöhe zahlen so selbst die Großen nur 4,25 Prozent Steuern. Die FIFA mit Sitz in Zürich schaffte es im Zeitraum 2007 bis 2010 sogar, nur 3,1 Millionen Franken abführen zu müssen. Als Unternehmen wären 180 Millionen fällig gewesen.[790] Weitere Vorteile: Wir sparen uns eine ordentliche Buchhaltung. Für Schulden haftet ausschließlich das Vereinsvermögen (nicht die Mitglieder) und das Beste von allem, als Vereinsmitglieder können wir uns nach Belieben gegenseitig bestechen![791] Korruption ist zwar seit 2006 in der Schweiz verboten, dank einer Spezialklausel ist Bestechung innerhalb von Vereinen aber weiterhin erlaubt.[792, 793]

IfaK empfiehlt:

Legen Sie gleich los und gründen Sie einen gemeinnützigen Verein. Dafür braucht es nur zwei Personen und die passenden Vereinsstatuten. Auch der »Kulturverein: Institut für angewandte Korruption«, über den dieses Buch abgerechnet wird, ist ein gemeinnütziger Verein (Kennzahl: 196578339), allerdings mit Sitz in Österreich. Falls Sie schon einen Verein haben, schließen Sie sich mit Freunden aus anderen Ländern zusammen. So können Sie einen Dachverband gründen und ebenfalls vom Vereinsrecht der Schweiz profitieren. Orientieren Sie sich einfach an den FIFA-Statuten.[794] *Sobald diese beschlossen sind, steht steuerschonenden Einkünften nichts mehr im Weg.*[795]

2. Vereinspräsident werden

> *Es ist nichts scheißer*
> *als Platz zwei.*
> (Erik Meijer)

Ein jeder Verein braucht Vereinsorgane, insbesondere einen Präsidenten. Bei der FIFA läuft das Wahlverfahren besonders demokratisch ab. Jeder nationale Fußballverband hat unabhängig von seiner Größe und Spielstärke eine Stimme. Der Deutsche Fußball-Bund (DFB) als größter Fußballverband der Welt hat genauso viel Stimmrecht wie der der Jungferninseln oder Ost-Timor. Das macht in Summe 209 Delegierte, die in sechs Kontinentalverbänden organisiert sind. Europa und Russland bilden zum Beispiel gemeinsam die UEFA. Die Delegierten wählen ein 25-köpfiges Exekutivkomittee, und das bestimmt wiederum den Präsidenten.[796] Die Funktion des Fußballoberhaupts ist mit einigen netten Annehmlichkeiten verbunden. Eine unvollständige Liste:

Art der Vergütung	pro Jahr
Verdienst[797]	CHF 1.200.000
Präsidiale Schenkungen[798]	CHF 300.000
Reisespesen	CHF 200.000
Treuebonus[799]	GBP 250.000
Boni	USD 100.000

Laut einer anonymen Anzeige soll es darüber hinaus noch Tagegelder von bis zu 500 Dollar, schwarze Konten und »Geschenke im Millionenwert« geben.[800] Und wer, wie der ehemalige FIFA-Präsident João Havelange, wegen angeblicher Korruptionsvorwürfe in Pension geschickt wird, darf seine FIFA-Kreditkarte behalten.[801] Insgesamt 36,3 Millionen US-Dollar gab es laut Finanzbericht 2013 für das Schlüsselpersonal.[802] Allerdings trägt man als Vereinspräsident auch große Verantwortung. Nicht zufällig führt Forbes Blatter auf Rang 69 der 72 mächtigsten Personen der Welt.[803] Kein Wunder, dass er sich seine stete Wiederwahl einiges kosten lässt, etwa in Form von Millionenförderungen für nationale Verbände, die ihm besonders wohlgesonnen sind.[804]

Lehrbeispiel: FIFA-Wahlkampf 2011

Am meisten umworben werden die karibischen Länder. Die sind zwar klein, aber dafür viele, sprich sie haben bei der Wahl der Vereinsorgane besonderes Gewicht. Ergo legte sich der einzige Blatter-Herausforderer Mohamed Bin Hammam dort besonders ins Zeug, um die FIFA-Präsidentschaftswahl für sich zu entscheiden und selbst den Thron zu erklimmen. Am 10. Mai pilgerte er nach Port of Spain, Hauptstadt von Trinidad und Tobago, um im Hotel Hyatt Regency die Vertreter von 25 Verbänden der karibischen Fußballunion (CFU) zu überzeugen. Um seine Wahlkampfrede zu unterstreichen, soll er dann im Hinterzimmer des

Hotels Kuverts mit jeweils 40.000 Dollar ausgeteilt haben.[805] Filmreif dachte sich der amtierende FIFA-Präsident Blatter und ließ die Szene von getreuen Gefolgsleuten aufzeichnen. Es kam, wie es kommen musste, Hammam musste seine Gegenkandidatur zurückziehen und Blatter wurde am 1. Juni im Alter von 75 Jahren mit 186 von 203 Stimmen zum vierten Mal in Folge wiedergewählt.[806, 807]

IfaK empfiehlt:

Streben Sie stets die höchste Position im Verein an. Hier gelten dieselben beinharten Gesetze wie in der Realpolitik. Studieren Sie die Schriften des Thukydides und beherzigen Sie die Ratschläge der alten Römer (divide et impera). Widmen Sie sich vor allem auch dem Machiavellismus. Bekämpfen Sie Ihre Gegner und lassen Sie Ihre Unterstützer und »Freunde« am Kuchen mitnaschen. Insbesondere um die stimmberechtigten Mitglieder des Vereinsvorstandes sollten Sie sich kümmern, indem Sie sie direkt unterstützen oder ihnen lukrative Nebeneinkünfte ermöglichen. Wir empfehlen die zweite Variante.

3. Geld einnehmen und ausgeben

Wir hatten alle die Hosen voll,
aber bei mir lief's ganz flüssig.
(Paul Breitner)

Wo viel Geld fließt, da lässt sich auch viel Geld abzweigen. Für uns selbst versteht sich. Das funktioniert in der Regel über Kickback-Zahlungen, indem wir im Namen des Vereins einem teuren Anbieter einen Auftrag zuspielen, dafür aber privat etwas zurückbekommen.

Nebenverdienst: Rechtevergabe

Die meisten Vereine erheben Mitgliedsbeiträge, um ihre Ausgaben zu decken. Wer wie die FIFA einen Sportwettbewerb organisiert, um den sich ein Monat lang das Weltgeschehen dreht, hat lukrativere Möglichkeiten. Über eine Milliarde Zuschauer (15 Prozent der Weltbevölkerung) fieberten beim WM-Finale 2006 in Deutschland mit.[808] Beim WM-Endspiel 2014 schauten allein in Deutschland 34,65 Millionen der deutschen Mannschaft beim Gewinnen zu.[809] Eine solche Aufmerksamkeit lässt sich teuer verkaufen. Tatsächlich stammen die Einnahmen der FIFA mit 93 Prozent fast zur Gänze aus dem Verkauf von TV- und Marketingrechten.[810] Bis 2018 hat sich die FIFA aus diesem Topf bereits 3,69 Milliarden gesichert.[811] Mit der WM 2014 in Brasilien verdient die FIFA 4,5 Milliarden Dollar.[812] Das ist deutlich mehr als bei der WM 2010 in Südafrika[813] und mehr als doppelt so viel wie bei der WM 2006 in Deutschland.[814] Und selbst da machte sich Blatter bereits Sorgen, dass die Verwertungsgesellschaften sich überheben. Vielleicht vergab man die Rechte deshalb nicht an den Höchstbietenden, sondern an die Schweizer Marketingfirma ISMM/ISL. Die bot weniger als die Konkurrenz, hatte sich aber dafür (bis zum Konkurs 2001) zwölf Jahre lang rührend um die FIFA-Funktionäre gekümmert.[815] 175 geheime Zahlungen in Höhe von 142 Millionen Franken sind dokumentiert, an den damaligen Präsidenten des brasilianischen Fußballverbandes, Ricardo Teixeira, die Exekutivkomitee-Mitglieder Nicolás Leoz (Südamerika) und Issa Hayatou (Afrika) sowie an den damaligen FIFA-Präsidenten João Havelange.[816, 817]

> *Ich wechsle nur aus, wenn*
> *sich einer ein Bein bricht.*
> (Werner Lorant)

Blatter soll laut Gerichtsdokumenten zumindest davon gewusst haben.[818] Aber der wäre ja schön blöd, würde er jene ausliefern, die ihn bei der nächsten Wahl wieder auf den Chefposten heben.

Das wird alles von den
Medien hochsterilisiert.
(Bruno Labbadia)

Selbst wenn er auch zugegriffen haben sollte (110 Millionen konnten bis heute – auch ihm – nicht zugeordnet werden[819]), was wäre schon dabei? In der Schweiz war Korruption damals keine Straftat.[820]

Lehrbeispiel: Teixeira-Variante
Ricardo Teixeira, ehemaliger Präsident des brasilianischen Fußballverbands und des WM-Organisationskomitees, verdiente sich durch ein Freundschaftsspiel Millionen dazu. Im Namen des Verbandes vergab er, natürlich ohne öffentliche Ausschreibung, Marketing-, Hotel- und Transportrechte an eine Firma, die ihm selbst gehörte.[821]

20. Nov. 2008	**Brasilien**		**Portugal**
Endstand:	6	:	2
Gewinn für Teixeira:	$ 4.000.000		

IfaK empfiehlt:

Auch wenn Sie wahrscheinlich keine Film- und Lizenzrechte zu vergeben haben, das Prinzip der Kickback-Zahlungen funktioniert auch so. Schließen Sie beim nächsten Vereinsfest einen für Sie besonders vorteilhaften Deal mit der Brauerei. Jetzt ist das Bier vielleicht ein wenig teurer als nötig, aber Hauptsache, es ist nicht warm. Der Getränkehersteller freut sich über den Auftrag und bedankt sich bei Ihnen privat mit einer Monats- oder Jahresversorgung. Je nach Verhandlungsgeschick und Durst.

Noch mehr Gewinn erzielen Sie, wenn Sie im Namen des Vereins Aufträge an Firmen vergeben, die Ihnen oder Ihrer Familie gehören. Sind Ihre Angehörigen z. B. in der Gastronomie tätig oder hat jemand ein freies Kellerabteil, aus dem Sie ein Vereinslokal machen können? So können Sie teuer anbieten (Getränke, Essen, Miete etc.) und den Gewinn gleich selbst einstreichen. Damit das nicht auffällt und Sie keine Steuern zahlen müssen, verschleiern Sie das Ganze ein wenig und gründen Sie eine Briefkastenfirma in einer Steueroase. Im Kapitel Handwerkszeug zeigen wir Ihnen, wie einfach das geht.

Nebenverdienst: Weltmeisterschaftsvergabe

Die FIFA plant auch in Zukunft wieder extravagante Sportereignisse mit tollen Leuten aus der ganzen Welt! Die Sponsoren können es schon kaum mehr erwarten, wieder dabei zu sein. Die nächsten WM-Spiele finden in Russland (2018) und in Katar (2022) statt. Für 2026 steht noch kein Veranstalter fest. Die größten Chancen haben Kandidaten mit ausreichenden Ressourcen, sprich Länder, die sich den Spaß auch wirklich leisten können. So ein Megaspektakel kostet schließlich ein Vermögen. Südafrika gab für die WM 2010 umgerechnet 2,3 Milliarden Euro aus.[822] Am Ende blieb neben nutzlosen Stadien immerhin ein »Prestigegewinn«.[823] Brasilien kostete die WM rekordverdächtige 8 Milliarden Euro, und schon gingen die Bürger auf die Straße.[824] Ein Gluck, dass es da noch reiche Ölstaaten wie Katar gibt, die für eine Imagepolitur 100 Milliarden Euro hinblattern.[825] Schon in der Bewerbungsphase ließen die Scheichs 200 Millionen Dollar springen für »Marketingaktivitäten«.[826] Da ist es dann egal, dass die Fußballer beim Training bei 50 Grad im Sommer beziehungsweise 40 Grad im Winter etwas mehr schwitzen. Die Spiele selbst finden in voll klimatisierten Stadien statt. Die erste Hallenfußball-WM der Welt. Allerdings fügt Blatter hinzu: »Wer weiß, wie in zehn Jahren die klimatischen Verhältnisse auf der Welt sind. Zweimal im Jahr findet eine große Klimakonferenz statt, die wissen ja auch nicht, wohin man geht.«[827] Globale Kühlung? Medienberichte, wonach Arbeiter im Emirat unter menschenunwürdigen Bedingungen schuften müssen, sind übertrieben. Franz Beckenbauer hat bei seinen wiederholten Besuchen in Katar keine Sklaven gesichtet.[828] Im Zuge des WM-Fiebers 2014 warfen vor allem die Konkurrenten einigen FIFA-Funktionären Korruption vor und forderten eine Neuausschreibung für 2022.[829] Blatter bringt die Sache wie immer auf den Punkt: »Natürlich war es (Anmerkung: die Vergabe der WM an Katar) ein Fehler. Aber wissen Sie, man macht viele Fehler im Leben.«[830]

Wer überzeugen will, der muss wissen, wie man dem Verein FIFA sowie seinen Funktionären eine Freude macht.

Wünsche der FIFA:[831]

- *Uneingeschränkte, bedingungslose Einreisevisa und Ausreiseerlaubnis für alle von der FIFA genannten Personen*
- *Aufhebung der im Land geltenden Arbeitsgesetze in Bezug auf WM-bezogene Tätigkeiten*
- *Absolute Steuerbefreiung für die FIFA-Family und sämtliche Dienstleister*
- *Uneingeschränkte Ein- und Ausfuhr der Kohle plus uneingeschränkter Umtausch in Dollar, Euro oder Schweizer Franken und keine Anwendung der Geldwäschegesetze*
- Stadien als exterritoriales Gebiet (streng genommen finden die Spiele also nicht im Austragungsland statt)[832]

Wünsche der Funktionäre:

- *2 Millionen Dollar für mich und meine Familie*[833]
- *4 Millionen für ein Ausbildungszentrum (auf mein Privatkonto)*[834]
- *Entschuldung meiner argentinischen Klubs*[835]
- *Die TV-Rechte für das Länderspiel England gegen Thailand*

- *Ein WM-Stadion (die stehen nach dem letzten WM-Spiel eh bloß herum)*[836]
- Günstige Gaslieferungen[837]
- Spitzenjob für den Sohn[838]
- *Erhebung in den Ritterstand*

In den letzten Jahren freute sich mehr als die Hälfte der 22 Exekutiv-Mitglieder über großzügige Gaben.[839] *Aber bitte schenken Sie diskret. Ein Drittel musste deshalb den Verein schon verlassen.*[840] *Achten Sie deswegen auf eine schöne und kreative Geschenkverpackung. Strohleute und Tarnfirmen werden Ihnen dabei helfen.*[841]

IfaK empfiehlt:

Je größer und begehrter Ihr Event, desto mehr können Sie sich anbieten lassen. Je größer Ihr Verein und sein Ansehen, desto mehr werden sich die örtlichen Lokale um Ihre Vereinsparty reißen. Testen Sie vorsichtig aus, aber geben Sie sich nicht zu billig her. Freigetränke für Sie selbst und Ihre besten Freunde sind immer drin.

Résumé

Was sollen wir noch sagen. »Es wird langsam Zeit, dass wir Köpfe mit Nägeln machen.« (Klaus Täuber)[842] Machen Sie Ihr Hobby zum Beruf beziehungsweise verdienen Sie mit Ihrem Hobby einfach so viel Geld, dass Sie gar keinen Beruf mehr brauchen.

For the Game, for the World, for the Money ...

Handwerkszeug

Jetzt wird's konkret. Hier noch das ganz pragmatische Rüstzeug, um unsere Deals durchführen zu können. Wichtig ist es, wirklich sauber zu arbeiten und keine Spuren zu hinterlassen, damit es nicht zur Krise kommen kann. Fangen wir an.

Der richtige Umgang mit Geld

Schmiergeld übergeben

Wenn der korrupte Deal unter Dach und Fach ist, gilt es, die Prämien diskret an die Bestochenen auszuzahlen. Wir wollen schließlich nicht unnötig auffallen.

Bargeld

Am sichersten ist immer noch die klassische Bargeldübergabe. Sie ist die einzige wirklich anonyme Methode, Geld von A nach B zu transferieren. Also raus aus dem Tresor und rein in den Aktenkoffer.

Beträge bis 10.000 passen in einen Umschlag, Beträge ab 100.000 gehören in einen Aktenkoffer ... und nicht ins Plastiksackerl, wie das so manche Korruptionisten in Wien handhaben.[843] Bewahren Sie Stil! In ein herkömmliches Modell (46,5 x 40 x 13 cm) passt locker eine Million. 10,2 Kilo wiegen die Banknoten (in Hunderterscheinen),[844] plus Koffer kommt da schnell ein Gewicht von 15 Kilo zusammen. Wenn Ihnen das zu schwer ist, nehmen Sie halt einen Trolley.

Banküberweisung

Alternativ können wir das Geld auch überweisen. Aber Achtung, bei hohen beziehungsweise verdächtigen Kontobewegungen schlagen Banken Geldwäschealarm. Zudem gibt es durch die Transaktion eine Verbindung zwischen uns und dem Bestochenen. Da stellen Ermittler schnell ungute Fragen, was es mit dem Geld auf sich hat. In diesem Fall brauchen wir dann entweder eine gute Ausrede (siehe nächster Punkt), oder wir gründen eine anonyme Briefkastenfirma. Die gehört zwar ebenfalls uns, aber das müssen die Behörden erst mal rausfinden (siehe auch Gründung einer Briefkastenfirma). Damit der Geldempfänger keine Schwierigkeiten bekommt, sollte auch dieser über ein anonymes Konto verfügen, idealerweise in einem Land mit einem strengen Bankgeheimnis.

Überweisung mittels virtueller Währung

Gehen Sie mit der Zeit und überweisen Sie Geld mittels digitaler Währungen. Damit können Sie Ihren Freunden völlig anonym Geld via Internet schicken. Mehr als eine Million Kunden setzte auf das Internetbezahlsystem Liberty Reserve, bevor die »Lieblingsbank der Unterwelt« im Mai 2013 von den Behörden geschlossen wurde. Die US-Fahnder zollten dem Netzwerk Respekt: »Wäre Al Capone noch am Leben, würde er sein Geld auch auf diese Weise verstecken.«[845] Wir empfehlen als Alternative die Kryptowährung »Bitcoin«.[846] Die wird mittlerweile auch von einigen Wettanbietern akzeptiert.[847]

Zahlungen legitimieren

Wer Überweisungen nicht verschleiern möchte, spielt mit offenen Karten. Besonders offiziell wirkt ein Geschäft, wenn der Bestochene einfach eine Rechnung stellt. Offiziell hat die natürlich absolut nichts mit unserem geheimen Deal zu tun. Welche Leistungen wir stattdessen in Rechnung stellen, ist einerlei.

Kreative Rechnungen

Am beliebtesten sind Beraterverträge, denn einen guten Rat geben, das kann jeder. Ob Studie, Gutachten oder auch nur ein klärendes Gespräch, alles ist erlaubt, solange wir unsere »Leistung« ordnungsgemäß versteuern. Einen schönen Titel und den passenden Preis sollten Sie sich aber schon überlegen. Seien Sie kreativ! Ein paar Anregungen aus der jüngeren Vergangenheit:

Titel	Tätigkeit	geschätzter Aufwand	Preis
»Lobbyingaktivitäten Hauptverband« (handgeschrieben)[848]	*Beratung*	*nebenbei über 3 Monate*	*€ 36.000*
Nichts (mündliche Vereinbarung)[849]	*mündliche Beratung über die Einführung des Euro*	*8–10 Telefonate à 15 Minuten*	*€ 72.000*
»Beratung in sozialrechtlichen Fragen«[850]	*Bericht über die Stimmungslage in der Gewerkschaft*	*nebenbei über 14 Monate*	*€ 138.000*
»Rail Jet«[851]	*Idee für die Bezeichnung der neuen Fernreisezüge der Österreichischen Bundesbahnen (ÖBB)*	*ein Geistesblitz*	*€ 150.000*
»SWOT-Analyse der Top-Ten Industrie Unternehmen Vorarlbergs«[852]	*Networking u.Ä.*	*nebenbei über 2 Jahre*	*€ 268.800*
»Online-Glücksspiel [sic!] und Responsible Gaming; Analyse, Vergleich, Perspektiven«[853]	*9-seitige Studie aus dem Internet zusammenkopiert*	*übers Wochenende*	*€ 300.000*
Projekt »Belvedere« und »Grand Prix«[854]	*»Managing Director« inkl. Bereitstellung politischer Kontakte*	*44 Stunden*	*€ 900.000 (Stundenlohn: € 20.455)*
»Evaluierung von Marktchancen in Ost- und Süd-Osteuropa«[855]	*Eine alte Studie auf eigenem Briefpapier ausgedruckt*	*30 Minuten*	*€ 1.000.000*
Gutachten über »Kaufvertrag zwischen der Bayerischen Landesbank und dem Land Kärnten«[856]	*8-seitiges Gutachten*	*1,5 Monate*	*€ 6.000.000 (Stundenlohn: € 25.000)*[857]

Darlehen und Sachspenden

Auch Anzahlungen und Darlehen[858] sind beliebt. Da brauchen wir dann die Leistung erst gar nicht vortäuschen, denn die steht ja offiziell noch aus beziehungsweise das Geld wird wieder zurückgezahlt irgendwann. Zu guter Letzt gibt es noch die Möglichkeit von Sachspenden. Adolf Krchov, der ehemalige Sekretär von vier Wiener Polizeipräsidenten und fleißiger Kassier des »Vereins der Freunde der Wiener Polizei«[859] erhielt zum Beispiel wiederholt Reisegutscheine, die er in Fünfsternehotels einlöste. Das günstige Mietrecht für sein Penthouse über dem noblen Café Landtmann bekam er über die Tochterfirma der Nationalbank (deren ehemaliger Präsident Adolf Wala ist auch im Verein). Der Jaguar vor der Tür kostete ihn 40.000 Euro. Der war auch »eine Okkasion«.[860]

Schmiergeld: Was tun damit?

Wer viel Schmiergeld bekommen hat, sollte es am besten schnell ausgeben. Oder es verstecken. Dann sollten wir es aber früher oder später legalisieren.

1. Leben genießen

Erstaunlicherweise ist es bei Korruption manchmal schwieriger, das Geld auszugeben, als es zu verdienen. Denn bevor das Geld nicht sauber ist, können wir nur begrenzt shoppen gehen. Genießen Sie das Leben, beschenken Sie sich, Ihre Lieben und Ihre Freunde und lassen Sie mal wieder die Sau raus. Verhalten Sie sich aber nicht allzu auffällig. Der Beamte, der von heut auf morgen einen Jaguar fährt und sich eine Villa kauft, weckt schnell Neider und Ermittler.

Grundsätzlich ist beim Schwarzgeld-Verbraten jede Barzahlung erlaubt.

Hier können Sie noch bar bezahlen:

Juwelier, Kunst- und Antiquitätenhandel, Luxusartikel, Tourismus, Gebrauchtwagenhandel, Gastronomie, Bauwirtschaft, Drogen und Prostitution.

Achtung
Der Kauf von Grundstücken ist heikel. Dafür brauchen Sie einen Notar und dieser meldet die Transaktion wegen der anfallenden Grunderwerbssteuer an die Behörden.[861] Bauen Sie diskret oder besser Sie renovieren.

TIPP! Werden Sie Kunstsammler
Als Kunstsammler zeigen Sie finanzielle Souveränität, Bildung und Wohltätigkeit. Ob Sie, wie der ukrainische Oligarch Viktor Pinchuk, zeitgenössische Kunst fördern oder doch lieber Monet und Picasso präferieren, wie Senator Prof. Dr. Herbert Batliner, die Kunst bietet etwas für jeden Geschmack.

2. Schwarz reinvestieren

Wer an die Zukunft denkt, der plant schon den nächsten Coup und pflegt seine Kontakte. Seien Sie in jedem Fall großzügig:

Sepp Blatter über Geiz: »Ein ganz böses Wort, das in meinem Vokabular nicht vorkommt.«[862] Spenden Sie doch einmal für einen wohltätigen und eigennützigen Zweck. Als Adressaten eignen sich:

- alle regierenden (und aufstrebenden) Parteien
- Wirtschaftsverbände
- Sportverbände
- Verbindungen

Achtung: Bei politischen Investitionen die Parteispenden stückeln. Wir wollen doch nicht, dass uns jemand Beeinflussung unterstellt (siehe Test: Was ist Korruption?).

3. Geld im Ausland verstecken

Haben Sie richtig auf den Putz gehauen und trotzdem ist noch viel zu viel übrig? Große Summen sollten Sie keinesfalls auf die Bank bringen. Die überprüfen die Identität von neuen Kunden und Nichtkunden, die mehr als 15.000 Euro einzahlen. Und auf bestehende Konten haben die Steuerbehörden sowieso Zugriff.[863] Außerdem werden besonders verdächtige Einzahlungen routinemäßig den Behörden gemeldet. Da steht am nächsten Tag dann das Finanzamt vor der Tür und nimmt es uns wieder weg.[864]

Da ist es besser, wir verstecken das Geld daheim im Tresor. Oder wir schmuggeln es ins Ausland. Ja schmuggeln, denn offiziell müssten wir es den Behörden melden, wenn wir mehr als 10.000 Euro Bargeld ins Nicht-EU-Ausland bringen. Nicht deklariertes Geld kann in Deutschland sogar beschlagnahmt werden, und es gibt Strafen von bis zu einer Million![865, 866]

In der Vergangenheit gab es für risikoscheue Österreicher und Deutsche daher häufig Kurzurlaube über die Schweizer Grenze, aber auch mit dem Geldtourismus ist es längst vorbei. Nachdem die EU-Kommission vorgerechnet hat, dass den Staaten der Union jährlich eine Billion Euro durch Steuervermeidung und Steuerbetrug entgehen,[867] kooperieren nun auch Österreich und Luxemburg. Bald gibt es den vollautomatischen Austausch von Bankdaten, nicht nur innerhalb der EU, sondern wohl auch mit der Schweiz. Wer Steuern hinterziehen will, muss also künftig einen weitaus höheren Aufwand betreiben. Da braucht es zum Beispiel einen Trust auf den Kaimaninseln, der sich an einer Briefkastenfirma in Panama beteiligt, die das Geld dann unter ihrem Namen in einem Land mit strengem Bankgeheimnis anlegt.[868] Bloß mit Letzterem ist es, wie gesagt, leider bald vorbei. Manche setzen seither auf Singapur, Malaysia oder Dubai.[869, 870, 871]

Das Problem ist, dass die heimischen Finanzbehörden mit immer mehr Ländern Bankinformationen austauschen. Wer heute sein Kapital nach Vanuatu fliegt, muss dem scheuen Reh vielleicht schon morgen erneut eine neue Heimat suchen. Am Ende fühlt es sich doch in den Schweizer Bergen am wohlsten.

TIPP! **Anlagetipp für Angsthasen**

Legen Sie sich eine Affäre in der Schweiz zu und vergessen Sie jedes Mal die 10.000 Euro in der Reisetasche nicht. Schlendern Sie gemeinsam über die Antiquitätenmärkte und Kunstmessen und lagern Sie Ihre Einkäufe in einem Zollfreilager.[872] Da kann Ihr Vermögen dann von Steuerfahndern ungestört für Sie arbeiten.[873] Wertgegenstände in physischer Form (darunter fallen auch Goldmünzen und -barren) können in der Schweiz nach einem Jahr gewinnbringend und steuerfrei weiterverkauft werden.[874]

Stiftungen

Ob sich Schein-Stiftungen wie die 20 Millionen Euro schwere Privatstiftung »Sonnenschein« von Gerhard Gribkowsky für krebskranke Kinder noch rechnen, hängt ganz von Ihren individuellen Verhältnissen und Bedürfnissen ab.[875, 876] Wenn Sie Ihr Vermögen nicht nur vor der Steuer, sondern auch vor Ihrer Frau oder Ihrem Mann schützen wollen, dann dürften Sie sich für das Liechtensteiner Stiftungsrecht interessieren. Die Alpenmonarchie erkennt ausländisches Erbrecht nicht an. Für weitere Informationen empfehlen wir Ihnen folgende Kanzlei:

§

BATLINER GASSER
RECHTSANWÄLTE

Marktgass 21
Postfach 479
9490 Vaduz
Fürstentum Liechtenstein

T +423 236 30 80
F +423 236 30 81
lawoffice@batlinergasser.com

Der honorige Kanzleigründer Herbert Batliner und seine geschickten Mitarbeiter wissen, wie's geht. Wie man hört, soll er für die CDU und ihre Freunde schon mehr als 100 Millionen Euro diskret nach Liechtenstein und in die Schweiz gebracht haben, um es frisch gewaschen und an der Steuer vorbei wieder zurück nach Deutschland zu schleusen.[877, 878] Da sind die paar Millionen, die Sie hoffentlich bald haben werden, sicher kein Problem.

Der letzte Ausweg:
Wenn alle Stricke reißen, dann hilft nur noch die Flucht. Folgen Sie den Spuren von Reich und Schön. Boris Becker, Klaus-Michael Kühne, die Familie August von Finck, die Familie Jacobs, Karl-Heinz Kipp und die Familie Liebherr, sie alle haben ihren Wohnsitz ins Ausland verlagert und durften ihre Milliarden ganz legal mitnehmen.[879] Heimweh sollte Sie dann aber nicht plagen. Nur wer sich weniger als 183 Tage im Jahr in seiner alten Heimat blicken lässt, ist offiziell fein raus. Aber auch das Gästezimmer mit gegenwärtiger Kleidung im Haus der Eltern oder gar eine »Ferienwohnung« sind dann tabu. Da ist das Finanzamt streng.[880]

4. Legalisieren

Wer ganz offiziell shoppen möchte, muss sein Schwarzgeld vorher weiß waschen. Denn wenn die Ermittler nachfragen, woher wir das ganze Geld haben, dann brauchen wir eine plausible Geschichte.

Bertie Ahern, früherer irischer Premierminister, erklärte seine undurchsichtigen Einnahmen mit einem Gewinn beim Pferderennen. Zuvor meinte er noch, seine Freunde hätten im Pub eine Sammlung veranstaltet, um ihm aus der durch seine Scheidung verursachten finanziellen Patsche zu helfen. Außerdem habe er sich über sieben Jahre lang 50.000 Pfund angespart und unter der Matratze gehortet, weil er damals noch kein Konto hatte.[881] Egal wie kreativ die Begründung, für das Finanzamt brauchen wir immer eine Quittung!

Selbstanzeige

Wer weder Ausrede noch Rechnung hat und sich vor den Steuerfahndern fürchtet, reicht eine strafbefreiende Selbstanzeige ein.[882] Die liegt in Zeiten von Steuer-CDs[883] und Offshore-Leaks[884] voll im Trend. Alice Schwarzer[885] ist nur eine von fast 25.000 Deutschen, die 2013 von diesem Service Gebrauch gemacht haben. Das sind dreimal mehr als im Jahr davor.[886] Aber Achtung, die Selbstanzeige schützt nur, wenn noch kein Ermittlungsverfahren läuft. Wenn die Kollegen von der Steuerfahndung schon im Anmarsch sind, ist es leider zu spät. Österreichern und Schweizern, die einer möglichen Vorstrafe entgehen beziehungsweise ruhig schlafen wollen, raten wir zu einer klassischen Selbstanzeige.[887] Deutschen Staatsbürgern empfehlen wir die weniger stressige Stufenselbstanzeige[888]:

1. Selbstanzeige beim örtlichen Finanzamt einreichen
2. Die hinterzogenen Steuerschulden offenlegen (bei der Stufenselbstanzeige reicht eine Schätzung mit einem ausreichend hohen Sicherheitsaufschlag)
3. Steuerschuld begleichen

Dadurch ersparen Sie sich folgende Strafen:[889]

Steuerhinterziehung	Strafe
... bis zu €1.000	keine (Einstellung gegen Auflage)
... bis zu €50.000	Geldstrafe (ca. in Höhe des Jahresnettoeinkommens[890])*
... ab €100.000	Freiheits- und evtl. Geldstrafe (kann auf Bewährung ausgesetzt werden)
... ab €1.000.000	Freiheits- und evtl. Geldstrafe (kann nicht auf Bewährung ausgesetzt werden)

* Geldstrafen sind je Finanzamt unterschiedlich. Im Zweifel könnte sich ein Umzug in einen anderen Bezirk mit »Niedrigstrafe« lohnen.[891]

Leider führt eine Selbstanzeige mitunter zu einem neuen Problem. Wissen die Behörden von dem Geld, wollen manche auf einmal wissen, woher es stammt. Roland Rief, Steuerexperte von Ernst & Young: »Die Finanzämter reagieren sehr unterschiedlich. Es gab Fälle, wo tatsächlich einige Zeit danach eine Betriebsprüfung angesetzt wurde, oft passiert aber auch gar nichts.«[892]

Steueramnestien nutzen

Wer sich nicht vor den Steuerfahndern fürchtet, der wartet auf die nächste Steueramnestie. Vor allem Regierungen klammer Staaten drücken in regelmäßigen Abständen ein Auge zu, um Schwarzgeld zurück ins Land zu locken. In Deutschland konnte man sein Schwarzgeld zuletzt 2004 (beziehungsweise 2005) durch eine einmalige Ablass-Steuer von 25 (beziehungsweise 35) Prozent legalisieren.[893] Der tatsächliche Steuersatz lag sogar nur bei 15 Prozent.[894] Im Rahmen des Steuerabkommens zwischen Österreich und der Schweiz Anfang 2013 konnten Schwarzgeldbesitzer ihr Vermögen durch eine Einmalzahlung von 15 bis 30 Prozent (bei hohen Beträgen maximal 38 Prozent) weiß waschen, straffrei natürlich.[895] Vielleicht sollten Sie Ihren nächsten Urlaub aber doch lieber in Spanien verbringen oder gleich Ihren Wohnsitz dorthin verlagern. Die letzte Steueramnestie 2012 unter dem konservativen Ministerpräsidenten Rajoy war nämlich besonders verlockend. Wer dort das Schwarzgeld auf die Bank brachte und hoch und heilig erklärte, dass man dieses bereits am 31. Dezember 2010 besessen hatte, der musste nur eine zehnprozentige Abgeltungssteuer zahlen (auf die Zinserträge der letzten vier Jahre), und schon war das Schwarzgeld blütenweiß. Super günstig im Vergleich zum Spitzensteuersatz von 52 Prozent![896] Wer noch kein EU-Bürger ist, der gönnt sich auch gleich eine Immobilie im Wert von mindestens 160.000 Euro und bekommt eine spanische Aufenthaltsbewilligung dazu.[897]

Wann die nächste Steueramnestie kommt, ist schwer abzuschätzen. Das Warten lohnt sich aber bestimmt.

Geld waschen

Zu teuer? Zu auffällig? Widmen wir uns den illegalen Geldwäschepraktiken. Die bequemste Art, unser Geld zu waschen, ist, es einfach andere waschen zu lassen. Bankster machen das dank ihrer langjährigen Erfahrung besonders diskret und verlangen für diesen Service lediglich 15 Prozent der Schwarzgeldsumme.[898] Wem auch das zu teuer ist, der muss sein schmutziges Geld eben selber waschen.

Grundsätzlich erfolgt die Waschung in drei Phasen:

1. **Vorwaschgang**: Einschleusung des Geldes in den Wirtschaftskreislauf
2. **Hauptwaschgang:** Verschleierung der Herkunft des Geldes
3. **Weichspülung:** Integration des Geldes in den legalen Wirtschaftskreislauf

Was das konkret bedeutet, stellen wir an drei unterschiedlichen Modellen vor:

Eigenes Restaurant

Haben Sie auch so ein Restaurant in Ihrer Nähe, wo nie jemand drin sitzt und man sich fragt, wie sich das rechnen kann? Laden Sie den Besitzer doch auf ein paar Runden Bier ein und fragen mal nach.

So geht's:
Wir verdienen durch Korruption viel Schwarzgeld. Das bringen wir ins besagte Restaurant. Die Besitzer verbuchen das Geld als Restauranteinnahmen, zum Beispiel 5.000 Euro als Umsatz an einem Abend (so und so viel Essen und Getränke). Da in der Gastronomie üblicherweise mit Bargeld gezahlt wird, gilt das, was das Personal in die Kasse tippt. Außerdem kann niemand im Nachhinein prüfen, wie viele Gäste tatsächlich da waren und was diese konsumiert haben. Die Besitzer versteuern das Geld, und schon ist es legal.

Achtung: Auch Restaurantbesitzer werden geprüft. Deswegen müssen die Ausgaben, also die Einkaufsliste, mit den Einnahmen übereinstimmen. Wer nur zehn Schnitzel eingekauft, aber hundert verkauft hat, der fällt auf. Hier kommen jetzt unsere befreundeten Händler ins Spiel. Der Bauer, der uns das Fleisch liefert, stellt uns eine falsche Rechnung von hundert Schnitzeln aus. Das freut auch ihn, da er als größerer Betrieb mehr EU-Förderung erhält und es insofern sinnvoll für ihn ist, offiziell mehr Schweine zu haben. Wichtig ist, dass alle Beteiligten von dem Deal profitieren und der Gewinn geteilt wird.

Das klingt jetzt vielleicht ein wenig kompliziert. Denken wir aber wieder an das kleine Vereinslokal. Bei kleinen Mengen helfen auch schon die folgenden Tricks:

Extrem hohe Preise für Essen und Trinken verlangen. Besonders viele Sachen verbuchen, bei denen die Gewinnspanne hoch ist (zum Beispiel ganze Flaschen Schnaps oder Champagner).

Kunsthandel

Wann waren Sie das letzte Mal in einer Ausstellung? Gehen Sie in ein Kunstmuseum und fragen Sie sich, was sich alle fragen: Warum kostet das so viel? Kunst ist die Eselsbrücke zur Realität, sagte einst Kurt Schwitters. Und in der Realität sind die Galerien unsere Brücke zu einwandfreiem Geld. Kein Mensch kann wissen, dass ein so göttliches Meisterwerk wie »Silver Car Crash« von Andy Warhol 105 Millionen Dollar bei einer Auktion bringt.[899] Das sieht auch der

Fiskus ein.[900] Ein weiterer Pluspunkt. Kunst kann man noch bar bezahlen. Optimale Voraussetzungen, um unser Geld monochrom weiß zu pinseln. »Der Boom bei Galerien und Kunstmessen in Deutschland und anderen Ländern ist ein klares Indiz für heftige Geldwäscheaktivitäten; speziell von Drogenkartellen«, sagt der ehemalige Geldwäscher und jetzige Strafverfolger Ken Rijock.[901]

So geht's:

Gehen Sie in Galerien, auf Kunstmessen oder in Auktionshäuser und kaufen Sie bar mit Ihrem Schwarzgeld[902] Kunst. Im Optimalfall legen Sie sich einen Kunsthändler Ihres Vertrauens zu, der für Sie als Mittelsmann fungiert. Dieser schlägt Ihnen ein Werk vor, für das er am besten schon einen Käufer hat. Er stellt Ihnen für das Kunstwerk eine Rechnung über beispielsweise 50.000 Euro aus. Wenn's schneller gehen soll, kann er die Rechnung auch vordatieren (mit Kugelschreiber, nicht mit Tinte![903]). Nach kurzer Zeit verkauft er das Kunstwerk ähnlich wie eine Aktie in Ihrem Auftrag weiter, sagen wir für 150.000 Euro. Jetzt können Sie dem Finanzamt erklären, wie Sie 100.000 Euro gewaschen, ähm verdient haben. Die Provision für den Händler müssen Sie halt noch abziehen.

Der Trick funktioniert sicher noch länger. Im Jahr 2012 hatte man versucht, die Geldwäschegesetze auch auf den Kunsthandel auszuweiten. Am Ende siegte die Angst vor wirtschaftlichen Verlusten und die Branche entschied sich dagegen.[904, 905] Behalten Sie den Markt aber sicherheitshalber im Auge.

TIPP! **Art Basel**

jährlich, meist im Juni

Tageskarte um 45 CHF

Messezentrum Basel, Messeplatz, CH-4005 Basel

www.artbasel.com

Gründung einer Briefkastenfirma

Eine Briefkastenfirma ist eine Firma ohne Personal und Büro, aber mit Briefkasten. Der befindet sich in der Regel in einem besonders freundlichen Rechtsgebiet. Dieses bietet oft vollständige Steuerfreiheit und persönliche Anonymität zur Verschleierung von Geldflüssen. Die »Offshore Company Experts« bieten zum Beispiel folgende Vorteile:[906]

- eine Offshore-Gesellschaft, um bei völliger Steuerbefreiung weltweit geschäftstätig zu werden
- einen Anwalt als Treuhänder, so dass Ihre Personalien nicht öffentlich registriert werden
- eine Vollmacht, mit der Sie die Gesellschaft ohne Rücksprachen leiten können
- eine renommierte Büroadresse in London oder New York für Ihre Geschäftskorrespondenz
- ein Offshore-Konto im Namen der Firma mit Mehrwährungs-Service und Online-Banking
- eine Kreditkarte mit Tageslimit von 10.000 Euro für Barabhebungen an allen Geldautomaten weltweit

Eine Firma gründen, das klingt wagemutig und innovativ, aber auch schrecklich kompliziert. Ist es aber nicht. Das beweist schon die schiere Zahl solcher rechtlicher Konstrukte auf der ganzen Welt. Die musste ja auch erst mal jemand gründen. Auf den Kaimaninseln alleine sind 92.000 anonyme Firmen registriert.[907] Fast 19.000 davon haben ihren juristischen Sitz im »Ugland House« an der 335 South Church Street, George Town.[908, 909]

So geht's:

Konkret brauchen wir für die Gründung:

- Internetverbindung
- 10 Minuten
- 750 Euro plus 690 Euro Jahresgebühr (in den Folgejahren)[910]

Googlen Sie im Internet nach »offshore company« und wählen Sie einen von Hunderten Anbietern, zum Beispiel http://offshoreincorporate.com, www.sfm-offshore.com oder http://gws-offshore.com.

Dann können wir bequem das gewünschte Land anklicken:

Seychelles	*Gambia*	*Belize*	*Dominica*	*Anguilla*
Seychelles Offshore Company Formation	*Gambia Offshore Company Formation*	*Belize Offshore Company Formation*	*Dominica Offshore Company Formation*	*Anguilla Offshore Company Formation*
750 Euro	**750 Euro**	**750 Euro**	**1050 Euro**	**1050 Euro**
Panama	*British Virgin Islands (BVI)*	*Mauritius*	*Hong Kong*	*Dubai*
Panama Offshore Company Formation	*BVI Offshore Company Formation*	*Mauritius Offshore Company Formation*	*Hong Kong Offshore Company Formation*	*Dubai (RAK) Offshore Company Formation*
1090 Euro	**1090 Euro**	**1390 Euro**	**1490 Euro**	**2750 Euro**

… und Zusatzpakete wählen:[911]

- Offshore Bankkonto: 390 Euro (ohne Mindesteinlage)
- Treuhand-Geschäftsführer (Scheindirektor): ab 390 Euro
- Virtual Office – Full Service: ab 130 Euro
- Notariell beglaubigte Unterlagen: 75 Euro
- Unbedenklichkeitsbescheinigung: ab 120 Euro
- Steuerfreistellungsbescheinigung: ab 290 Euro

Dann noch schnell drei Namensvorschläge eintragen und die Bestellung abschicken. Zwei bis sechs Tage nach der Firmengründung finden wir sämtliche Gründungsdokumente in unserem (echten) Briefkasten.

IfaK empfiehlt:

Nehmen Sie einen Briefkasten auf den Britischen Jungferninseln. Der kostet mit 1.090 Euro zwar etwas mehr, dafür bekommen Sie Top-Qualität. Die karibische Inselgruppe wurde 2012 in der Branchenumfrage eines Finanzdienstleisters zur Nummer eins der Offshore-Welt gewählt, knapp gefolgt von den Kaimaninseln und Bermuda. Die Jungferninseln konnten speziell in den Rubriken Vermögensschutz, individuelle Steuerplanung und Investment-Holding für Konzerne punkten.[912] »Keinerlei Quellensteuer, Kapitalgewinnsteuer, Erbschaftssteuer oder Körperschaftssteuer.« Und Informationen über Firmendirektoren, -aktionäre usw. bleiben vertraulich.[913]

Achtung Datenlecks

Ein Restrisiko durch Steuer-CDs und andere Datenlecks bleibt immer. Bei der letzten Veröffentlichung (Offshore-Leaks) hat es 130.000 Personen erwischt.[914] Da kann man leider nichts machen.

Sicher kommunizieren

Ermittler sind neugierige Menschen. Spätestens seit den Enthüllungen von Wikileaks und Edward Snowden ist klar: Alles und jeder wird im Internet überwacht, und bei Telefongesprächen ist es nicht anders. Die folgenden Vorsichtsmaßnahmen helfen Ihnen, die Kommunikation mit Ihren Geschäftspartnern dennoch geheim zu halten.

E-Mails verschlüsseln (GPG)

Trauern auch Sie dem guten alten Briefgeheimnis nach? Wer heute E-Mails schreibt, verschickt diese standardmäßig wie digitale Postkarten. Behörden, die unsere E-Mails abfangen, können den Inhalt ohne Probleme lesen. Dank GnuPG (http://gnupg.org) können wir unsere Mails so verschlüsseln, dass selbst Geheimdienste sich daran die Zähne ausbeißen. Und wenn Sie schon mal dabei sind, verschlüsseln Sie auch gleich Ihre Festplatte. Den Computer schauen sich die Ermittler als Erstes an.

Anonym surfen (TOR)

Passen Sie auf, wo Sie im Internet herumsurfen. Nicht nur die NSA, auch Korruptionsermittler interessieren sich dafür, welche Seiten Sie ansteuern. Anonym surfen Sie mit Tor (www.torproject.org).

Wertkartenhandys

Nicht registrierte Mobiltelefone sind eine gute Wahl. Um private Gespräche aber wirklich privat zu halten, reichen selbst acht SIM-Karten nicht aus. Das musste auch der ehemalige österreichische Finanzminister Karl-Heinz Grasser leidvoll erfahren.[915] Die Polizei verfügt mittlerweile über sogenannte IMSI-Catcher,[916] mit denen sie gleich alle Handys in der näheren Umgebung abhören kann.

Unsere Empfehlung: Wechseln Sie beim Telefonieren öfter den Standort und treffen Sie sich mit Ihren Freunden lieber persönlich.

Umgang mit Medien

»Mit kleinen Jungen und Journalisten soll man vorsichtig sein. Die schmeißen immer noch einen Stein hinterher.«

Konrad Adenauer[917]

Nicht ohne Grund werden die Medien auch die vierte Gewalt im Staate genannt. Wissen ist ihre Macht. Sie können geheime Informationen verschweigen, an Einzelne weitergeben oder in der Öffentlichkeit breittreten. Sie stellen daher eine enorme Gefahr für uns dar. Andererseits gilt, wenn niemand über unsere Machenschaften berichtet, beschwert sich auch keiner, und wo kein Kläger, da ist bekanntlich auch kein Richter. Es ist also wichtig, gute Beziehungen zu den Schreiberlingen zu pflegen. Darüber hinaus helfen uns die Medien, an die Macht zu kommen und dort zu bleiben, zum Beispiel indem sie politische Gegner zerreißen.

Mittendrin statt nur dabei

Lernen können wir vor allem von der kommunalen Ebene. Meist gibt es hier nur ein Lokalblatt und keine Konkurrenzmeinung. Auf dem Land kennt jeder jeden und ist vielleicht auch noch verwandt oder verschwägert. Wenn der Chefredakteur der Lokalzeitung und der Bürgermeister die besten Freunde sind, traut sich kaum ein Journalist, das politische Oberhaupt anzugreifen. Noch heißer wird das Ganze natürlich, hängt der Chefredakteur selbst mit drin.

IfaK empfiehlt:

Lernen Sie die Chefredakteure von Zeitungen, TV und Radio kennen. Sind Sie Politiker, kooperieren Sie vor allem mit Boulevardzeitungen wie Bildzeitung, Krone, Blick *sowie Gratiszeitungen. Herr Guttenberg versteht sich beispielsweise super mit Kai Diekmann[918], der österreichische Bundeskanzler Werner Faymann pflegt beste Kontak-*

te zur Medienfamilie Dichand (Krone, heute).[919] *Versuchen Sie darüber hinaus, in die Aufsichtsratgremien der öffentlichen TV-Sender zu kommen. Da können Sie auch einige inhaltliche Fragen mitentscheiden.*[920]

Inserate für die Zeitungen

Zeitungen fehlt es fast immer an Geld. Gleichzeitig finanzieren sie sich neben dem Verkauf in erster Linie durch Anzeigen.[921] Wer Anzeigen schaltet, darf auch schon mal beim Inhalt mitreden. Wem die Zeitung besonders am Herzen liegt, der zahlt für die Anzeigen mehr als üblich. Werbeanzeigen, die als unabhängige Artikel getarnt sind, werden extra entlohnt.

Anzeigenkunde Politik

Sind Sie Verteidigungsminister, dann können Sie dem Chefredakteur eine Freude bereiten, indem Sie zum Beispiel eine große (und teure) Werbekampagne für die Bundeswehr in der *Bildzeitung* schalten. Die Idee stammt eigentlich von Herrn Guttenberg. Da er aber nicht mehr dazu kam, sind wir uns sicher, Sie dürfen die Idee kopieren.[922] Oder Sie holen sich Anregungen von der österreichischen Regierung. Die gibt jährlich 26,5 Millionen Euro für Inserate aus. Das ist pro Kopf rund elf Mal mehr als die entsprechenden Ausgaben der deutschen Bundesregierung.[923]

Anzeigenkunde Wirtschaft

Auch als Manager in der Wirtschaft sollten Sie die Macht der Inserate für sich nutzen. 2004 schlug sich der Billigdiscounter Lidl mit allerlei Anschuldigungen herum. Die Gewerkschaft Verdi kritisierte mit dem »Schwarzbuch Lidl« die Arbeitsbedingungen in den Filialen, Greenpeace meckerte, im Lidlobst seien zu viele Pestizide. Aufsichtsratschef und Lenker des Konzerns Klaus Gehrig[924] ließ Anzeigen schalten, in denen der Discounter auf Untersuchungen durch unabhängige Labore verwies, die das Gegenteil bewiesen.

Achtung: Sprechen Sie sich vorher mit Ihrer Referenz ab. Im Fall von Lidl ließ eines der genannten Institute die Aussage per Anwalt kurz nach Erscheinen dementieren.[925]

Negative Presseartikel erwiderte Lidl mit einer »kurzen Beschwerde« bei der Verlagsleitung. Eine Redakteurin der *Badischen Neuesten Nachrichten*, die kritisch über den Anzeigenkunden berichtet hatte, wurde fristlos entlassen. Nach einem öffentlichen Aufschrei durfte sie aber doch wieder weiterarbeiten.[926]

Geschenke für die Journalisten

Vielen Zeitungen geht es wirtschaftlich so schlecht, dass Journalisten oft nicht mal mehr angestellt werden. Stattdessen arbeiten sie freiberuflich und werden schlecht bezahlt. Aufwändige Recherchen für Aufdeckergeschichten sind besonders teuer und eine Klage wollen sie sich schon gar nicht leisten. Aber wer will schon klagen, wenn wir sie uns auch so genehm machen können.

Ein paar Tipps:

- Bei Pressekonferenzen immer gutes Essen und Trinken anbieten.
- Geben Sie Journalisten immer freien Eintritt und Rabatte, egal was Sie anzubieten haben. Anregungen finden Sie unter www.pressekonditionen.de.
- Veranstalten Sie Ihre Pressekonferenzen u. Ä. an exquisiten Orten und übernehmen Sie die Reise-, Aufenthaltskosten und Spesen (funktioniert vor allem bei freien Mitarbeitern).

Die Forderung von Transparency International, komplett auf Presserabatte zu verzichten, wies der Deutsche Journalisten-Verband übrigens mit scharfen Worten zurück: Es sei Sache eines Journalisten, zu entscheiden, was er annehme oder nicht – eine Belehrung durch andere Organisationen sei unnötig.[927]

Gerne können Sie auch Inhalte schenken. Journalisten sind gestresste Leute. Da stellen wir ihnen doch gerne alle wichtigen Informationen gut aufbereitet und kostenlos zur Verfügung. (Zwecks leichteren Kopierens unbedingt auch digital aufbereiten, gerne auch auf gratis Speichersticks oder Tablets.[928])

Generell sollten Sie die Ehre der Journalisten niemals unterschätzen. Auch wenn Sie sie schon angefüttert haben, sagen Sie ihnen besser nicht zu direkt, was sie schreiben sollen. Bitten Sie sie lieber um das Gegenteil. Sagen Sie »Ich würde zum Beispiel auf gar keinen Fall schreiben, dass …«, wenn Sie genau das in der Zeitung lesen möchten.[929]

Medieneigentümer werden

Im Idealfall kaufen wir uns gleich eine komplette Zeitung oder einen TV-Sender beziehungsweise sichern uns zumindest Eigentümeranteile. Berlusconis Medienimperium ist bekannt[930], aber auch in Österreich besitzt die Raiffeisenbank die Mehrheit an der Mediaprint, dem größten Verlagshaus des Landes.[931] Klar sind da kritische Artikel über die eigene Firma[932], wenn überhaupt, nur wenige Stunden online.[933]

Umgang mit NGOs

Neben den Medien kann auch die Zivilbevölkerung manchmal zum Problem werden. Kritische Blogeinträge, künstlerische Aktionen bis hin zu ganzen Demos vor unseren Arbeitsplätzen gilt es zu vermeiden. Tipps, wie wir mit Nichtregierungsorganisationen umgehen können, gibt's vom Bundesverband der Deutschen Industrie (BDI):[934]

1. Ignorieren
   Kommunikationsverweigerung und *Business-as-usual*-Verhalten. Anwendbar für: kleine und unbedeutende Gruppen oder wenn das Thema keine breite Öffentlichkeit interessiert.

2. Konfrontation
   Eigene Standpunkte beibehalten und kompromisslose Durchführung der eigenen Ziele; den Standpunkten der anderen nicht ausweichen.
   Anwendbar wenn: Öffentlichkeit und/oder die politischen Akteure von der Richtigkeit der eigenen Position überzeugt werden können.

3. Dialog
   »Die frühzeitige Auseinandersetzung mit Positionen von Nichtregierungsorganisationen verhindert mögliche Eskalationen, zum Beispiel Kampagnen, und gleichzeitig können dadurch Konfliktsituationen proaktiv verhindert oder zumindest beeinflusst werden.«
   Anwendbar wenn: Sie früh dran sind und eine gute CSR-Abteilung haben.

IfaK empfiehlt:
Im Grunde können wir uns auch hier wieder an den Stasigrundlagen orientieren:

- *Wenn's geht, überzeugen.*
- *Interessen befriedigen (in CSR-Projekte einbinden oder Mitglieder bestechen).*
- *Sonst drohen, verklagen oder erpressen.*

Bonus: Geschenkeknigge
Die griechische Sektion von Transparency International brachte 2012 eine »Preisliste« der gängigsten Schmiergelder heraus. Demnach kostet eine Operation in einem Krankenhaus zwischen 50 und 20.000 Euro (je nach Eingriff). 2011 musste man noch 100 bis 30.000 Euro hinlegen. Die Fahrtüchtigkeitsbescheinigung (TÜV) für das nicht mehr ganz so intakte Auto kostete 2011 zwischen 20 Euro und 200 Euro, 2012 ist man mit maximal 100 Euro dabei.

Kleine Anregung: Preisliste der Korruption in Griechenland 2012

Sektor	Art der Leistung	von	bis
STEUERBEHÖRDEN	Tilgung der Steuerschulden	€500	€4.000
	Positive Finanzprüfungen	€100	€1.000
	Beschleunigungsgeld	€200	€1.000
GENEHMIGUNGEN	Baugenehmigungen	€100	€7.500
	Beschleunigungsgeld	€50	€5.000
	Legalisierung von Bauten	€400	€3.000
ÖFFENTLICHE SPITÄLER	Operationen	€50	€20.000
	Beschleunigungsgeld	€10	€7.000
ALLG. GESUNDHEITSBEREICH (INKL. PRIVATSPITÄLER)	Operationen	€90	€25.000
	Gesundheitstests	€10	€3.100
FAHRZEUGE	TÜV	€20	€200
	Führerscheine	€100	€300

Leider gibt es diese Zahlen nur für Griechenland. Einen groben Überblick über die aktuellen Preise weltweit finden Sie auf: http://bribespot.com

Krisenmanagement

Keine Panik!

Sollte Ihnen jemand auf die Schliche kommen, bleiben Sie cool! Sie werden sehen, es ist alles halb so schlimm. Wie viele Leute kennen Sie, die wegen Korruption rechtskräftig verurteilt worden sind? – Eben!

In Österreich gibt es seit dem 1. September 2011 zwar eine eigene Korruptionsstaatsanwaltschaft,[935] fürchten müssen wir uns deshalb aber noch lange nicht. Die Behörde ist heillos überfordert.[936] Von 35 Planstellen für Staatsanwälte sind nur 22,5 besetzt.[937] Im Jahr 2012 wurden in Österreich drei Personen wegen Bestechlichkeit und Vorteilszuwendung verurteilt – im Vergleich zu 5.289 Verurteilungen wegen »unerlaubtem Umgang mit Suchtgiften«. Also, Finger weg von Drogen und weiter im Text.

Verurteilte Delikte in Österreich 2012:[938]

Strafbare Handlung	§§	Delikte insgesamt
Bestechlichkeit	304	1
Vorteilszuwendung (bzw. Vorteilsgewährung)	307a	2
Verletzung des Amtsgeheimnisses	310	2
Falsche Beurkundung und Beglaubigung im Amt	311	4
Strafbare Handlungen unter Ausnützung einer Amtsstellung	313	1

Sicherheitsstufe 1: Die Vorbereitung

Falls der unwahrscheinliche Fall eintritt und uns doch jemand auf die Schliche kommt, ein paar Tipps zur Vorbereitung:

- **Freunde warnen**
  Treffen Sie sich mit den Beteiligten und einigen Sie sich auf eine Version der Geschichte. Waren fiktive Beraterverträge im Spiel, dann müssen Sie in der Lage sein, die erbrachte Leistung schlüssig zu begründen.[939]
- **Infos aus Justizkreisen einholen**
  Was wissen unsere befreundeten Juristen, vorzugsweise Staatsanwälte? Sind die Ermittlungen schon angelaufen? Kommt die Steuerfahndung? Lohnt sich eine Selbstanzeige beim Finanzamt (siehe Kapitel Handwerkszeug)? Steht gar eine Hausdurchsuchung unmittelbar bevor?
- **Haftpflichtversicherung**
  Um sich gegen eventuelle Schadenersatzzahlungen abzusichern, empfehlen wir eine Manager-Haftpflichtversicherung.[940]

- **Beweismittel vernichten**
  Machen Sie nicht denselben Fehler wie der Ex-Banker Gribkowsky und werfen den Schredder erst an, wenn die Beamten schon vor der Tür stehen.[941] Fangen Sie lieber in aller Ruhe jetzt schon damit an. Nicht, dass uns am Ende noch ein Poesiealbum mit Sündenbekenntnissen verrät.[942] Ja, auch Tagebücher dürfen von den Staatsanwälten für Ermittlungen herangezogen werden. Für Walter Meischberger, ehemals bester Freund und Businesspartner Grassers, kommt dieser Tipp leider zu spät.
- **Rückhalt in der Politik sichern**
  Stehen führende Politiker beziehungsweise die Partei hinter uns, befinden wir uns unter ihrem Schutz. Dann kann die Polizei ermitteln, so viel sie will. Am Ende wird das Verfahren doch eingestellt.[943, 944] Waren wir dagegen nie richtig integriert, können uns schon 400 Euro Hotelkosten ins Verderben stürzen. Wenn's brenzlig wird, spielen wir noch schnell alle Trümpfe (Geschenke wie Erpressungen) aus.

Umgang mit Journalisten

Bevor uns übereifrige Staatsanwälte und Gerichte quälen, stellen meist Journalisten dumme Fragen und wühlen im beruflichen und privaten Müll. Ist die mediale Aufmerksamkeit groß, geraten Politik und Justiz in Zugzwang. Daher gilt es, den Ball von Anfang an flach zu halten. Dabei helfen eine effektive Pressearbeit und vor allem unsere Kontakte zu den Medien (siehe Kapitel Handwerkszeug). Haben wir unsere Hausaufgaben gemacht, kommt es viel seltener zu einer akuten Krise und wenn doch, lässt sich diese mit Würde und schönen Fotos durchstehen.

Die richtigen Worte

Wer von Journalisten mit Fragen bombardiert wird und medial unsicher ist, streitet am besten einfach alles ab. Noch besser, wir sagen gar nichts oder beantworten jede Frage mit »Kein Kommentar«.

Journalisten leben von neuen Informationen. Fehlt ihnen der Neuigkeitswert, fehlt ihnen auch die Geschichte.

Profis drehen den Spieß um und verlangen selbst eine schnelle und lückenlose Aufklärung. Ein Beispiel: Wenn uns korrupte Geschäftspraktiken vorgeworfen werden, fordern wir vor allen anderen einen Cooperate Governance Codex (auf freiwilliger Basis). So kommen wir aus der Schusslinie. Top-Manager wie Josef Ackermann setzen darüber hinaus auf Top-Aussagen wie: »... es ging mir um die Stabilisierung der Gegenwart im Interesse der Zukunft.«[945] Das sagt zwar nichts aus, klingt aber irgendwie verantwortungsvoll und intelligent.

IfaK empfiehlt:

Solange Sie noch nicht rechtskräftig verurteilt wurden, gilt die Unschuldsvermutung. Sollten Journalisten Sie dennoch ins schlechte Licht rücken, können Sie sie wegen Verleumdung und Rufschädigung verklagen. Wir leben schließlich in einem Rechtsstaat. Lassen Sie die Medienhäuser wissen, dass Sie sich gegen »absurde Unwahrheiten« zur Wehr setzen.[946, 947] *Das sollte zumindest kleinere Journalisten und Blogger abschrecken. Wer von denen kann oder will sich schon einen Prozess leisten, wenn nicht mal Versicherungen ein solches Klagerisiko übernehmen?*

Die falschen Worte

Wenn Sie den Chefredakteur der *Bildzeitung*, Kai Diekmann kennen, ist es an sich eine schöne Idee, mit ihm persönlich über gute Pressearbeit zu reden. Möchte man als Politiker negative Schlagzeilen vermeiden, dann sollten Sie dies aber immer still und heimlich tun. Geht der Chefredakteur nicht ans Telefon, quatschen Sie ihm nicht die ganze Mailbox voll. Wer, wie der ehemalige Bundespräsident Christian Wulff, dann nicht mal Geschenke anbietet, sondern lächerliche Drohungen wie den »endgültigen Bruch mit dem Springer-Verlag«

ausspricht, hat in der Politik wirklich nichts verloren.[948] Die *Bildzeitung* tat, was eine Boulevardzeitung immer tut: Sie druckte die ganze Wahrheit, Wort für Wort. Die Bevölkerung war mal wieder empört, und der Schlamassel wurde immer größer.

Die falschen Bilder

Machen Sie sich vor Journalisten nicht zum Affen, auch wenn diese Ihr Haus belagern. Keinesfalls sollten Sie wie der Waffenlobbyist und Aktionskünstler(?) Erhard Steininger vor die Tür treten und die Hosen runterlassen.[949] Auch wenn Sie einen schöneren Hintern haben, tun Sie's nicht! Das erregt nur noch mehr Aufmerksamkeit.

Sicherheitsstufe 2: Die Ermittlung

Bevor es zum Prozess kommen kann, muss die Staatsanwaltschaft erst einmal genügend Beweise sammeln. Gelingt ihr das nicht, wird das Verfahren eingestellt, und wir sind fein raus.

Sind die Beweise vernichtet, braucht uns auch eine Hausdurchsuchung keine Kopfschmerzen zu bereiten. Machen Sie sich und den Beamten einen Kaffee und lassen Sie das Personal danach wieder aufräumen. Kommt es zur Vernehmung, sagen Sie nichts ohne Ihren Anwalt!

Anwalt engagieren

Dank vieler anderer Korruptionsfälle gibt es eine Reihe von Anwälten mit reichem Erfahrungsschatz. Wählen Sie weise! Hier unsere zwei Topempfehlungen für Deutschland und Österreich.

§

HANNS W. FEIGEN
Strafverteidiger für
Wirtschafs- und Steuerrecht
Kanzlei des Jahres 2012

Liebigstraße 53
60323 Frankfurt am Main

Tel.: +49 (0) 69/77 01 96-0
www.feigen-graf.de

Individualverteidigung

Wendelin Wiedeking (Ex-Porsche-Chef), Ulrich Schumacher (Ex-Infineon-Vorstand), Jürgen Fitschen (Deutsche Bank), Ulli Hoeneß u.v.m.

Unternehmensvertretung

Bau-ARGE nach dem Einsturz des Kölner Stadtarchivs

Compliance

§

UNIV.-PROF. DR.
WOLFGANG BRANDSTETTER
Strafverteidiger/Justizminister

Bundesministerium für Jusitz
Museumstraße 7
1070 Wien
Österreich

Tel.: +43 1 5215 22172
minister.justiz@bmj.gv.at

Spezialgebiete
Zivilverfahren, Wirtschaftskriminalität, Strafrecht, Medienrecht, Steuerbetrug,[950] insbesondere Stiftungen, Treuhänderschaften, Anstalten, Aktiengesellschaften und komplexe internationale Strukturen zur optimalen Vermögensplanung.[951]

Referenzen
Inseratenaffäre (BK Werner Faymann),[952] Telekom-Skandal (Rudolf Fischer),[953] Hypo-Affäre (Tilo Berlin, Wolfgang Kulterer),[954] Immofinanz-Skandal (Karl Petrikovics),[955] Kommunalkredit-Notverstaatlichung (Reinhard Platzer),[956] prompte Aufenthaltsbewilligung für den mordverdächtigen kasachischen Botschafter (Rakhat Aliyev)[957, 958]

Kosten
Laut Anwaltstarif muss man bei einem Wirtschaftsvergehen mit einem Stundensatz von mindestens 260 Euro zuzüglich Umsatzsteuer rechnen.[959, 960] Bei Spitzenanwälten zahlt man bis zum Doppelten.[961] Sparen Sie hier aber nicht am falschen Ende. Wenn Sie nach dem Prozess Recht bekommen, können Sie weitermachen und weiterverdienen wie bisher, da kommt das Geld locker wieder rein.

TIPP! **Geld sparen**
Fragen Sie nach einem »Verbindungsrabatt«. Feigen ist in der Studentenverbindung K.D.St.V. Bavaria Bonn, Kollege Brandstetter treffen Sie zusammen mit Vizekanzler Spindelegger und weiteren ÖVP-Politikern in der katholischen Studentenverbindung Norica.[962]

Falls Sie sich Ihre Kaution nicht leisten können, bitten Sie Ihre reichen Freunde um Hilfe. Martin Schlaff, Österreichs einziger Oligarch,[963] bezahlte etwa die Kaution in Höhe von einer Million Euro für Ex-Bawag-Chef Helmut Elsner.[964, 965]

Umgang mit Ermittlern

Was entgegnen wir den unangenehmen Fragen der Ermittler und Staatsanwälte? Nichts ist blöder, als wegen einer Falschaussage[966] oder gar wegen Meineids[967] verurteilt zu werden. Dafür gibt's bis zu fünf Jahre Freiheitsentzug! Orientieren wir uns an der PR-Expertin Erika Rumpold. Ihre Antworten aus dem Eurofighter-Untersuchungsausschuss passen einfach immer:[968]

Rechtlich einwandfreie Antworten:

- Das ist mir nicht erinnerlich.
- Ich kann diese Frage nicht beantworten, ohne dass ich ein Geschäftsgeheimnis verletzen würde.
- Was war die Frage?
- Bei mir kostet das so viel.
- Der Erfolg gibt uns ja recht!

Sicherheitsstufe 3: Der Prozess

Manchmal kommt es trotz exzellenter Medienarbeit und rechtlich einwandfreier Antworten zu einer Anklage. »Ich sehe den kommenden Prozess für Schumacher als Chance, seine Unschuld zu beweisen«, so ein Professor im Rahmen des Infineon-Skandals.[969] Mit dieser Einstellung können wir selbst im Falle eines Prozesses nur gewinnen. Außerdem heißt angeklagt noch lange nicht verurteilt. Nicht umsonst gilt bis zum unwahrscheinlichen Schuldspruch die Unschuldsvermutung.

Nicht schuldig bzw. verjährt

Schlagen Sie sich auch mit Steuerproblemen rum, können wir Sie beruhigen: Bis es zu einer Anklage kommt, sind viele Fälle bereits verjährt. Uli Hoeneß konnte auf diese Weise seine Strafe ebenso reduzieren wie der ehemalige Post-Chef Klaus Zumwinkel. Letzterer entging dank Unterstützung seines Anwaltes Hanns Feigen dadurch einer Haftstrafe. Laut Anklage hatte er in den Jahren 2001 bis 2007 Abgaben in Höhe von 1,2 Millionen Euro hinterzogen. Das Jahr 2001 wurde wegen Verjährung nicht zur Anklage zugelassen. Damit blieb die Summe an hinterzogenen Steuern unter der magischen Millionengrenze, ab der es zwangsläufig eine Gefängnisstrafe geben muss.[970]

TIPP! **Verjährungsfrist**

In Deutschland verjähren Steuerstraftaten nach drei bzw. fünf Jahren.[971] Nur bei gewerblicher Steuerhinterziehung sind es zehn Jahre.[972] Die Frist beginnt mit Beendigung der Tat, also in der Regel mit Ergehen des betreffenden Steuerbescheides.[973] Danach können Sie nicht mehr bestraft werden, selbst wenn Sie auffliegen.[974]

Einigung mit der Staatsanwaltschaft

Auch ohne Verjährung können wir ruhig schlafen. Korruption und verwandte Straftaten wie Steuerhinterziehung werden in unseren Breiten milde bestraft. Mag sein, dass einige Manager der unteren Hierarchieebene manchmal wegen schwarzer Kassen und Schmiergeldzahlungen zu Bewährungs- und Geldstrafen verdonnert werden. Vorstandsmitglieder kommen aber meist glimpflich davon. Der Trick: Wir einigen uns noch vor dem Prozess mit der Staatsanwaltschaft. Laut Ralf Krack, Wirtschaftsstrafrechtler an der Universität

Osnabrück, haben nicht nur wir, sondern auch Gericht und Staatsanwaltschaft Interesse an der Einstellung von Korruptionsstrafverfahren, denn juristisch haben die Ankläger meist gar nicht so viel in der Hand. Untreue und Vorsatz lassen sich schwer bis gar nicht nachweisen.[975] Da heißt es dann am Ende oft, die Schuld beziehungsweise der Schädigungsvorsatz konnte »nicht mit der für ein Strafverfahren erforderlichen Sicherheit festgestellt werden.«[976] Selbst beim Siemens-Schmiergeldskandal, einem der größten Korruptionsskandale der deutschen Wirtschaftsgeschichte, gab es gegen Firmenchef Heinrich von Pierer nie ein Gerichtsverfahren und schon gar keinen Schuldspruch. Von den spektakulären Ermittlungen blieb am Ende ein Bußgeld in Höhe von 250.000 Euro, wegen Verletzung von Aufsichtspflichten. Der Prozess gegen Ex-Siemens-Vorstand Thomas Ganswindt endete ebenso ohne Urteil wie der Mannesmann-Prozess gegen Josef Ackermann.

Und doch beklagte sich Letzterer: »Das ist das einzige Land, wo diejenigen, die erfolgreich sind und Werte schaffen, deswegen vor Gericht stehen.«[977] Recht hat/te er und wurde freigesprochen. Er hätte nämlich den Bonuszahlungen von 57 Millionen[978] an Manager und Ex-Vorstände nie zugestimmt, hätte er gewusst, dass er damit gegen geltendes Recht verstoße.[979] Am Ende zahlte Ackermann drei Monatsgehälter (3,2 Millionen Euro), und das Verfahren wurde eingestellt.[980, 981] Andernfalls hätte er den Chefposten bei der Deutschen Bank wohl räumen müssen.

Auch der Fall Bernie Ecclestones zeigt, dass wir mit dem nötigen Kleingeld juristische Dinge souverän selber regeln können. Freund und Kollege Niki Lauda zeigte sich schon im Vorfeld optimistisch: »Wenn der Prozess eingestellt wird, wenn Bernie nicht verurteilt wird, dann sind alle Vorwürfe vom Tisch, dann hat er alles richtig gemacht…«[982] Ganz richtig. Mit der Rekordzahlung von 74 Millionen in die bayerische Staatskasse beendete Bernie seinen Korruptionsprozess in 20 Tagen schnell und diskret.[983]

Haft vermeiden

In den Augen des Gesetzes doch schuldig? Aber noch keine Lust, im Gefängnis die Memoiren zu schreiben? Dann gehen Sie in Berufung oder melden Sie sich krank.

Fritz-Aurel Goergen, ehemaliger Chef und Mehrheitsaktionär der Henschel-Werke (Lokomotiven- und Panzermanufaktur), soll im Laufe seiner Karriere 530.000 Mark in die eigene Tasche gewirtschaftet haben. Als es zum Prozess kam, wurde Goergen plötzlich krank und war nicht verhandlungsfähig. Der Betrugsverdacht ließ sich nicht erhärten, und das Verfahren wurde eingestellt.[984]

Der frühere Chef der Bank für Arbeit und Wirtschaft AG (BAWAG) Helmut Elsner war im BAWAG-Prozess wegen Untreue zur Höchststrafe von zehn Jahren Haft verurteilt worden. Nach viereinhalb Jahren wurde er für haftunfähig erklärt und entlassen.[985] Sein Kollege Johann Zwettler, der wegen Untreue mit einem Schaden von 600 Milllionen Euro zu fünf Jahren verurteilt wurde, musste die Haft aufgrund eines ärztlichen Attests erst gar nicht antreten.[986]

Fälle in Österreich	Beschuldigter	Urteil	keine Strafe weil...[987]
Immofinanz	Karl Petrikovics	6 Jahre Haft	Berufung
Bawag	Helmut Elsner	10 Jahre Haft	haftunfähig nach 4,5 Jahren
Bawag	Johann Zwettler	5 Jahre Haft	haftunfähig
Bawag	Peter Narkowitz	4 Jahre Haft	Haftaufschub
Telekom	Peter Hochegger	2,5 Jahre Haft	Berufung
Telekom	Gernot Rumpold	3 Jahre Haft	Berufung
Hypo Alpe-Adria	Gert Xander	2 Jahre Haft	Berufung
Hypo Alpe-Adria	Dietrich Birnbacher	0,5 Jahre Hausarrest mit Fußfessel[988]	
Hypo Alpe-Adria	Wolfgang Kulterer	3,5 Jahre Haft	Haftaufschub wegen Verletzung (mittlerweile angetreten[989])
Begas	Rudolf Simandl		nicht vernehmungsfähig

Vergeben

Es geht doch nichts über eine gute und ehrliche Entschuldigung. Wen's erwischt hat, der wird zum medialen Sündenbock und ist in der Gesellschaft untendurch. »Lustig ist das nicht. Wirklich nicht. Wenn die Medien einen dauernd als Oberschwein hinstellen …«,[990] so der Waffenlobbyist Mensdorff-Pouilly. Wer die Absolution erhalten will, der muss öffentlich Buße tun. Betonen Sie dabei Ihren Anstand und Ihre Ehrenhaftigkeit. Wenn Sie Ihre Sünden öffentlich eingestehen und bereuen und um Vergebung bitten, dann wird Ihnen nicht nur der Herrgott, sondern auch das Volk verzeihen. Wenn Sie auch noch einen Mitleid erregenden Grund für Ihren Aussetzer nennen können und glaubhaft versichern, dass Sie sich ändern wollen, dann liegen Ihnen die Menschen wieder zu Füßen und Ihre Ehre ist wiederhergestellt. Das funktionierte zuletzt auch bei Uli Hoeneß wunderbar.

Lehrbeispiel: Entschuldigung, Uli Hoeneß[991]

Nach Gesprächen mit meiner Familie habe ich mich entschlossen, das Urteil des Landgerichts München II in meiner Steuerangelegenheit anzunehmen. Ich habe meine Anwälte beauftragt, nicht dagegen in Revision zu gehen. Das entspricht meinem Verständnis von Anstand, Haltung und persönlicher Verantwortung. Steuerhinterziehung war der Fehler meines Lebens. Den Konsequenzen dieses Fehlers stelle ich mich.

Außerdem lege ich mit sofortiger Wirkung die Ämter des Präsidenten des FC Bayern München e. V. und des Aufsichtsratsvorsitzenden der FC Bayern München AG nieder. Ich möchte damit Schaden von meinem Verein abwenden. Der FC Bayern München ist mein Lebenswerk und er wird es immer bleiben. Ich werde diesem großartigen Verein und seinen Menschen auf andere Weise verbunden bleiben, solange ich lebe.

Meinen persönlichen Freunden und den Anhängern des FC Bayern München danke ich von Herzen für ihre Unterstützung.

Uli Hoeneß

Juristisch wurde Hoeneß für den größten Abgabenbetrug der deutschen Geschichte in Höhe von 28,5 Millionen Euro mit 3,5 Jahren Haft bestraft.[992] Aber zumindest wird nach so einer schönen Entschuldigung niemand mehr fragen, woher und wofür er eigentlich das ganze Geld bekommen hatte.[993] Sie vielleicht?

Vergessen

Mediales Vergessen

Medien und Gesellschaft vergessen normalerweise recht schnell, vor allem wenn man mit den Herausgebern und Chefredakteuren freundschaftlich verbunden ist. Außerdem ist das Gesetz wieder auf unserer Seite. Ist die Strafe verbüßt, muss unsere Resozialisierung im Vordergrund stehen. Daran müssen sich auch die Journalisten halten. Unserem Wiedereinstieg steht daher nichts mehr im Wege.

Politisches Vergessen

Manchmal ist es sinnvoll, Gras über die Vergangenheit wachsen zu lassen. Besonders sensibel ist das Volk bei Politikern. Während bei Managern Boni als verdienter Erfolg akzeptiert werden, musste der Grüne Cem Özdemir schon wegen ein paar privat genutzter Bonusmeilen und einem dubiosen Kredit sein Bundestagsmandat niederlegen.[994] Zwar werden hier zumindest in Deutschland schneller berufliche Konsequenzen gezogen, juristisch stehen sie aber fast immer gut da. Schließlich machen ja auch die Politiker die Gesetze. Wenn Sie Politiker sind, treten Sie zunächst von Ihrem stressigen Amt zurück und gönnen Sie sich eine kleine Auszeit. Sie können zum Beispiel ins Ausland gehen und über die Zukunft nachdenken. Im Studium gibt's dafür das Erasmusjahr, im politischen Berufsleben die Thinktanks. »Regierungen im Wartestand«, nennen sie die Amis, bei uns sagt man »Abklingbecken«. Özdemir verschlug es für ein Jahr zum German Marshall Fund of the US (GMF) in Washington, D.C. und Brüssel.[995] Mit neuen Gedanken und zusätzlicher Auslandserfahrung schaffte er es zwei Jahre später ins Europaparlament.[996] Guttenberg oder Karl-Theodor Maria Nikolaus Johann Jacob Philipp Franz Joseph Sylvester, wie ihn seine Freunde nennen, zog es ebenfalls nach Washington. Sein Thinktank nennt sich Center for Strategic and International Studies (CSIS) und gehört zu den einflussreichsten Denkfabriken Amerikas.[997] Seit 2011 arbeitet er außerdem unentgeltlich als Berater der EU-Kommission zur Stützung von Internetaktivisten in autoritären Staaten.[998] »Ich suche Talente, keine Heiligen«, rechtfertigte die zuständige EU-Kommissarin Neelie Kroes ihre Wahl.[999] Da hat sie mit dem Freiherrn wohl eins aufgespürt. Als ehemaliger Verteidigungsminister setzte er sich stets für Internetsperren und Vorratsdatenspeicherung ein.[1000]

Drehtür

Mit oder ohne Krise, wer nach der Politik weiterarbeiten und auch offiziell endlich gut verdienen möchte, der nutze den Drehtüreffekt. PolitikerInnen oder hochrangige MitarbeiterInnen können in Deutschland und Österreich ohne Übergangszeit beliebig zwischen Ministerien und Unternehmen oder Interessensverbänden hin- und herhüpfen. Besonders sinnvoll ist es natürlich, in Bereiche zu wechseln, für die sie vorher in ihrer politischen Funktion zuständig waren. Da können sie ihr Fachwissen, zum Beispiel über die neusten geplanten Gesetzesänderungen, gleich einbringen.[1001] Der ehemalige Verkehrsminister wird Präsident des Verbandes der Automobilindustrie (Matthias Wissmann, CDU),[1002] der sicherheitsverliebte Innenminister wechselt in den Aufsichtsrat der Byometric Systems AG, die sich wie er für biometrische Sicherheitsmerkmale im Reisepass einsetzt (Otto Schily, SPD).[1003] Mit unserem ehemaligen Hausausweis gehen wir auch als Vertreter der freien Wirtschaft in den Regierungsgebäuden aus und ein.[1004] Durch das Feierabendbierchen mit den alten Kollegen bleiben wir weiterhin am aktuellen Tagesgeschehen dran und stellen auch gerne das Know-how unseres neuen Arbeitgebers zur Verfügung.

- Dass Abklingbecken und Abkühlphasen überschätzt werden, zeigt uns der Atomexperte Gerald Hennenhöfer. Der Jurist war unter Kanzler Helmut Kohl als Leiter der Abteilung Reaktorsicherheit im Bundesumweltministerium tätig. Nach dem rot-grünen Regierungswechsel 1998 wurde er Lobbyist. Als neuen Arbeitgeber wählte er seinen altbekannten Konzern Viag (heute E. ON), den er vorher in seiner politischen Funktion beaufsichtigt hatte. Bei seinem neuen Job musste er sich aber kaum umstellen, lediglich umsetzen. Am Verhandlungstisch über die Restlaufzeiten für die deutschen Atomkraftwerke saß er nun seinen rot-grünen Kollegen als Wirtschaftsvertreter gegenüber.[1005] Kanzler Schröder tat sein Bestes, um Energiealternativen wie zum Beispiel die Ostseepipeline zu fördern. Nach seiner Amtsniederlage 2005, aber noch vor Ende seiner Amtszeit übernahm seine Regierung – angeblich ohne seine Kenntnis – sogar eine staatliche Bürgschaft für Gazprom in Höhe von einer Milliarde. Auch wenn Gazprom den zugrunde liegenden Kredit nie in Anspruch nahm, ist es nur fair, dass er seit 2006 Vorsitzender des Aktionärsausschusses des Pipeline-Konsortiums (BASF, E.ON, Gazprom) ist.[1006]

IfaK empfiehlt:

Regierungen kommen und gehen und damit auch unsere Jobs. Nur wer stellt schon gerne Politiker ein? Gegen drohende Arbeitslosigkeit hilft eine effektive Jobsuche schon während der Amtszeit, ob als Lobbyist, Berater oder Mitglied in einem Aufsichtsrat.
Achtung: Sollten Sie in der EU-Kommission oder im Europaparlament tätig sein, müssen Sie eine Karenzzeit von 18 Monaten einhalten, bis Sie Ihrem neuen Lobbyistenjob nachgehen können,[1007] *wenngleich die Regeln recht locker gehandhabt werden.*[1008] *Als EU-Parlamentarier müssen Sie zudem die Tätigkeit davor angeben. Aber auch hier wird alles nicht so heiß gegessen. Schlampige oder fehlende Angaben sind recht verbreitet*[1009] *und manche Abgeordnete haben sogar Humor. Welcher Tätigkeit ging der dänische Abgeordnete Jens Rohde vor seinem Brüsseljob nach? Er war: »Master of the Universe«.*[1010]

Neustart

Sind die Schulden und Strafen abgegolten und die Wogen wieder geglättet, kann das neue Leben beginnen. Blicken Sie nach vorne und in Ihr Spiegelbild. Zwei Dinge kann Ihnen keiner mehr nehmen:

1. Erfahrung: Wer oft hingefallen ist, weiß um die Risiken und ist beim nächsten Mal vorsichtiger und klüger.
2. Können: Im Gegensatz zu allen nicht erwischten Korruptionisten weiß bei Ihnen die ganze Welt, was Sie wirklich drauf haben. Und wie wir auch wissen, zählen im Geschäftsleben nicht die moralischen Grundsätze, sondern einzig und alleine die Leistung. In anderen Worten: Ihre Chancen am Arbeitsmarkt sind ausgezeichnet!

Eine wahre Geschichte

Dass selbst in den schwärzesten Stunden Hilfe kommt, zeigt uns das Beispiel von Gerhard Gribkowsky. Der Ex-Chef der Bayerischen Landesbank wurde 2012 wegen Bestechlichkeit und Untreue verurteilt und wanderte ins Gefängnis. Er hatte 2006 das großzügige Geschenk von 44 Millionen Dollar des Formel-1-Chefs Bernie Ecclestone angenommen und nicht versteuert, als er die Formel-1-Anteile der Bank verkaufen sollte. Rekordverdächtige achteinhalb Jahre Haft brachte ihm das ein.[1011] Aber mit der richtigen Qualifikation spüren einen die Headhunter selbst hinter Gittern auf. Der ehemalige Chef der österreichischen Baufirma STRABAG, Peter Haselsteiner, fördert nicht nur Obdachlose und Flüchtlinge in Wien und Moldawien, sondern auch die Reintegration von korrupten Bankmanagern.[1012] Vor allem, wenn diese bis kurz vor der Verhaftung im Aufsichtsrat der STRABAG saßen.[1013] Nach dem O.K. der Justiz wurde Gribkowsky ins Freigängerhaus verlegt und geht jetzt wieder einer normalen Beschäftigung nach: Er begleitet die Strukturierung der Firmenabläufe einer STRABAG-Tochter in Deutschland.[1014] Hoffentlich gibt's endlich Hilfe für die Kollegen in Chemnitz (siehe Kapitel Baubranche).

Wen's so schwer wie Gribkowsky erwischt hat, der muss nicht nur seine Villa, sondern auch seine 900 Flaschen guten Weins hergeben.[1015]

Alle anderen holen sich, sobald sie wieder draußen sind, einen Kontoauszug und versichern sich, dass ihr (verstecktes) Geld noch da ist. Kaufen Sie sich was Schönes zum Anziehen und gehen Sie zum Friseur. Dann greifen Sie zum Hörer, rufen Ihre alten Freunde an und schwingen sich wieder rauf aufs Pferd.

IfaK empfiehlt:
PROBIER'S DOCH NOCH MAL MIT KORRUPTION!

Bonuskapitel: Glücklich korrupt!

Korruption – für viele Menschen ist sie der Schlüssel zum Erfolg, sie erfüllt ihr Leben mit Reichtum und verleiht ihnen Macht. Doch Korruption kann auch krank machen. Gesellschaftliche Moralvorstellungen, Leistungsdruck und die Angst vor juristischer Verfolgung können eine massive Belastung darstellen. Die Folge: Burn-out.

Mit nur kleinen Tipps und Übungen für zwischendrin können Sie dieser Falle entgehen und glücklich korrupt Ihr luxuriöses Leben genießen.

Rechtfertigung

Nicht nur Gerichte urteilen über unser Verhalten. Auch Medien, die Familie oder unsere Nachbarn tun es. Am schlimmsten ist es aber, wenn das eigene Gewissen Alarm schlägt.

Menschen ohne Moralempfinden sind mit einem klaren Vorteil gesegnet. Aber auch Kindern von Pfarrern und Lehrern kann geholfen werden. Hier ein paar Tipps aus der Kriminologie von Sykes und Matza. Wer ihre »Neutralisierungstechniken«[1016] beherzigt, kann sein Handeln souverän vor seinen Lieben und auch vor sich selbst rechtfertigen und mit gutem Gefühl weiterarbeiten. Die Punkte können jeweils einzeln oder in Kombination angewandt werden.

Ich kann nichts dafür

Schieben Sie jegliche Verantwortung für Ihr Tun von sich. Nicht zufällig tun das alle anderen auch:

- »An meiner Arbeit war und ist nichts Verwerfliches. Lobbying ist absolut marktüblich, und die Provisionssumme ist marktkonform.« – Walter Meischberger[1017]

Positiv denken

Konzentrieren Sie sich auf die positiven Aspekte der Angelegenheit. Reden Sie es sich so lange schön, bis Sie wirklich daran glauben:

- »Die Hypo Alpe-Adria ist eine Erfolgsgeschichte.« – Uwe Scheuch[1018]

Schuld sind immer die anderen

Suchen Sie sich was aus: das System, die Neider, die Geschäftspartner, Ihr beziehungsweise Ihre Ex …

- »Ich sehe die berechtigte Kritik an mir nicht persönlich. Es geht um unser System, in dem sich Eliten, angetrieben von maßloser Gier, mit Kontakten und Wissensvorsprung Vorteile verschaffen. Ich war Teil dieses Systems, das auf persönliche Vorteile aus ist.« – Peter Hochegger[1019]

Im Namen der Ehre

Legen Sie Ihren Focus auf höhere moralische Ziele. Sie tun das, was Sie tun müssen, um Ihre Familie zu ernähren, für Ihre Kameraden, fürs Vaterland …

- **Für die Partei**
  »... ich wollte der Partei dienen.« – Helmut Kohl in seiner Erklärung zu den Parteispenden[1020]

- **Für Deutschland**
  »Die Deutsche Bank heißt Deutsche Bank und ist Teil Deutschlands.«[1021] – der Schweizer Josef Ackermann

- **Für den Fußball**
  »Wo Fußball gespielt wird, wird nicht gekämpft. Wenn also alle Menschen Fußball spielen würden, gäbe es keine Kriege – aber es spielt nicht jeder Fußball.« – Sepp Blatter[1022]

TIPP! **Ehre wem Ehre gebührt**

Vergessen Sie nicht, sich für Ihre Leistungen eine Bestätigung geben zu lassen. Wenn der einfache Bürger auf der Straße Ihnen den Rücken kehrt, das Vaterland wird Ihnen ewig danken. Hand aufs Herz und Nationalhymne an ...

Preise und Ehrungen des FIFA-Präsidenten Sepp Blatter (Stand Juni 2014):[1023]

- Träger des Olympischen Ordens
- Ehrenmitglied des Schweizerischen Fußballverbandes SFV
- Empfänger zahlreicher Auszeichnungen von Vereinen, Verbänden und Konföderationen
- Träger des *Order of Good Hope* der Republik Südafrika
- Vom Sultanat von Pahang (Malaysia) zum Ritter (Dato') geschlagen
- *Order of Independence (1st class)* von Jordanien
- *Grand Cordon du Wissam Alaouite* von Marokko
- *Medalla al Mérito Deportivo* von Bolivien
- *Grand Cordon de l'Ordre de la République Tunisienne* von Tunesien
- *International Humanitarian of the Year* und *Golden Charter of Peace and Humanitarianism* von der Internationalen Humanitären Liga für Frieden und Toleranz
- Empfänger des *American Global Awards for Peace*
- Empfänger des Ranges des Großoffiziers von Wissam Al Arch (Marokko)
- Empfänger der UEFA-Verdienstorden in Diamant
- Empfänger der Verdienstorden von Jemen
- Empfänger des Verdienstordens für Sport der Republik Korea
- Empfänger des Großen Verdienstkreuzes der Bundesrepublik Deutschland

- Ritter der französischen Ehrenlegion
- Empfänger des *Ordens der zwei Nile* des Sudans
- Ausgezeichnet in Djibouti zum *Commandeur de l'Ordre National du 27 Juin 1977*
- *Honorary Doctor of Arts*, De Montfort University (Leicester)
- Ausgezeichnet im südafrikanischen Port Elizabeth mit der Ehrendoktorwürde in Philosophie von der Nelson Mandela Metropolitan University
- Ehrenbürger seines Heimatortes Visp
- Ehrenmitglied von Real Madrid
- Träger des Ordens des Nationalen Olympischen Komitees von Belarus
- Träger des *Ordens Jarowslas des Weisen* (Ukraine)
- Träger des Dustlik-Ordens (Usbekistan)
- Träger des Danaker-Ordens (Kirgisistan)
- Träger der *Crown of Peace* (Indien)
- Träger des *Großen Silbernen Ehrenzeichens für Verdienste um die Republik Österreich*
- Dr. h.c. Internationale Universität Genf
- Träger des Ordens *Francisco de Miranda – Primera Clase*, Palace Miraflores, Venezuela 2007
- Ehrendoktor der aserbaidschanischen Staatsakademie für Körperkultur und Sport
- Träger des Ehrendiploms von Ilham Aliyev, Staatspräsident Aserbaidschan
- Ehrenbürger von Bangkok
- Ehrendoktor im Bereich Sportmanagement an der Chandrakasem Rajabhat Universität in Bangkok
- Träger des Ehrenordens des Königreichs Bahrain
- Ehrenmitglied der Swiss Olympic Association
- *Best World Sports Award* von der Graduate School of Business Administration in Zürich

- Träger des Ordens von Jerusalem (*Wissam Al-Qods*)
- Empfänger des *Kristall von Davos*
- Träger des japanischen Ordens der aufgehenden Sonne
- Träger des kasachischen Dostik-Ordens
- Träger der *Colombe de la Paix de Genève*
- *Golden Key Recognition*, Johannesburg, 5. Juli 2010
- Ehrenmitglied des Deutschen Fußball-Bundes (DFB)
- Verdienstorden für Sport der Republik Korea
- Ehrenkollier des Ecuadorianischen Fußballverbandes
- Ehrendoktortitel für Wissenschaften der Université du Bénin (Nigeria)
- Dato' Sri – Erste Klasse Groß-Kommandeur des am Höchsten Ausgezeichneten Kommandos des Sri Sultan Ahmad Shah Pahang
- Ehrenbürger der Demokratischen Republik Timor-Leste
- »Ehrengast der Stadt« (Guatemala-Stadt, Guatemala)
- »Orden als Ehrengast der Stadt« (Managua, Nicaragua)
- Empfänger des Ordens *Nacional al Mérito Deportivo* des kolumbianischen Fußballverbandes
- Empfänger des Ordens *al Mérito de Bogotá* von Alcaldesa Mayor – Sra. Clara López Obregón (Bürgermeister von Bogotá, Miss Clara López Obregón)
- Freundschaftsmedaille der Regierung von Laos in Anerkennung der Unterstützung der Fußball-Entwicklung im Land
- Preis für die Menschlichkeit im Fußball in Russland, 19. Januar 2012
- Träger des nationalen Verdienstordens von Algerien, 30. April 2012
- Verdienstorden des algerischen Fußballverbandes FAF, 1. Mai 2012
- Empfänger des Diamant-Ordens des usbekischen Fußballverbandes, 16. Mai 2012

- *Ali della Vittoria*-Preis, Rom, April 2012
- Empfänger des großen goldenen Sterns des chilenischen Fußballs, 16. Juni 2012
- Träger des Verdienstordens Bernardo O'Higgins (Commander), 16. Juni 2012
- Träger des Ehrenordens von Moldawien, 20. September 2012
- Auszeichnung als »Botschafter der Palästinenser«, 13. November 2012
- Auszeichnung mit dem »Etoile du Valais d'Honneur 2012«, 6. Dezember 2012
- Auszeichnung mit dem *Mohammed Bin Rashid Al Maktoum Creative Sports Award*, 6. Januar 2013
- Nationaler Verdienstorden 2. Klasse (Großoffizier) Guineas, 7. Februar 2013
- Aufnahme in die CAF Hall of Fame, 10. März 2013
- Ehrenbürger der Stadt Port Louis (Mauritius), 31. Mai 2013
- Empfänger der Goldenen Nadel des serbischen Fußballverbandes (Stara Pazova, Serbien), 12. Juni 2013
- Ehrendoktor im Bereich Sportmanagement an der An-Najah National-Universität (Nablus, Palästina), 7. Juli 2013

Bestätigung und Halt

Selbst die mächtigsten Menschen und die tapfersten Krieger brauchen manchmal eine Stütze. Ein paar Vorschläge von Kollegen:

Familie

Nick Leeson, der Mann, der eine ganze Großbank verspekulierte: »Geld war nie mein Antrieb. Es ist die Familie, die mich glücklich macht – sie ist mein wertvollster Besitz – allerdings kann ich nicht leugnen, dass Geld das Familienleben leichter macht und damit sicherlich hilft, glücklicher zu sein.«[1024]

Religion

Ein 25-jähriger Amerikaner mit Namen »Cool« rät zu einem schnellen Gebet vor der »Tat«, damit wir auch weiterhin »cool« mit Jesus sein können. »Solange du um Vergebung bittest, muss sie dir Jesus geben.«[1025] Das geht natürlich auch mit anderen Religionen, die katholische Kirche bietet mit ihrer Absolution gegen Bares allerdings einen unschlagbaren Service.

Gesellschaft/Fans

In der Öffentlichkeit zu stehen hat selbst in schweren Zeiten seine Vorteile. Einige Fans werden Ihnen immer die Treue halten:

»Bei mir ums Eck im Supermarkt ist eine Frau auf mich zugekommen und hat gesagt: ›Na, Sie haben es auch nicht leicht. Ich wünsche Ihnen alles Gute.‹«

Peter Hochegger[1026]

Sehr geehrter Herr Minister!
Sie sind für diese abscheuliche Neidgesellschaft zu jung als Finanzminister gewesen, zu intelligent, zu gut ausgebildet, aus zu gutem, wohlhabendem Haus, zu schön und was für alles der Punkt auf dem I ist, auch noch mit einer schönen und reichen Frau verheiratet. So viel Glück darf ein einzelner Mensch einfach nicht haben, da muss man etwas dagegen tun. Es ist wirklich traurig …

Karl-Heinz Grasser zitiert in der TV-Diskussionssendung *Im Zentrum* aus einem Fanbrief, den er erhalten haben soll.[1027]

Entspannung

Grundsätzlich empfehlen wir zur Entspannung Sex, Drugs and Rock 'n' Roll. Auch ausgedehnte Reisen und fernöstliche Entspannungstechniken helfen. Der österreichische Lobbyist und Korruptionsexperte Peter Hochegger empfiehlt Reisen nach Indien und Brasilien. Besuchen Sie einen Yogakurs und widmen Sie sich dem Hinduismus. Machen Sie jeden Morgen Atemübungen durch die sieben Chakren.[1028] Beim Svadhisthana-Chakra, spätestens aber beim Sahasrara-Chakra zeigt sich die Welt wieder von der Zuckerseite. Wenn Sie Ihre innere Ruhe gefunden haben, kehren Sie möglicherweise wie Hochegger als Pantheist zurück, pflegen fortan Anspruchslosigkeit und legen Ihr »Augenmerk auf energetische Dinge und menschliche Beziehungen. Das ist relativ einfach und kostet nichts.«[1029] Nach eigenen Angaben braucht der ehemalige Millionär deswegen »nur noch 1.000 Euro pro Monat zum Leben«.[1030]

Wer mehr auf traditionelle Werte steht, bleibt in der Heimat und holt sich neue Kraft von Mutter Erde. Genießen Sie ausgedehnte Jagdausflüge in die unberührte Natur und schießen Sie ein paar Tiere. Mensdorf-Pouilly: »Ein Mensch, der gefestigt ist, genießt die Natur und die Spannung der Jagd.«[1031]

Übung: Kleiner Sonnenköniggruß

Setzen Sie sich auf Ihrer Dachterrasse bequem auf ein Seidenkissen und blicken Sie gen Osten.
Schließen Sie die Augen und atmen Sie tief ein und aus.
Denken Sie an die Menschen, die Ihnen wichtig sind, und daran, was Sie alles für sie getan haben.
Dann visualisieren Sie alle Ihre großen Erfolge.
Stehen Sie auf und blicken Sie auf die (Haupt-)Stadt hinunter, heben Sie Ihren rechten Arm zum Winken und sagen Sie mit

einem Lächeln: »Der Staat bin ich!« (oder im Original: »*L'état, c'est moi!*«)

Noch ein paar abschließende und vorausschauende Worte des Instituts für angewandte Korruption:

IfaK-Vision: Die Demokratisierung der Korruption

Wir haben einen Traum: Die Demokratisierung der Korruption. Die erfolgreichen Korruptionspraktiken sollen nicht länger den oberen 10.000 vorbehalten bleiben. Auch die breite Masse muss davon profitieren. Um dieser Vision näher zu kommen, müssen wir die Welt nicht nur neu denken, sondern sie auch aktiv verändern. Machen und helfen auch Sie mit, die Welt schöner, reicher und intelligenter zu machen!

Wir kaufen die Demokratie zurück*

Auf einer Crowdfunding-Plattform kann jeder seine politischen Ideen posten. Wer eine Idee gut findet, kann diese mit einem Betrag finanziell unterstützen. Kommt genug Kohle zusammen, kaufen wir mit dem Geld die Entscheidungsträger.
Beispiel:
»*Arme-Liese*« stellt die Idee »Grundeinkommen« vor. 200.000 Menschen beteiligen sich mit je 10 Euro. Mit den 2 Millionen werden alle wichtigen Entscheidungsträger gekauft, damit das dann auch im Parlament beschlossen wird. So kaufen wir uns die Macht zurück und müssen dann unser Leben lang nicht mehr arbeiten!

* *in Anlehnung an den Kommentar eines Online-Users:*[1032]

Danksagung

Unser herzlicher Dank gilt allen, die das vorliegende Werk möglich gemacht haben:

Zuallerst unserem Verlag. Wenn Sie dieses Buch günstig erwerben konnten, dann liegt das auch an den souveränen Stiftungskonstruktionen (Steuerersparnis mehr als 2 Mrd. Euro), von denen der Riemann-Verlag als Teil der Bertelsmann Group profitiert. Des Weiteren sei Ulrich Ehrlenspiel als Verleger erwähnt, der an die Wichtigkeit des Themas sowie an die Autoren geglaubt hat. Herzlichen Dank auch an den Lektor, Werner Lord, der nicht nur durch seinen Namen, sondern auch durch sein Können überzeugte. Einen großen Dank an unsere Lektorin Sara Jakob, die auf sehr respektvolle Art und Weise unser Buch schlanker werden ließ. Besonders erwähnt seien an dieser Stelle noch Claudia Scheinecker (und Familie) sowie Dominik Feigl. Ohne ihre großzügig zur Verfügung gestellten Immobilien, unter anderem in St. Wolfgang und am Attersee, hätte das Buch wohl an Süffisanz und Überzeugungskraft verloren.

Herzlich bedanken möchten wir uns darüber hinaus (in alphabetischer Reihenfolge) bei:

Günter Bartsch (Netzwerk Recherche)
Ricarda Bauch (Transparency International Berlin)
Ralf Bendrath (wissenschaftl. Mitarbeiter von Jan Philipp Albrecht, EU-Parlament)
Moritz Bühner
Erik Burtchen
Eric Burton
Jamie-Lee Campbell
Gregor Cholewa
Timir Choudhuri
Christina Deckwirth (Lobby Control)
Jan Draxler
Jacob Geuder
Karl Gladt
Heinz Hattinger
Markus Henn (Weed)
Carina Hladik
Stefanie Ibinger
Florian Klinner
Gabriele Klug (Stadtkämmerin Köln)
Karsten Lettau
Christian Linder (Europäische Kommission)
Pauline Massart (Security and Defence Agenda)
Elisabeth Niedermüller
Thomas Tiberius Meikl
Gabi Moser (Nationalratsabgeordnete und Vorsitzende des Korruptions-U-Ausschusses)
Ulrich Müller (Lobby Control)
Konstantin von Notz (Bundestagsabgeordneter)
Philipp Novak
Ronny Patz (Transparency International Brüssel)
Melanie Pichler
Peter Pilz (Nationalratsabgeordneter)

Victoria Pirker
Jörn Pohl (wissenschaftlicher Mitarbeiter im Bundestag)
Heiko Rauhut
Mirella Rusch
Enno Schuhmacher
Wolfram Schroff
Jan Seifert
Zora Siebert (wissenschaftl. Mitarbeiterin von Jan Philipp Albrecht, EU-Parlament)
Max Strotmann (Europäische Kommission)
Lukas Wolfthaler
Agnes Zehrer

Zu guter Letzt möchten wir uns noch bei allen Protagonisten dieses Buches bedanken, denen wir den Gutteil unserer Einsichten in Korruption verdanken. Die schönsten Korruptionsgeschichten schreibt eben doch das Leben.

Anmerkungen

1 http://orf.at/stories/2107598/2107600/
2 http://www.boerse-express.com/pages/1246884
3 http://www.profil.at/articles/1335/560/365153/telekom-affaere-hochegger-zahlungen-oevp-spoe
4 http://www.manager-magazin.de/fotostrecke/josef-ackermann-seine-besten-zitate-aus-zehn-jahren-fotostrecke-82821-14.html
5 http://www.koeblergerhard.de/der/DERK.pdf
6 http://www.bka.de/DE/ThemenABisZ/Deliktsbereiche/Korruption/korruption__node.html
7 http://www.hk24.de/standortpolitik/innerbetriebliche_sicherheit/unternehmenssicherheit/korruption/367774/Korruption_1.html
8 http://www.transparency.de/was-ist-korruption.2176.0.html
9 Für mehr Informationen empfehlen wir: Jean Piaget: D*as Weltbild des Kindes, München 2003.*
10 http://www.familienleben.ch/1-erziehung/3728-beste-freunde-haben-fuer-kinder-andere-bedeutung-als-fuer-eltern
11 http://www.gesetze-im-internet.de/stgb/__19.html
12 http://www.labbe.de/mellvil/index_kk.asp?themaid=5&titelid=117
13 Mit einem steam-key kann man Spiele auf der online plattform »steam« aktivieren.
14 § 334 StGB http://dejure.org/gesetze/StGB/334.html
15 § 332 StGB http://dejure.org/gesetze/StGB/332.html
16 § 333 http://dejure.org/gesetze/StGB/333.html
17 § 331 http://dejure.org/gesetze/StGB/331.html
18 http://www.polizeifreunde-wien.at/index.html
19 http://www.spiegel.de/panorama/justiz/wiener-sumpf-die-feinen-freunde-der-polizei-a-513593.html
20 www.zis-online.com/dat/artikel/2011_6_580.pdf
21 Weitere Korruptions-Tatbestände sind z. B.: Bestechlichkeit im geschäftlichen Verkehr (§ 299 StGB), Wählerbestechung (§ 108b StGB) und Abgeordnetenbestechung (§ 108e StGB)

22 http://www.hk24.de/standortpolitik/innerbetriebliche_sicherheit/unternehmenssicherheit/korruption/367774/Korruption_1.html
23 http://dejure.org/gesetze/StGB/261.html
24 http://www.transparency.de/fileadmin/pdfs/Themen/Politik/Argumentationshilfe_108e_Logo_12-08-10.pdf, auch das neue Gesetz lässt viel Spielraum, siehe dazu http://www.zeit.de/2014/27/abgeordnetenbestechung-gesetz
25 Boris Kartheuser, »Starker Antrieb. Die großzügigen Angebote der Automobilbranche«, in: *Netzwerk Recherche* (Hg.), Gefallen an Gefälligkeiten. Journalismus und Korruption, Berlin 2013, S. 9ff.
26 Ebd.
27 Ein freier und drei festangestellte Journalisten des *Tagesspiegels*, der *Neuen Ruhr Zeitung*, der *Süddeutschen Zeitung* und der *Rheinischen Post* nahmen 2012 an der von ThyssenKrupp bezahlten Reise teil.
28 http://www.initiative-qualitaet.de/fileadmin/IQ/Archiv/Rundmails/iq_rundmail_19_kodex.pdf
29 Boris Kartheuser, »Die Welt ist schön. Luxusreisen mit ThyssenKrupp«, in: *Netzwerk Recherche* (Hg.), Gefallen an Gefälligkeiten. op.cit., S. 29ff.
30 http://www.dossier.at/inserate/thema/staatsaffaere-inserate/
31 http://www.bpb.de/system/files/dokument_pdf/Wie_sich_eine_Zeitung_finanziert.pdf
32 http://www.dossier.at/inserate/thema/staatsaffaere-inserate/
33 http://www.kleinezeitung.at/nachrichten/politik/oesterreich/3458819/chronologie-inseratenaffaere.story
34 Die Ausfallbürgschaft ist eine Unterart der Bürgschaft, die als Kreditsicherheit von Kreditinstituten hereingenommen wird, siehe https://de.wikipedia.org/wiki/Ausfallb%C3%BCrgschaft
35 http://www.zeit.de/politik/deutschland/2012-10/abgeordnetenbestechung
36 http://www.spiegel.de/spiegel/print/d-51644676.html. Mit dem neuen Anti-Korruptionsgesetz hat sich hier nichts Substantielles geändert.
37 http://www.focus.de/politik/deutschland/tid-15019/politikerprivilegien-kostenlos-bahn-fahren-und-fliegen_aid_421579.html
38 http://www.sueddeutsche.de/sport/fussball-wm-offenbar-gratis-karten-fuer-zahlreiche-politiker-1.316346
39 http://www.focus.de/politik/deutschland/tid-27976/nebeneinkuenfte-als-autor-peer-steinbrueck-hat-mehrere-millionen-euro-dazuverdient_aid_852401.html
40 http://www.focus.de/politik/deutschland/studie-enthuellt-hohe-nebeneinkuenfte-bundestagsabgeordnete-verdienen-im-schnitt-170-000-euro_aid_1086944.html
41 https://www.abgeordnetenwatch.de/2011/06/22/stuckeln-bundeln-tarnen-die-tricks-mit-den-parteispenden
42 http://news.werbeartikel-discount.com/news/werbegeschenke-fuer-beamte-698/
43 § 299 StGB, Bestechlichkeit und Bestechung im geschäftlichen Verkehr
44 http://www.berliner-zeitung.de/archiv/groessere-geschenke-oder-gar-geld-duerfen-polizisten-nicht-annehmen---viele-sind-verunsichert-der-kuchen-darf-auf-der-wache-bleiben,10810590,9983942.html
45 http://www.spiegel.de/wirtschaft/unternehmen/anklage-gegen-ex-manager-der-hamburg-mannheimer-wegen-lustreise-a-864847.html
46 http://www.focus.de/finanzen/versicherungen/sex-skandal-bei-versicherungskonzern ergo-mitarbeiter-flogen-zur-belohnung-in-den-swingerclub_aid_809468.html

47 http://juris.bundesgerichtshof.de/cgi-bin/rechtsprechung/document.py?Gericht=bgh&Art=en&Datum=Aktuell&nr=60678&linked=pm
48 http://www.sueddeutsche.de/wissen/staendige-impfkommission-experten-mit-den-falschen-freunden-1.271784-3
49 http://www.spiegel.de/unispiegel/studium/lobbyismus-medizinstudenten-wehren-sich-gegen-die-pharmaindustrie-a-868977.html
50 http://juris.bundesgerichtshof.de/cgi-bin/rechtsprechung/document.py?Gericht=bgh&Art=en&Datum=Aktuell&nr=60678&linked=pm
51 https://wikileaks.org/wiki/Bank_Julius_Baer:_Steuermanoever_ueber_die_Cayman_Inseln
52 Zeitbombe Steuerflucht – Wann kippt das System?, ARTE-Doku vom 10.9.2013, https://www.youtube.com/watch?v=_UHIQ4zInu8
53 J.-L. Campbell, A. S. Göritz, »Culture Corrupts! A qualitative study of organizational culture in corrupt organizations«, in: *Journal of Business Ethics*, 120(3), 2014, S. 291–311.
54 G. Palazzo, F. Krings, U. Hoffrage, »Ethical blindness«, in: *Journal of Business Ethics*, 109(3), 2012, S. 323–338.
55 DE § 333 Vorteilsgewährung http://dejure.org/gesetze/StGB/333.html
56 AT § 307a Vorteilszuwendung https://www.ris.bka.gv.at/Dokument.wxe?Abfrage=Bundesnormen&Dokumentnummer=NOR40140767
57 CH Artikel 322quinquies Vorteilsgewährung, http://www.seco.admin.ch/themen/00645/00657/00659/01395/index.html?lang=de
http://www.admin.ch/opc/de/classified-compilation/19370083/index.html#a-322quinquies
58 DE § 331 Vorteilsannahme http://dejure.org/gesetze/StGB/331.html
59 AT § 305 Vorteilsannahme https://www.ris.bka.gv.at/Dokument.wxe?Abfrage=Bundesnormen&Dokumentnummer=NOR40140765
60 CH Artikel 322sexies Vorteilsannahme
http://www.admin.ch/opc/de/classified-compilation/19370083/index.html#a322sexies
61 DE § 334 Bestechung http://dejure.org/gesetze/StGB/334.html
62 AT § 307 Bestechung https://www.ris.bka.gv.at/Dokument.wxe?Abfrage=Bundesnormen&Dokumentnummer=NOR40110129
63 CH Artikel 322ter Bestechung schweizerischer Amtsträger http://www.admin.ch/opc/de/classified-compilation/19370083/index.html#Betrug
64 DE § 332 Bestechlichkeit http://dejure.org/gesetze/StGB/332.html
65 AT § 304 Bestechlichkeit https://www.ris.bka.gv.at/Dokument.wxe?Abfrage=Bundesnormen&Dokumentnummer=NOR40110127
66 CH Artikel 322quater Sich bestechen lassen http://www.admin.ch/opc/de/classified-compilation/19370083/index.html#Betrug
67 DE § 263 Betrug http://dejure.org/gesetze/StGB/263.html
68 AT § 146 Betrug https://www.ris.bka.gv.at/Dokument.wxe?Abfrage=Bundesnormen&-Dokumentnummer=NOR12029690
69 AT § 147 Schwerer Betrug https://www.ris.bka.gv.at/Dokument.wxe?Abfrage=Bundesnormen&Dokumentnummer=NOR40114232
70 CH Artikel 146 Betrug http://www.admin.ch/opc/de/classified-compilation/19370083/index.html#a146
71 DE § 246 Unterschlagung http://dejure.org/gesetze/StGB/246.html

72 AT § 133 Veruntreuung https://www.ris.bka.gv.at/Dokument.wxe?Abfrage=Bundesnormen&Dokumentnummer=NOR40059222
73 CH Artikel 138 Veruntreuung http://www.admin.ch/opc/de/classified-compilation/19370083/index.html#a138
74 http://www.zeit.de/politik/2012-11/korruption-bestechung-politik-alltag
75 http://www.heise.de/tp/artikel/34/34023/1.html
76 http://www.tagesanzeiger.ch/schweiz/standard/Wikileaks-war-meine-letzte-Hoffnung-/story/23226809
77 http://files.transparency.org/content/download/238/956/file/2009_AlternativeToSilence_EN.pdf Besonders schlimm erging es jenem Mittelsmann, der 2010 Bankdaten von einer unbekannten Quelle bei der Credit Suisse angenommen und an die deutschen Steuerfahnder weitergeleitet hatte. Nachdem die Schweizer Justiz ihn in Haft genommen hatte, wurde er in der Zelle erhängt aufgefunden. http://orf.at/stories/2114014
78 http://www.dissident-net.info/tag/holland/
79 http://www.telegraph.co.uk/news/worldnews/europe/1405520/Whistle-blower-admits-defeat-on-EU-corruption.html
80 http://files.transparency.org/content/download/238/956/file/2009_AlternativeToSilence_EN.pdf
81 http://www.zeit.de/politik/2012-11/korruption-bestechung-politik-alltag
82 http://www.rti-rating.org/country_data.php
83 http://www.uni-konstanz.de/rtf/kik/Jugendkriminalitaet-2003-7-e.pdf
84 http://www.uibk.ac.at/ipoint/news/2013/korruption-ein-alter-stein-des-anstosses.html
85 http://www.studiengesellschaft-friedensforschung.de/da_43.htm
86 http://geschichtszentrum.de/?p=7389
87 http://www.spiegel.de/spiegel/print/d-41757595.html
88 http://www.augsburger-allgemeine.de/panorama/Orgien-Erpressung-Korruption-Die-dunklen-Seiten-des-Kirchenstaats-id25647786.html
89 http://www.newstatesman.com/global-issues/2011/03/land-queen-world-australia
90 http://www.businessinsider.com/worlds-biggest-landowners-2011-3?op=1
91 http://www.uibk.ac.at/ipoint/news/2013/korruption-ein-alter-stein-des-anstosses.html
92 http://www.studiengesellschaft-friedensforschung.de/da_43.htm
93 Ebd.
94 http://www.transparency.de/Bajohr-Frank-Parvenues-und.555.0.html
95 http://www.spiegel.de/einestages/hauptstadtfrage-1949-a-948163.html
96 Marcel Mauss, *Die Gabe: Form und Funktion des Austauschs in archaischen Gesellschaften*, Frankfurt am Main 1968.
97 Ebd., S. 36
98 Ebd., S 128
99 Marcel Hénaff, »Die pervertierte Gabe. Tugend, Heuchelei und Nihilismus – Zu einer Anthropologie der Korruption«, in: *Lettre International* 93, 2011, S. 54-56.
100 Marcel Mauss, op.cit., S 85ff
101 http://www.sueddeutsche.de/politik/vorwurf-der-guenstlingswirtschaft-die-kommission-verklagt-die-ex-kommissarin-1.931871
102 https://www.tagesschau.de/meldung125886.html
103 http://www.schweizerzeit.ch/2599/Korruption.htm
104 R. Brucke, E. Tomlinson, C. Cooper, *Crime and corruption in organizations. Why it occurs and what to do about it*, Surrey 2010.

105 Dan Ariely, *Denken hilft zwar, nützt aber nichts: Warum wir immer wieder unvernünftige Entscheidungen treffen*, München 2008, S. 237ff.

106 Deutschland: § 263; Österreich: § 146–147; Schweiz: Artikel 146

107 http://www.zeit.de/politik/2012-11/korruption-forschung-tanja-rabl

108 http://www.zeit.de/politik/2012-11/korruption-bestechung-politik-alltag

109 Dan Ariely, Denken hilft zwar, nützt aber nichts. Warum wir immer wieder unvernünftige Entscheidungen treffen, 2008, S. 250f.

110 Philip Zimbardo (2008), The psychology of evil, http://www.ted.com/talks/philip_zimbardo_on_the_psychology_of_evil?language=de

111 Edward N. Lorenz, *Predictability: Does the flap of a butterfly's wings in Brazil set off a tornado in Texas?*, Titel des Vortrags im Jahr 1972 während der Jahrestagung der American Association for the Advancement of Science; laut Science 320, 2008, S. 431

112 http://www.krimlex.de/artikel.php?BUCHSTABE=&KL_ID=40

113 http://georgewbush-whitehouse.archives.gov/news/releases/2003/07/20030723-9.html

114 http://www.ls4.soziologie.uni-muenchen.de/studium_lehre/lehrveranst/venice13/v_mittwoch/v_mittwoch/rauhut.pdf

115 Market Institut, Dezember 2012: Die Österreicher gehen selbstbewusst ins neue Jahr, http://www.market.at/redx/tools/mb_download.php/mid.y00d966f4817cba8e/News_1255_-_Die___sterreicher_gehen_selbstbewusst_.pdf

116 Ebd.

117 https://www.tagesschau.de/ausland/bosnien140.html

118 http://www.transparency.org/whoweare/organisation

119 Zudem Mitgliedsbeiträge, Zuweisungen von Geldauflagen von Gerichten und Staatsanwaltschaften, Honorare u.a. http://www.transparency.de/fileadmin/pdfs/Ueber_TI/Jahresbericht_2012.pdf, S. 62.

120 http://www.transparency.de/fileadmin/pdfs/Ueber_TI/Jahresbericht_2013_web.pdf, S.52

121 In Österreich beläuft sich das Jahresbudget auf 124.542,06 Euro, siehe http://www.ti-austria.at/uploads/media/TI-AC_Jahresbericht_2013.pdf, S. 36.

122 http://volksbegehren-gegen-korruption.gruene.at/

123 http://wahl13.bmi.gv.at/

124 http://www.welt.de/politik/deutschland/article13851712/Anti-Korruptionsregeln-finden-keine-Mehrheit.html

125 http://www.spiegel.de/politik/deutschland/bundestagswahl-2013-wahlergebnis-grafik-bundestag-wahlkreis-a-923496.html

126 http://www.tagesspiegel.de/politik/gesetz-gegen-abgeordnetenbestechung-deutschland-auf-einer-stufe-mit-syrien-und-nordkorea/8041844.html

127 http://diepresse.com/home/meinung/quergeschrieben/annelieserohrer/1486693/Wir-sind-alle-korrupt-na-und-Warum-Waehler-sich-nicht-aufregen

128 http://www.vienna.at/angeschossener-polizist-schon-hunderte-hinweise-eingegangen/news-20100114-11425702

129 http://www.zeit.de/2014/27/abgeordnetenbestechung-gesetz

130 http://www.spiegel.de/politik/deutschland/rechenschaftsberichte-kritik-an-gestueckelten-parteispenden-a-955525.html

131 Ebd.

132 http://www.zeit.de/politik/deutschland/2014-02/partei-spenden-parteienfinanzierung-2013

133 http://beta.abgeordnetenwatch.de/blog/2014-01-09/parteispenden-legten-2013-um-160-prozent-zu
134 http://www.n24.de/n24/Nachrichten/Politik/d/4339948/angela-merkel-bekommt-die-meisten-spenden.html
135 http://www.appd-gdnk.de/
136 http://www.zeit.de/2008/26/Korruption
137 http://www.zeit.de/wirtschaft/2012-03/deutschland-korruption-schaden
138 Das Bundeskriminalamt spricht für 2012 von einem Schaden im engeren Sinn in Höhe von 354 Millionen Euro, eine Steigerung zum Vorjahr von 28 Prozent. http://www.bka.de/nn_193368/SharedDocs/Downloads/DE/Publikationen/JahresberichteUndLagebilder/Korruption/korruptionBundeslagebild2012,templateId=raw,property=publicationFile.pdf/korruptionBundeslagebild2012.pdf
139 Friedrich Schneider, »Schattenwirtschaft, Sozialbetrug und Korruption in Österreich: Wer gewinnt? Wer verliert?«, 2012, http://www.econ.jku.at/members/Schneider/files/publications/2012/KorrPfuschSozialbetrug.pdf
140 http://www.faz.net/aktuell/wirtschaft/unternehmen/bestechende-grossunternehmen-korruption-rechnet-sich-nicht-12050962.html
141 http://www.n24.de/n24/Nachrichten/Politik/d/4339948/angela-merkel-bekommt-die-meisten-spenden.html
142 http://www.bundestag.de/bundestag/parteienfinanzierung/fundstellen50000/2009
143 Ebd.
144 http://www.bka.de/nn_193482/SharedDocs/Downloads/DE/Publikationen/Publikationsreihen/01PolizeiUndForschung/1__18__KorruptionInDeutschlandUndIhreStrafrechtlicheKontrolle,templateId=raw,property=publicationFile.pdf/1_18_KorruptionInDeutschlandUndIhreStrafrechtlicheKontrolle.pdf, S. 48
145 http://www.faz.net/aktuell/wirtschaft/unternehmen/bestechende-grossunternehmen-korruption-rechnet-sich-nicht-12050962-p2.html
146 http://www.handelsblatt.com/politik/oekonomie/wissenswert/unternehmen-wo-sich-korruption-auszahlt-und-wo-nicht-seite-2/3490774-2.html
147 http://www.faz.net/aktuell/wirtschaft/unternehmen/bestechende-grossunternehmen-korruption-rechnet-sich-nicht-12050962-p4.html
148 http://www.zeit.de/politik/2012-11/korruption-bestechung-politik-alltag
149 http://www.taz.de/!81387/
150 http://www.faz.net/aktuell/wirtschaft/unternehmen/bestechende-grossunternehmen-korruption-rechnet-sich-nicht-12050962-p2.html
151 Ebd.
152 Vgl. Hines, »Payment: Foreign Bribery and American Business after 1977«, in: National Bureau of Economic Research Working Paper, No. 5266, 1995; http://www.bka.de/nn_193482/SharedDocs/Downloads/DE/Publikationen/Publikationsreihen/01PolizeiUndForschung/1__18__KorruptionInDeutschlandUndIhreStrafrechtlicheKontrolle,templateId=raw,property=publicationFile.pdf/1_18_KorruptionInDeutschlandUndIhreStrafrechtlicheKontrolle.pdf (S. 31)
153 Die Ablehnung gegenüber Schwarzarbeit steigt mit dem Haushaltsnettoeinkommen. Zugleich ist aber der Anteil der Schwarzarbeitgeber umso größer, je höher das Einkommen ist. Vgl. http://blog.handelsblatt.com/handelsblog/2013/05/24/deutsche-doppelmoral-bei-den-steuern/
154 http://kurier.at/chronik/wien/skurriler-prozess-wiener-muellmaenner-nahmen-zu-viel-abfall-mit/4.475.963

155 http://www.transparency.de/was-ist-korruption.2176.0.html

156 http://www.zeit.de/politik/2012-11/korruption-forschung-tanja-rabl/seite-2

157 J.-L. Campbell, »Sind Männer korrupter als Frauen?«, in: Scheinwefer, 63, 2014, Transparency International Deutschland e.V.

158 http://www.wiwi.uni-passau.de/fileadmin/dokumente/lehrstuehle/lambsdorff/downloads/Disc_Corrupt_Reciprocity.pdf

159 http://www.zeit.de/politik/2012-11/korruption-forschung-tanja-rabl

160 http://www.transparency.org/news/pressrelease/20130307_less_and_cheaper_fakelaki_in_greece_the_key_results_of_2012_nation

161 http://www.pnas.org/content/109/11/4086.full

162 http://derstandard.at/1353207674553/Armut-macht-auch-die-Kinderseele-krank

163 http://www.zeit.de/politik/2012-11/korruption-forschung-tanja-rabl/seite-2

164 http://www.sueddeutsche.de/wissen/karrierefaktor-nachname-kaiser-macht-karriere-1.1792772

165 http://www.spiegel.de/karriere/berufsleben/nobler-nachname-hilft-bei-der-karriere-a-928231.html

166 http://derstandard.at/1353206690022/Sie-nannten-mich-Gary-Ein-Abschieds-Interview-mit-Peter-Westenthaler

167 http://www.spiegel.de/spiegel/print/d-48902728.html

168 https://www.help.gv.at/Portal.Node/hlpd/public/content/112/Seite.1120500.html

169 http://www.tagesspiegel.de/wirtschaft/namensaenderung-vom-dieter-zum-max/8257284.html

170 http://ec.europa.eu/dgs/home-affairs/e-library/documents/policies/organized-crime-and-human-trafficking/corruption/docs/acr_2014_en.pdf S. 6

171 http://cpi.transparency.org/cpi2013/results/

172 http://bpi.transparency.org/bpi2011/results/

173 Ebd.

174 J.-L. Campbell, »Stinkt der Fisch immer vom Kopf her? Der Einfluss von Führung auf Mitarbeiterkorruption«, Fachvortrag für den Arbeitskreis Nürnberg für Transparency International, Nürnberg, Deutschland, September 2013.

175 V. Taras, B. L. Kirkman, P. Steel, »Examining the Impact of Culture's Consequences: A Three- Decade, Multi-Level, Meta-Analytic Review of Hofstede's Cultural Value Dimensions«, In: *Journal of Applied Psychology*, 95(3), 2010, S. 405–439, http://libres.uncg.edu/ir/uncg/f/V_Taras_Examining_2010.pdf

176 http://www.clearlycultural.com/geert-hofstede-cultural-dimensions/individualism/

177 V. Taras, B. L. Kirkman, P. Steel, »Examining«, op.cit.

178 http://www.clearlycultural.com/geert-hofstede-cultural-dimensions/uncertainty-avoidance-index/

179 http://www.clearlycultural.com/geert-hofstede-cultural-dimensions/power-distance-index/

180 V. Taras, B. L. Kirkman, P. Steel, »Examining«, op.cit.

181 H. Yeganeh, D. Sauers, A Cross-National Investigation into the Effects of Religiosity on the Pervasiveness of Corruption, College of Business, Winona University, USA, 2013.

182 https://de.wikipedia.org/wiki/Alfons_Mensdorff-Pouilly

183 http://search.obvsg.at/primo_library/libweb/action/dlDisplay.do?vid=ACC&docId=ACC_aleph001645409&afterPDS=true

184 http://www.parlament.gv.at/WWER/PAD_08656/

185 http://investing.businessweek.com/research/stocks/people/person.asp?personId=10975955&ticker=STR:AV&previousCapId=9636911&previousTitle=MKB%20Bank%20Zrt
186 http://www.rp-online.de/wirtschaft/chronik-heinrich-von-pierer-bid-1.2086019
187 Wahlspruch des Habsburger Kaisers Ferdinand 1. http://de.wikiquote.org/wiki/Lateinische_Sprichw%C3%B6rter
188 http://www.zeit.de/politik/2012-11/korruption-forschung-tanja-rabl/seite-2
189 http://derstandard.at/1297819347025/Korruptionsexpertin-Den-korrupten-Menschen-gibt-es-nicht
190 DeCelles, K. A., & Pfarrer, M. D. (2004). Heroes or villains? Corruption and the charismatic leader. *Journal of Leadership & Organizational Studies*, 11(1), 67–77.
191 Campbell, Jamie-Lee (2014) »Ich bin doch nicht blöd!« – Wie Mitarbeiter von Führungskräften Korruption lernen, Scheinwerfer, 63, Transparency International Deutschland e.V.
192 http://derstandard.at/1297819347025/Korruptionsexpertin-Den-korrupten-Menschen-gibt-es-nicht
193 http://www.zeit.de/politik/2012-11/korruption-forschung-tanja-rabl/seite-2
194 http://derstandard.at/1385172226056/Der-Traum-vom-arbeitslosen-Revolutionaer
195 Katrin Blawat, SZ Wissen 17/2007, http://www.sueddeutsche.de/wissen/tiere-und-ihre-eigenschaften-charakterschweine-1.590099
196 http://www.sueddeutsche.de/wissen/tiere-und-ihre-eigenschaften-charakterschweine-1.590099
197 http://www.augsburger-allgemeine.de/dillingen/Was-ein-Buergermeister-verdient-id27794232.html
198 http://www.focus.de/politik/deutschland/tid-30413/diaeten-fuer-bundestagsabgeordnete-was-politiker-wirklich-verdienen-funktionszulagen-bessern-die-entschaedigung-auf_aid_953088.html
199 http://www.spiegel.de/politik/deutschland/die-topverdiener-im-bundestag-a-860042.html
200 http://www.sueddeutsche.de/wissen/tiere-und-ihre-eigenschaften-charakterschweine-1.590099-3
201 https://de.wikipedia.org/wiki/Der_nackte_Affe
202 http://www.zeit.de/2013/34/psychopaten-irre-erfolgreich-manager
203 http://www.tagesanzeiger.ch/wirtschaft/unternehmen-und-konjunktur/Die-10-Topverdiener-der-Schweiz/story/18654So trainieren Sie gezielter
204 http://www.sueddeutsche.de/wissen/tiere-und-ihre-eigenschaften-charakterschweine-1.590099-10
205 http://kurier.at/politik/beamtenparadies-oesterreich/749.081
206 http://www.wienerzeitung.at/nachrichten/wirtschaft/international/?em_cnt=51902
207 http://diepresse.com/home/wirtschaft/economist/1474263/Luxuspension-fur-roten-Expraesidenten-der-Nationalbank
208 http://kurier.at/politik/beamtenparadies-oesterreich/749.081
209 Ebd.
210 http://kurier.at/wirtschaft/unternehmen/wirtschaft-von-innen-nationalbank-der-gouverneur-als-don-quichotte/31.667.826
211 http://www.sueddeutsche.de/wissen/tiere-und-ihre-eigenschaften-charakterschweine-1.590099-12
212 https://www.help.gv.at/Portal.Node/hlpd/public/content/246/Seite.2460105.html
213 http://www.spiegel.de/spiegel/print/d-9287479.html

214 http://www.spiegel.de/schulspiegel/wissen/grundschullehrer-vorurteile-kevins-bekommen-schlechtere-noten-a-712948.html

215 http://derstandard.at/1385171984270/Bargeld-vorhanden-Pruefungsangst-ueberfluessig

216 http://www.sueddeutsche.de/bildung/bestechung-auf-dem-balkan-skandalort-hochschule-1.1849940

217 http://www.profil.at/articles/1026/560/272423/wie-wiener-polizeikommandant-mahrer-wochen-akademiker

218 http://www.sueddeutsche.de/karriere/korruption-und-sex-jura-professor-gesteht-1.265077

219 ftp://phaidon.philo.at/1244703174__0__lm_194.zip

220 http://wien.orf.at/news/stories/2507992/

221 https://de.wikipedia.org/wiki/Johannes_Hahn_%28Politiker%29#Diskussion_um_Hahns_Doktorarbeit

222 http://www.spiegel.de/politik/deutschland/plagiats-affaere-uni-bayreuth-entzieht-guttenberg-den-doktortitel-a-747358.html

223 http://www.format.at/articles/1209/521/321010/peter-hochegger-heute

224 http://www.zeit.de/2011/15/C-Service-Verdeckte-Stellen

225 http://www.gehirn-und-geist.de/alias/pdf/90-90-gug-04-2013-pdf/1184986?file

226 http://www.gehirn-und-geist.de/alias/pdf/30-37-gug-05-2013-pdf/1188771?file

227 Ebd.

228 http://www.turnerschaft-hansea.de/community/couleurinfo/verbindung,gottingo-normannia.html

229 http://www.neon.de/artikel/fuehlen/freundschaft/bist-du-ein-guter-freund/684109

230 http://www.gehirn-und-geist.de/alias/pdf/30-37-gug-05-2013-pdf/1188771?file

231 http://www.ebay.at/sch/sis.html?_nkw=100%20000%20Facebook%20Fanpage%20Fans%20Likes%20schnell%20100000&_itemId=190535760632#rpdId

232 http://ww2.cyburios.net/facebook-fans-kaufen.html

233 http://derstandard.at/1319183453741/Woher-Faymann-seine-falschen-Facebook-Freunde-bekam

234 https://www.facebook.com/bundeskanzlerfaymann (Stand 7.8.14)

235 http://www.zeit.de/politik/2012-11/korruption-bestechung-politik-alltag

236 http://www.gehirn-und-geist.de/alias/pdf/30-37-gug-05-2013-pdf/1188771?file

237 *Zeit* Magazin vom 19. September 2013, S. 26, http://www.pdfmagazines.org/magazines/news/67042-die-zeit-magazin-vom-19-september-2013.html

238 http://www.wolframalpha.com/facebook/

239 http://blogs.sueddeutsche.de/feuilletonist/2013/07/17/wir-sind-die-freunde-unserer-freunde/

240 https://de.wikipedia.org/wiki/Studentenverbindung

241 http://www.helvetia-basel.ch/about/

242 Ebd.

243 Ebd.

244 http://www.11freunde.de/artikel/zum-75-geburtstag-von-sepp-blatter-top-ten-und-bilderstrecke

245 http://www.handelsblatt.com/sport/fussball/nachrichten/der-gierige-fussballweltverband-die-fifa-ist-weltmeister-im-geldverdienen/3487962.html

246 http://www.helvetia-basel.ch/2009/10/neues-stammlokal-der-helvetia-basel/

247 http://norica.org/geschichte#zeitgeschichte

248 http://www.kleinezeitung.at/nachrichten/politik/3512865/cartellverband-schwarzes-kartell-loyalitaet.story

249 http://www.profil.at/articles/1225/560/331994/mensdorff-275-000-euro-grippemasken-hersteller
250 http://www.peterpilz.at/data_all/Stammtisch.pdf
251 http://zvr.bmi.gv.at/pdf/1407439996680.pdf
252 http://www.nachrichtenspiegel.de/2012/01/18/wie-die-superklasse-der-usa-die-euro-krise-steuert-und-welche-ziele-sie-hat/
253 http://www.manager-magazin.de/magazin/artikel/a-240981.html
254 http://www.spiegel.de/politik/deutschland/deutsch-amerikanische-beziehung-message-from-germany-a-234901.html
255 http://www.sueddeutsche.de/politik/millionenspende-an-liberale-die-fdp-macht-sich-staat-zur-beute-1.67101
256 http://www.miprox.de/Wirtschaft_allgemein/Herren_der_Aufsichtsraete/Atlantik_Bruecke_Text.html, zumindest dürfte Blum mit der Atlantikbrücke verbunden sein https://www.atlantik-bruecke.org/service/dokumente/a-message-to-the-people-of-the-united-states-of-america.pdf
257 http://www.atlantik-bruecke.org/w/files/dokumente/jb-0910-final.pdf
258 http://de.wikipedia.org/wiki/Liste_von_Mitgliedern_der_Atlantik-Brücke
259 http://newsevv.files.wordpress.com/2012/02/416964_2667163159071_1255812739_32103249_670663423_n.jpg
260 http://www.spiegel.de/politik/deutschland/nach-jobwechsel-ermittlungsverfahren-gegen-eckart-von-klaeden-a-931499.html
261 http://www.profil.at/articles/1347/560/369535/christian-wulff-korruption-gericht-ruecktritt-753-90-euro
262 http://www.welt.de/politik/deutschland/article116534761/Korruptionsverdacht-Neuer-Aerger-fuer-de-Maiziere.html
263 http://www.zeit.de/themen/politik/guttenberg-affaere/index
264 http://www.spiegel.de/spiegel/print/d-17436537.html
265 http://www.spiegel.de/spiegel/print/d-18423078.html
266 http://www.br.de/nachrichten/schreiber-prozess-augsburg-104.html
267 http://www.saarbruecker-zeitung.de/aufmacher/lokalnews/Holzer-Dieter-Holzer-Lobbyist-Leuna-Affaere;art27857,2820970#.UXBP_UpVb8g
268 http://www.osi-club.de/praktikaboerse/angebote/sec_vsn/praktikum_bei_der_atlantischen_i/
269 http://www.familienleben.ch/1-erziehung/3728-beste-freunde-haben-fuer-kinder-andere-bedeutung-als-fuer-eltern
270 http://magazin.woxikon.de/33578/freundschaften-die-engsten-werden-in-der-jugend-zeit-gebildet/
271 http://www.gehirn-und-geist.de/alias/pdf/30-37-gug-05-2013-pdf/1188771?file
272 http://www.fr-online.de/meinung/kolumne-zu-von-klaeden--der-abgang-des-merkel-boys-,1472602,23099094.html
273 Ebd.
274 https://www.lobbycontrol.de/2013/11/ermittlungen-gegen-von-klaeden-hoechste-zeit-fuer-regeln-fuer-seitenwechsler/
275 http://www.welt.de/finanzen/article117239605/In-Deutschland-leben-erstmals-eine-Million-Millionaere.html
276 »2013«, in: *Edition Le Monde diplomatique 12. Die Krisenmacher* (S. 21)
277 Inserat aus der *Zeit*, erwähnt im Buch von Birgit Adam, Suche Frau in anständigem Zustand, Rezension aus dem *Stern*: http://www.stern.de/kultur/

buecher/buch-ueber-kontaktanzeigen-im-schlafzimmer-bin-ich-oberstleutnant-2050493.html

278 http://www.sueddeutsche.de/leben/die-lustigsten-kontaktanzeigen-biete-tochter-und-kamel-1.998294-12

279 http://www.wiwo.de/koepfe-der-wirtschaft/fiona-swarovski/5287424.html

280 http://www.bstu.bund.de/DE/Wissen/Bildung/Einstieg/_inhalt.html (wie immer ist sich die Forschung allerdings uneinig. Ilko-Sascha Kowalczuk geht von einer deutlich geringeren Zahl aus, siehe dazu : http://www.spiegel.de/politik/deutschland/studie-zur-stasi-zahl-der-im-in-der-ddr-umstritten-a-884493.html

281 http://www.spiegel.de/spiegel/print/d-9176253.html

282 Ebd.

283 Volker Kitz, *Du machst, was ich will. Wie Sie bekommen, was Sie wollen – ein Ex-Lobbyist verrät die besten Tricks*, München 2013, S. 266.

284 Ebd., S. 249f.

285 http://www.gehirn-und-geist.de/alias/pdf/30-37-gug-05-2013-pdf/1188771?file

286 Ebd.

287 http://derstandard.at/1353207057120/Nicht-jeder-ist-korrupt-nicht-jeder-geht-stehlen

288 http://www.neon.de/artikel/fuehlen/freundschaft/bist-du-ein-guter-freund/684109

289 http://www.sueddeutsche.de/sport/affaere-um-konto-in-der-schweiz-adidas-chef-gab-hoeness-millionen-mark-1.1656067

290 http://www.spiegel.de/politik/ausland/eu-abgeordneter-martin-veroeffentlicht-lobby-einladungen-a-892465.html

291 http://www.ndr.de/regional/niedersachsen/hannover/nordsueddialog117.html

292 Olaf Glaeseker, der ehemalige Sprecher des Ex-Bundespräsidenten Christian Wulff, muss sich deswegen seit Dezember 2013 wegen des Vorwurfs der Bestechlichkeit vor dem Landgericht Hannover verantworten, vgl. http://www.spiegel.de/politik/deutschland/olaf-glaeseker-muss-wegen-bestechlichkeit-vor-gericht-a-920788.html

293 http://www.focus.de/politik/deutschland/tid-24952/im-netz-von-partymanager-manfred-schmidt-auch-moralapostel-kurt-beck-tappt-in-die-wulff-falle_aid_710423.html

294 http://www.bka.de/nn_193482/SharedDocs/Downloads/DE/Publikationen/Publikationsreihen/01PolizeiUndForschung/1__18__KorruptionInDeutschlandUndIhreStrafrechtlicheKontrolle, S. 48

295 http://ec.europa.eu/dgs/home-affairs/e-library/documents/policies/organized-crime-and-human-trafficking/corruption/docs/acr_2014_en.pdf

296 Ebd. S. 25

297 http://www.stern.de/politik/ausland/bestechungsbericht-irak-droht-groesster-korruptionsskandal-aller-zeiten-537777.html

298 http://www.deutschlandfunk.de/korruption-und-pfusch.862.de.html?dram:article_id=123478

299 http://www.business-on.de/saarlorlux/bestechung-warum-mitarbeiter-buchtipp-_id11504.html

300 http://www.sueddeutsche.de/wirtschaft/kriminelle-machenschaften-korruption-typisch-bau-1.9998

301 http://diepresse.com/home/panorama/oesterreich/1269787/Wien_Umwidmungen-auf-Wunsch

302 Ebd.

303 http://diepresse.com/home/panorama/oesterreich/645951/Starautoren-im-Kampf-gegen-Wiener-Magistrat
304 http://www.sueddeutsche.de/bayern/korruption-und-untreue-in-rathaeusern-von-sonnen-goettern-und-spargelpaepsten-1.297416
305 http://www.sueddeutsche.de/bayern/gehaltsaffaere-im-bayerischen-landtag-weitere-abgeordnete-beschaeftigten-die-familie-1.1664603
306 https://www.statistik.bayern.de/veroeffentlichungen/epaper.php?pid=37997&t=1&XTCsid=7d59d194917a4b67dc8fe67defb34ab3
307 http://www.spiegel.de/politik/deutschland/jakob-kreidl-csu-landrat-tritt-wegen-geburtstagssause-zurueck-a-953597.html
308 Ebd.
309 http://www.abendzeitung-muenchen.de/inhalt.wahl-in-miesbach-affaeren-landrat-kreidl-csu-abgestraft.433154c4-0b14-4af2-af6d-40f60372937d.html
310 http://www.faz.net/aktuell/politik/inland/fall-jakob-kreidl-miesbacher-csu-landrat-wirft-hin-12820844.html
311 http://www.dokzentrum.org/40/?td_dz_geschichte[story_id]=233&td_dz_geschichte[kat_id]=26&td_dz_geschichte[chapter_id]=828&print=1&cHash=e17b51060297127e127f16acef2030b3
312 http://www.anstageslicht.de/index.php?UP_ID=1&NAVZU_ID=16&STORY_ID=12&M_STORY_ID=89
313 http://www.ksta.de/politik/wienand---vita-und-skandale-der-mann-fuer-die-drecksarbeit,15187246,12052068.html
314 http://www.spiegel.de/spiegel/print/d-21662455.html
315 Ebd.
316 Ebd.
317 Ebd.
318 http://www.stern.de/panorama/koelner-muellskandal-bestechung-in-afrikanischen-dimensionen-523995.html
319 Ebd.
320 http://www.spiegel.de/spiegel/print/d-21662455.html
321 http://www.zeit.de/2005/08/Trienekens/seite-3
322 Ebd.
323 http://www.dokzentrum.org/40/?td_dz_geschichte[story_id]=233&td_dz_geschichte[kat_id]=26&td_dz_geschichte[chapter_id]=828&print=1&cHash=e17b51060297127e127f16acef2030b3
324 http://www.spiegel.de/spiegel/print/d-21662455.html
325 Ein halbes Roggenbrötchen mit mittelaltem Goudakäse.
326 http://www.zeit.de/2004/21/M_9fllskandal/seite-3
327 Ebd.
328 http://www.stern.de/panorama/koelner-muellskandal-bestechung-in-afrikanischen-dimensionen-523995.html
329 http://juris.bundesgerichtshof.de/cgi-bin/rechtsprechung/document.py?Gericht=bgh&Art=en&Datum=Aktuell&nr=34523&linked=pm
330 http://www.zeit.de/2005/08/Trienekens
331 http://www.zeit.de/2004/21/M_9fllskandal/seite-3
332 http://www.sueddeutsche.de/wirtschaft/koelner-muellunternehmer-trienekens-kassiert-bewaehrungsstrafe-1.19006
333 http://www.zeit.de/2005/08/Trienekens/seite-4

334 http://www.rundschau-online.de/lokales/muellskandal-prozess-bewaehrungsstrafen-fuer-heugel-und-ruether,15185494,15478866.html
335 http://www.ksta.de/koeln-uebersicht/norbert-ruether--spendenskandal-musste-auffliegen-,16341264,16242316.html
336 http://www.wiwo.de/unternehmen/korruption-deutschlands-spektakulaerste-bauskandale-seite-all/5563676-all.html
337 Ebd.
338 Ebd.
339 Ebd.
340 Ebd.
341 http://diepresse.com/home/sport/mehrsport/1470037/Sotschi_Strabag-baute-das-Olympische-Dorf-
342 http://www.zeitenschrift.com/news/wiederaufbau-des-irak-soll-groesster-korruptionsskandal-aller-zeiten-sein
343 Naomi Klein, *Die Schock-Strategie. Der Aufstrieg des Katastrophen-Kapitalismus*, Frankfurt a. M. 2007, S. 28.
344 http://usacontrol.wordpress.com/2008/07/26/hitliste-der-25-korruptesten-privatfirmen-im-irak-krieg/
345 Naomi Klein, op. cit., S. 485f.
346 http://www.spiegel.de/wirtschaft/geschaefte-mit-dem-irak-die-hitparade-der-kriegs-profiteure-a-504742.html
347 http://diepresse.com/home/politik/innenpolitik/585490/Buberl-Trauzeuge-Steuersun-der_Meischberger-im-Portraet
348 http://derstandard.at/1328507817445/Causa-Telekom-Telekom-Gelder-bringen-OeVP-unter-Druck
349 http://diepresse.com/home/politik/innenpolitik/732475/Telekom_Zahlun-gen-an-OVP-und-PolitikerKinder
350 http://www.wienerzeitung.at/nachrichten/oesterreich/politik/439164_Im-Strudel-der-Affaeren.html
351 http://derstandard.at/1330390249870/U-Ausschuss-Gartlehner-Habe-mich-nicht-prostituiert
352 http://www.profil.at/articles/1143/560/310579/hochegger-die-leben-peter-h
353 http://www.profil.at/articles/1207/560/319507/telekom grasser telekom hocheggers-provisionsreigen
354 http://www.profil.at/articles/1201/560/315649/ernst-karl-plech-der-dunkelmann
355 http://www.profil.at/articles/1027/560/273010/karl-heinz-grasser-untreue-verdacht
356 http://www.nachrichten.at/nachrichten/politik/innenpolitik/Der-Zufall-eines-knappen-Vorsprungs-und-ein-Schloss-als-Angebot;art385,878163
357 http://www.rechnungshof.gv.at/fileadmin/downloads/2007/berichte/berichte_bund/Bund_2007_03.pdf
358 http://images.derstandard.at/2012/11/08/Gruener_Bericht_U_Ausschuss_Nov_2012.pdf
359 Eigene Berechnung: Im Jahr 2012 lag der Durchschnittspreis bei 2.223 Euro/m2. (Quelle: http://www.oenb.at/dms/oenb/Geldpolitik/Downloads/Konjunktur/Einzelbei-trag_Schneider_gesamt_mon.pdf) Seit 2003 ist der Preis um knapp 32 Prozent gestie-gen. (Quelle: http://kurier.at/wirtschaft/wirtschaftspolitik/immobilien-rekordpreise-fuer-eigentumswohnungen/14.050.700)
360 http://www.profil.at/articles/0940/560/252561_s4/verdacht-amtsmissbrauchs-buwog-affaere-grasser-visier-justiz

361 http://www.oe24.at/oesterreich/politik/Hochegger-Ein-Schloss-von-Raiffeisen/65567237#textBegin
362 http://diepresse.com/home/politik/innenpolitik/756677/Causa-Buwog_Ein-Schloss-fuer-Peter-Hochegger
363 http://www.profil.at/articles/0940/560/252561_s4/verdacht-amtsmissbrauchs-buwog-affaere-grasser-visier-justiz
364 http://www.format.at/articles/0939/525/253255_s4/buwog-affaere-provisionsmillionen-meischberger-firma-omega-international
365 http://derstandard.at/1389857478136/Ohrringe-fuer-Fiona-G
366 http://oe1.orf.at/artikel/363665
367 http://derstandard.at/1388651135643/Buwog-Gutachten-belastet-Grasser-Meischberger-und-Plech
368 http://diepresse.com/home/wirtschaft/boerse/1509635/Immofinanz-ist-jetzt-borsereif
369 http://www.spiegel.de/spiegel/print/d-123678946.html
370 http://www.bundeshaushalt-info.de/startseite/#/2013/soll/ausgaben/einzelplan.html
371 http://www.fr-online.de/politik/waffenhandel-neue-waffengrossmacht-china-,1472596,22137578.html
372 Die Preußen hatten bereits Zündnadelgewehre und konnten im Vergleich zu den bis dahin gebräuchlichen Vorderladern der Habsburger nicht nur wesentlich schneller schießen, sondern auch im Liegen nachladen.
373 http://www.gsoa.ch/gsoa/zeitung/129/ruestung_und_korruption_der_84-milliarden-dollar-d/
374 http://www.aljazeera.com/programmes/south2north/2013/01/201311815191486 1779.html
375 www.amazon.de/Waffenhandel-Andrew-Feinstein/dp/3455502458/ref=la_B003BWX-3SA_1_1
376 http://www.srf.ch/news/international/korrupte-waffendeals-an-der-tagesordnung
377 http://www.zeit.de/2012/47/Ruestungskonzern-EADS-Korruption-Thomas-Enders
378 http://www.faz.net/aktuell/wirtschaft/unternehmen/bestechende-grossunternehmen-korruption-rechnet-sich-nicht-12050962-p3.html
379 http://www.spiegel.de/wirtschaft/ruestungsbranche-schmiermittel-im-bestechlichsten-gewerbe-der-welt-a-522056.html
380 http://www.falter.at/falter/2007/04/24/eurofighter-fuer-anfaenger/
381 Ebd.
382 http://www.spiegel.de/spiegel/print/d-43366266.html
383 http://www.spiegel.de/wirtschaft/ruestungsbranche-schmiermittel-im-bestechlichsten-gewerbe-der-welt-a-522056.html
384 Ebd.
385 http://www.srf.ch/news/international/korrupte-waffendeals-an-der-tagesordnung
386 http://derstandard.at/1303291086159/Die-Hose-faellt---und-alle-Fragen-offen
387 http://diepresse.com/home/diverse/archiv/61093/Karl-Lutgendorf_Sein-Geheimnis-nahm-Lu-ins-Grab
388 http://derstandard.at/1303291086159/Die-Hose-faellt---und-alle-Fragen-offen
389 http://www.zeit.de/1961/48/fuer-die-polizei-war-alles-klar/komplettansicht
390 http://www.spiegel.de/spiegel/print/d-41751298.html
391 http://www.spiegel.de/spiegel/print/d-41751353.html
392 http://www.handelsblatt.com/politik/deutschland/lobbyisten-serie-teil-2-waffen-fuer-die-welt/8965088.html

393 http://derstandard.at/2878037?sap=2&_slideNumber=2&_seite=
394 http://www.profil.at/articles/0719/560/173013/eurofighter-nur
395 Ebd.
396 http://www.bdsv.eu/de/Ueber_uns/Mitglieder.htm
397 http://www.sueddeutsche.de/wirtschaft/korruptionsaffaere-bei-stahlkonzern-thyssen-verklagt-ex-manager-auf-millionen-euro-1.1546105
398 http://www.zeit.de/politik/ausland/2013-12/griechenland-korruption-panzer
399 http://www.manager-magazin.de/unternehmen/industrie/korruptionsverdacht-fahnder-bei-rheinmetall-und-atlas-elektronik-a-918362.html
400 http://www.spiegel.de/wirtschaft/unternehmen/panzerhersteller-kmw-soll-griechischen-beamten-geschmiert-haben-a-941058.html
401 http://www.spiegel.de/spiegel/print/d-81703448.html
402 http://www.beobachter.ch/justiz-behoerde/artikel/waffengeschaefte_die-ruag-treibts-bunt/
403 http://www.falter.at/falter/2012/07/24/der-oesterreichische-drohnenhersteller/
404 http://wirtschaftsblatt.at/home/nachrichten/europa_cee/1442809/Neue-Munition-im-Prager-SteyrPanzerdeal
405 http://www.abendblatt.de/politik/deutschland/article1122181/Vom-Teppichhaendler-zum-Waffenlobbyisten.html
406 http://www.taz.de/!77177/
407 http://www.zeit.de/2012/04/A-Ruestungskrimi
408 http://andyinoman.com/2011/08/21/the-mysterious-white-sultan-of-oman/
409 http://www.profil.at/articles/0912/560/237058/die-affaere-alfons-mensdorff-pouilly-der-weisse-sultan
410 http://www.sipri.org/research/armaments/production/Top100
411 http://www.news.at/a/alfons-mensdorff-pouilly-habe-322711
412 http://www.parlament.gv.at/PAKT/VHG/XXIII/KOMM/KOMM_00072/imfname_080941.pdf
413 http://www.profil.at/articles/1138/560/307671/mensdorff-pouilly-wer-alfons-mensdorff-pouilly
414 http://derstandard.at/1234508233478/Verdunkelungs--und-Tatbegehungsgefahr-U-Haft-fuer-Waffenlobbyist-Mensdorff-Pouilly
415 http://derstandard.at/1229796986078?sap=2&_pid=11571132
416 http://www.profil.at/articles/0840/560/229821_s2/hausdurchsuchung-mensdorff-pouilly-verdacht-bestechung-geldwaescherei
417 http://news.bbc.co.uk/2/hi/uk_news/politics/6193703.stm
418 http://www.nytimes.com/2010/02/06/business/global/06bribe.html
419 http://derstandard.at/1263706820933/Mensdorff-Pouilly-frei-Verfahren-eingestellt
420 http://www.thecornerhouse.org.uk/resource/documents-reveal-blair-urged-end-bae-saudi-corruption-investigation
421 http://www.theguardian.com/world/2007/dec/21/bae.tonyblair
422 http://orf.at/stories/2157096/2157092/
423 http://diepresse.com/home/politik/innenpolitik/1334065/Mensdorff-Urteil_Die-Sache-stinkt-aber-nicht-genug
424 Ebd.
425 http://www.handelsblatt.com/politik/deutschland/lobbyisten-serie-teil-2-die-ruestungsindustrie-lebt-von-den-exporten/8965088-3.html

426 Ebd.
427 http://www.indexmundi.com/g/r.aspx?t=0&v=132&l=de
428 http://www.spiegel.de/politik/deutschland/bundesregierung-verteidigt-ruestungsexporte-nach-saudi-arabien-a-934734.html
429 http://www.sueddeutsche.de/politik/ruestungsexporte-eu-verkauft-mehr-waffen-als-die-usa-1.641715
430 http://portal.sipri.org/publications/pages/transfer/tiv-data
431 http://www.sueddeutsche.de/politik/ruestungsexporte-eu-verkauft-mehr-waffen-als-die-usa-1.641715
432 http://www.zeit.de/2012/02/Ruestung-Griechenland/seite-2
433 http://www.zeit.de/2012/02/Ruestung-Griechenland
434 http://www.derwesten.de/wr/politik/griechenlands-militaer-bleibt-vom-sparen-verschont-id6326734.html
435 http://www.welt.de/wirtschaft/article13908694/Griechenland-kauft-Waffen-fuer-eine-Milliarde-Euro.html
436 http://www.zeit.de/2012/02/Ruestung-Griechenland
437 http://www.zeit.de/2012/02/Ruestung-Griechenland/seite-3
438 http://www.zeit.de/wirtschaft/2013-06/fs-obdachlose-athen-2
439 http://www.blick.ch/news/schweiz/20-jahre-haft-fuer-griechischen-ex-minister-wegen-geldwaescherei-id2468506.html
440 http://www.zeit.de/aktuelles/2013-10/tsochadzopoulos-griechenland-korruption-bestechung-urteil
441 http://www.fr-online.de/politik/korruption-in-der-ruestung-griechenlands-schwarzes-loch,1472596,25818322.html
442 http://www.handelsblatt.com/politik/deutschland/lobbyisten-serie-teil-2-waffen-fuer-die-welt/8965088.html
443 http://www.zeit.de/2013/28/willy-brandt-guenter-guillaume-1973
444 http://www.zeit.de/2012/02/Ruestung-Griechenland/seite-2
445 *Stuttgarter Zeitung* vom 17. Dezember 2011, S. 5
446 http://www.stuttgarter-nachrichten.de/inhalt.heckler-koch-eine-parteispende-mit-konkreten-hintergedanken.fdcf7813-77d9-4925-9485-7c06c1b9f9e9.html
447 Andreas Müller: Justiz prüft Parteispende von Waffenfirma. *Stuttgarter Zeitung*, 11. November 2011, S. 6
448 http://www.falter.at/falter/2007/04/24/eurofighter-fuer-anfaenger/
449 http://www.kanzlei-pfefferle.de/fileadmin/user_upload/aktuelles/Bestechung/Schmiergeldzahlungen_-_Stand_25_01_2010.pdf
450 http://www.focus.de/politik/deutschland/csu/tid-11102/bayern-woher-kommt-der-begriff-amigo-affaere_aid_317325.html
451 http://www.wienerzeitung.at/nachrichten/oesterreich/politik/271968_Urlaub-zu-zweit-wird-Problem-fuer-Deutsch.html
452 http://diepresse.com/home/politik/innenpolitik/eurofighter/314181/Das-war-der-Euro-fighterUAusschuss?direct=314105&_vl_backlink=/home/index.do&selChannel=414
453 http://www.nzz.ch/nzzas/nzz-am-sonntag/ruestungsfirmen-unter-verdacht-1.18174488
454 http://www.spiegel.de/wirtschaft/ruestungsbranche-schmiermittel-im-bestechlichsten-gewerbe-der-welt-a-522056.html
455 http://derstandard.at/1385170243216/EU-Laender-verschwenden-Milliarden-bei-Ruestungsprojekten

456 http://www.format.at/articles/1314/943/356168_s1/patria-prozess-drei-jahre-haft-waffenlobbyisten-hans-wolfgang-riedl
457 Ebd.
458 http://diepresse.com/home/wirtschaft/economist/536500/MensdorffPouilly_Der-Graf-hinter-Schloss-und-Riegel
459 http://derstandard.at/1315005920808/Mensdorff-Pouilly-Fuer-Bestechung-waere-ich-zu-egoistisch
460 http://www.falter.at/falter/2007/04/24/eurofighter-fuer-anfaenger/
461 Ebd.
462 http://derstandard.at/1350260491460/Causa-Eurofighter-Welle-an-Hausdurchsuchungen
463 http://www.spiegel.de/spiegel/print/d-41751353.html
464 http://www.zeit.de/1967/12/wer-verschleuderte-die-panzer-millionen
465 http://www.welt.de/vermischtes/article106410276/Fehlurteil-Justizskandal-die-letzte-Hexenjagd.html
466 http://www.zeit.de/2012/02/Ruestung-Griechenland/seite-3
467 http://www.focus.de/politik/ausland/griechenlandhilfe-cohn-bendit-spricht-von-erpressung_aid_505951.html
468 http://www.heise.de/tp/artikel/32/32961/1.html
469 http://www.fr-online.de/politik/korruption-in-der-ruestung-griechenlands-schwarzes-loch,1472596,25818322.html
470 http://derstandard.at/1297821750367/Eurofighter-Kein-Prozess-gegen-Wolf-Steininger-und-die-Rumpolds
471 http://www.falter.at/falter/2007/04/24/eurofighter-fuer-anfaenger/
472 http://www.kleinezeitung.at/nachrichten/politik/2710111/eurofighter-deal-keine-weiteren-prozesse.story
473 http://www.tagesschau.de/ausland/waffendealgriechenland100.html
474 Ebd.
475 http://www.sueddeutsche.de/wirtschaft/korruption-im-ruestungsgeschaeft-schweizer-banken-in-bedraengnis-1.1856076
476 http://www.wienerzeitung.at/nachrichten/europa/europastaaten/?em_cnt=578820
477 http://www.abendblatt.de/politik/deutschland/article1122181/Vom-Teppichhaendler-zum-Waffenlobbyisten.html
478 http://www.abendblatt.de/politik/deutschland/article1122181/Vom-Teppichhaendler-zum-Waffenlobbyisten.html
479 http://www.profil.at/articles/0718/560/172356/eurofighter-affaere-schwarzarbeiter
480 http://www.profil.at/articles/0715/560/170319/eurofighter-sumpf-aus-luft-der-deal-licht
481 http://www.format.at/articles/1224/950/330997/eurofighter-erste-spuren
482 http://www.parlament.gv.at/PAKT/VHG/XXIII/KOMM/KOMM_00070/imfname_080939.pdf
483 http://derstandard.at/2847912
484 http://www.peterpilz.at/nav/48/luft-geschichte.htm
485 http://derstandard.at/2818445
486 http://alexdailynotes.blogspot.co.at/2007/03/eads-auf-der-nudelsuppe.html In Summe verdiente Erika Rumpold laut Eigenaussage: 3,2 Mio. Euro. http://www.news.at/a/habe-3-2-millionen-euro-rumpold-einnahmen-eurofighter-pr-168830
487 http://www.ceiberweiber.at/index.php?type=review&p=articles&id=391&area=1

488 http://www.ceiberweiber.at/index.php?type=review&area=1&p=articles&id=394
489 http://www.format.at/articles/1123/957/316997_s3/eurofighter-affaere-das-briefkasten-netzwerk-ruestungskonzern-eads
490 http://diepresse.com/home/meinung/portraitdestages/1404129/Gernot-Rumpold_Haiders-Mann-furs-Grobe
491 http://www.sueddeutsche.de/politik/ruestungsskandale-panzer-fuer-die-werkstatt-u-boote-fuers-suesswasser-1.1677800-2
492 http://www.falter.at/falter/2007/04/24/eurofighter-fuer-anfaenger/
493 http://oe1.orf.at/artikel/361808
494 http://money.oe24.at/unternehmen/Finanzmarktsystem-beguenstigt-Korruption/128848887
495 http://derstandard.at/1301873898979/Eurofighter-Justiz-verzichtete-auf-Kontenoeffnung-bei-Rumpolds
496 http://derstandard.at/1388650120414/Eurofighter-EADS-uebergab-Ermittlungsbericht-an-Staatsanwaltschaft
497 http://www.theguardian.com/world/2007/dec/21/bae.tonyblair
498 http://www.interpharma.ch/fakten-statistiken/2059-schweizer-firmen-mit-weltweitem-marktanteil-von-10
499 http://www.rp-online.de/wirtschaft/unternehmen/was-man-mit-700-milliarden-machen-koennte-bid-1.2204304
500 http://www.handelsblatt.com/unternehmen/industrie/rangliste-wer-die-pharmawelt-beherrscht/9560714.html?slp=false&p=16&a=false#image
501 Ebd.
502 Ebd.
503 Hans Weiss zitiert Orbis, in: Hans Weiss, *Korrupte Medizin. Ärzte als Komplizen der Konzerne*, Köln 2010, S. 224.
504 http://www.interpharma.ch/pharmastandort/1560-wachstumsmotor-pharmaindustrie
505 http://karrierenews.diepresse.com/home/karrieretrends/665214/Pharmareferent_gutes-Geld-fur-harte-Arbeit
506 http://www.focus.de/finanzen/karriere/management/gehaelter-pharma-bosse-kassieren-am-meisten_aid_668608.html
507 http://www.welt.de/wirtschaft/article113758109/Das-beispiellose-Machtsystem-des-Daniel-Vasella.html
508 http://www.zeit.de/campus/2009/01/pmc-interview/seite-5
509 Zahlen von 2012 https://www.aids.ch/de/fragen/hiv-aids/zahlen.php
510 http://pharmig.at/uploads/DF_Kompakt_web_10054_DE.pdf, S. 14.
511 Millimeter Quecksilbersäule ist eine Maßangabe für den Blutdruck
512 Hans Weiss, *Korrupte Medizin*, op. cit. (2008), S. 95f.
513 http://www.spiegel.de/gesundheit/diagnose/oecd-studie-menschen-aus-reichen-laendern-nehmen-mehr-antidepressiva-a-934761.html
514 Hans Weiss, *Korrupte Medizin*, op. cit. (2010), S. 238
515 Ebd., S. 243.
516 http://www.welt.de/gesundheit/article113348472/Warum-so-viele-Kinder-in-Deutschland-ADHS-haben.html
517 http://www.sueddeutsche.de/gesundheit/symptome-des-zappelphilipp-syndroms-so-aeussert-sich-adhs-1.1677938-5
518 http://diepresse.com/home/leben/gesundheit/augeblaettert/1333136/Wie-viel-Medizin-uberlebt-der-Mensch

519 Pharmig kompakt, op. cit., S. 12, bezieht sich auf Quelle: OECD 2012/ Eurostat Statistics Database; Joint Action European Health and Life Expectancy Information System (JA EHLEIS), WIFO.

520 *FAZ*-Bericht über Big Pharma, http://www.faz.net/aktuell/feuilleton/buecher/das-geschaeft-mit-der-krankheit-wie-tickt-die-pharmaindustrie-1459116.html?printPagedArticle=true#pageIndex_2

521 Hans Weiss, *Korrupte Medizin*, op. cit., S. 229.

522 John Virapen, *Nebenwirkung Tod. Die Wahrheit über Scheinwissenschaftlichkeit, Korruption, Bestechung, Manipulation und Schwindel in der Pharmawelt. Ein Ex-Manager der Pharmaindustrie packt aus*, Kleinsendelbach 2009, S. 22.

523 http://www.focus.de/gesundheit/ratgeber/krebs/news/welt-krebs-bericht-2014-anzahl-der-krebs-erkrankungen-steigt-weltweit-rasant-an_id_3587653.html

524 http://www.faz.net/aktuell/feuilleton/buecher/das-geschaeft-mit-der-krankheit-wie-tickt-die-pharmaindustrie-1459116.html

525 Julia Merlot, »So gut schützt die Impfung wirklich«, in: *Der Spiegel*, 14. Oktober 2012. http://www.spiegel.de/gesundheit/diagnose/vorsorge-impfung-gegen-gebaermutterhals-krebs-bleibt-umstritten-a-860367.html

526 http://www.spiegel.de/wissenschaft/mensch/krebs-impfung-heftiger-disput-zwischen-nobelpreistraeger-und-aerztekammer-chef-a-636343.html

527 http://www.dailymail.co.uk/news/article-1323749/HMV-voucher-bribe-girls-cervical-jabs-Fury-NHS-faces-cuts.html

528 http://www.bbc.co.uk/radio1/advice/factfile_az/virginity

529 http://www.scinexx.de/wissen-aktuell-13605-2011-06-22.html

530 http://www.faz.net/aktuell/feuilleton/buecher/das-geschaeft-mit-der-krankheit-wie-tickt-die-pharmaindustrie-1459116-p3.html

531 Hans Weiss, *Korrupte Medizin*, op. cit. (2008), S. 22

532 http://www.progenerika.de/downloads/9935/ProGenBroschMarktdate.pdf, S.2. (Stand 2011)

533 In Österreich kosten Generika im Schnitt nur 39,8% des Originalpreises, siehe http://www.pharmig.at/uploads/Generikapreisregelung_9560_DE.pdf, Stand 2011

534 Hans Weiss, Korrupte Medizin, 2008 op. cit., S. 69.

535 Hans Weiss, 2008, S. 23

536 Richtlinien 2001/83/EG des Europäischen Parlamentes und des Rates vom 6. November 200 zur Schaffung eines Gemeinschaftskodexes für Humanarzneimittel, http://eurlex.europa.eu/LexUriServ/LexUriServ.do?uri=CONS-LEG:2001L0083:20121116:DE:PDF, S. 78.

537 John Virapen, *Nebenwirkung*, op. cit., S. 94

538 Hans Weiss, *Korrupte Medizin*, op. cit., S.79.

539 http://www.faz.net/aktuell/beruf-chance/arbeitswelt/aerzte-und-kliniken/mehr-ansehen-als-gehalt-was-aerzte-verdienen-12622272.html

540 Cutting Edge Studie »Pharmaceutical Opinion Leader Managment« von 2007, zitiert nach Hans Weiss, *Korrupte Medizin*, op. cit. (2008), S. 84.

541 Ebd., S. 84ff.

542 http://www.pharmig.at/uploads/DF_Kompakt_web_10054_DE.pdf, S. 21.

543 Hans Weiss, *Korrupte Medizin*, op. cit. (2008), S. 94f.

544 Ingrid Zechmeister, Michael Gyimesi, »Kostenberechnungen im Gesundheitswesen: Was sich dahinter verstecken lässt«, in: Claudia Wild, Brigitte Piso, *Zahlenspiele in der Medizin, eine kritische Analyse*, Wien 2010, S. 106ff.

545 Ebd., S. 108.
546 http://www.spiegel.de/gesundheit/diagnose/vorsorge-impfung-gegen-gebaermutterhals-krebs-bleibt-umstritten-a-860367.html
547 http://orf.at/stories/2194507/2194510/
548 http://www.sueddeutsche.de/gesundheit/2.220/pharmaindustrie-umsatz-geht-vor-sicherheit-1.935164
549 http://ehgartner.blogspot.co.at/2013/12/hpv-impfung-schmutzige-tricks-kranke.html
550 Bei der Studie zeigten sich bei 463 von 20.000 Studienteilnehmern innerhalb von 18 Monaten neue Krankheiten mit »potenziell autoimmunem Hintergrund« sowie diverse Erkrankungen der Schilddrüse. 17 Probandinnen erkrankten an Morbus Crohn bzw. Colitis Ulcerosa, sieben an autoimmunem Diabetes, sechs an Multipler Sklerose und vier an Lupus Erythematodes.
551 http://www.ncbi.nlm.nih.gov/pubmed/17984802
552 http://www.sueddeutsche.de/gesundheit/2.220/pharmaindustrie-umsatz-geht-vor-sicherheit-1.935164
553 http://www.zeit.de/wirtschaft/unternehmen/2011-11/merck-strafe-vioxx
554 Ebd.
555 John Virapen, *Nebenwirkung*, op. cit., S. 105.
556 Ebd., S. 75.
557 Hans Weiss, *Korrupte Medizin*, op. cit. (2010), S. 237.
558 Ebd., S. 267.
559 http://www.taz.de/!33506/
560 Ebd.
561 Thomas Ach, *Off-Label und Arzneimittelzulassung: eine (un)mögliche Kombination*, Lahr, 2010, S. 22. Download unter: https://www.akad.de/fileadmin/akad.de/assets/PDF/WHL_Schriftenreihe/WHL_Schrift_Nr_22.pdf
562 http://www.zeit.de/online/2008/24/probanden-job
563 http://www.medikamententester.info/probanden/geld-verdienen-als-medikamententester-im-nebenjob-verdienst-fur-testpersonen.php
564 http://www.zeit.de/online/2008/24/probanden-job
565 https://www.swissmedic.ch/
566 http://www.pmrconsulting.com/a7/pharmaceutical-lobbying
567 http://www.transparency.de/Wirtschaftsfoerderung-auf-Kost.1407.0.html
568 Ebd.
569 http://www.sueddeutsche.de/wissen/staendige-impfkommission-experten-mit-den-falschen-freunden-1.271784
570 Ebd.
571 Ebd.
572 Ebd.
573 http://www.sueddeutsche.de/gesundheit/umstrittene-rheuma-therapie-geld-und-gelenke-1.1845487
574 Ebd.
575 http://www.faz.net/aktuell/beruf-chance/arbeitswelt/aerzte-und-kliniken/mehr-ansehen-als-gehalt-was-aerzte-verdienen-12622272.html
576 Entspricht ungefähr der Bezeichnung »Brutto« eines Angestellten
577 http://www.faz.net/aktuell/wirtschaft/wirtschaftspolitik/honoraranstieg-aerzte-verdienen-fast-14-000-euro-im-monat-12534420.html

578 http://www.faz.net/aktuell/wissen/medizin/finanzierung-von-selbsthilfegruppen-wer-soll-das-bezahlen-wer-hat-so-viel-geld-1381620-p2.html
579 http://juris.bundesgerichtshof.de/cgi-bin/rechtsprechung/document.py?Gericht=bgh&Art=en&Datum=Aktuell&nr=60678&linked=pm
580 http://deutsche-wirtschafts-nachrichten.de/2012/04/10/korruption-bundesweite-ermittlungen-gegen-aerzte-und-pharmaunternehmen/
581 http://www.spiegel.de/unispiegel/studium/lobbyismus-medizinstudenten-wehren-sich-gegen-die-pharmaindustrie-a-868977.html
582 Ebd.
583 eine NGO, die sich für Transparenz bei der Zurücknahme von wissenschaftlichen Fachartikeln einsetzt
584 http://www.spiegel.de/gesundheit/diagnose/ema-will-es-verbieten-gefahr-im-op-und-auf-der-intensivstation-a-907521.html
585 Hans Weiss, *Korrupte Medizin*, op. cit. (2008), S. 72f.
586 http://www.taz.de/!78171/
587 MEZIS (= Mein Essen zahl ich selbst), Initiative unbestechlicher Ärztinnen und Ärzte (www.mezis.de, www.mezis.at)
588 Hans Weiss, *Korrupte Medizin*, op. cit., S. 62.
589 http://www.taz.de/!78171/
590 John Virapen, *Nebenwirkung*, op. cit., S. 53.
591 Heide Neukirchen, *Der Pharma Report. Das große Geschäft mit unserer Gesundheit*, München 2005, S. 33.
592 http://www.ndr.de/ratgeber/gesundheit/aerzte499.html
593 Reiner Fromm, Richard Rickelmann, *Ware Patient. Woran unsere medizinische Versorgung wirklich krankt*, Frankfurt a. M., S.17.
594 http://diepresse.com/home/leben/gesundheit/1329471/print.do
595 Koalitionsvertrag, S. 77, http://www.bundesregierung.de/Content/DE/_Anlagen/2013/2013-12-17-koalitionsvertrag.pdf;jsessionid=2E-98012285A86AAA66EB4688B2F84E5C.s2t2?__blob=publicationFile&v=2
596 http://www.zeit.de/campus/2009/01/pmc-interview/seite-9
597 http://www.ndr.de/ratgeber/gesundheit/gesundheitswesen/aerzte499.html
598 Ein Wechselbrief ist ein Wertpapier, das eine unbedingte Zahlungsanweisung des Ausstellers an den Bezogenen enthält, an jenen oder an einen Dritten zu einem bestimmten Zeitpunkt an einem bestimmten Ort eine bestimmte Geldsumme zu zahlen. http://de.wikipedia.org/wiki/Wechsel_Urkunde
599 http://www.monde-diplomatique.de/pm/2011/12/09.mondeText.artikel,a0067.idx13
600 https://de.wikipedia.org/wiki/Biblioteca_Medicea_Laurenziana
601 http://info.kopp-verlag.de/hintergruende/wirtschaft-und-finanzen/geld-waschen-mit-dem-vatikan-kurzanleitung-fuer-steuersuender-.html
602 http://www.spiegel.de/spiegel/print/d-42842883.html
603 Buchgeld bzw. Giralgeld bezeichnet eine Forderung auf Bargeld, das durch unbare Übertragung mittels Buchungen von Girokonto zu Girokonto genutzt werden kann. Siehe https://de.wikipedia.org/wiki/Buchgeld
604 Auch Sparbücher sind nur Forderungen gegenüber der Bank, die das eigentliche (Bar-)Geld verwaltet.
605 http://www.spiegel.de/spiegel/print/d-42842883.html
606 https://www.youtube.com/watch?playnext=1&index=0&feature=PlayList&v=IS2uwiDl2VE&list=PL02500B85420535D8 (6:00m)

607 http://www.monde-diplomatique.de/pdf/mehr_geld_als_waren.pdf
608 Beispiel: US Monetary Supply: https://commons.wikimedia.org/wiki/File:Components_of_US_Money_supply.svg
609 http://www.heise.de/tp/artikel/36/36097/2.html
610 Der Großteil davon (1.200 Mrd.) wurde in Form von Haftungen zur Verfügung gestellt. Weitere 409 Milliarden Euro kamen den Banken in Form von Rekapitalisierungsmaßnahmen zugute. http://ec.europa.eu/internal_market/bank/docs/high-level_expert_group/report_en.pdf S. 21
611 http://www.wienerzeitung.at/nachrichten/top_news/603916_Des-Bankers-neue-Kleider.html
612 http://www.cashkurs.com/kategorie/wirtschaftsfacts/beitrag/island-weitere-bankmanager-zu-mehrjaehrigen-haftstrafen-verurteilt
613 http://www.theguardian.com/business/2014/jan/20/oxfam-85-richest-people-half-of-the-world
614 http://www.fr-online.de/wirtschaft/vermoegensverteilung-deutschland---ein-gespaltenes-land,1472780,26349990.html
615 http://www.stern.de/wirtschaft/news/vermoegen-in-deutschland-60-jaehrige-single-maenner-sind-besonders-reich-2093009.html
616 http://www.fr-online.de/wirtschaft/vermoegensverteilung-deutschland---ein-gespaltenes-land,1472780,26349990.html
617 http://www.welt.de/wirtschaft/article114003352/120-geheime-Milliardaere-in-Deutschland.html
618 http://de.wikipedia.org/wiki/Chronologie_der_reichsten_Deutschen
619 https://de.wikipedia.org/wiki/Vermögensverteilung siehe auch http://www.kiwifo.de/Darstellungen_der_Vermoegensverteilung.pdf
620 http://www.sueddeutsche.de/wirtschaft/schweizer-banken-fuer-deutsche-schwarzgeld-anleger-laeuft-die-frist-ab-1.1821891
621 http://www.financialsecrecyindex.com/
622 http://www.tagesschau.de/wirtschaft/offshoreleaks106.html
623 http://www.werner-ruegemer.de/?p=15
624 http://www.sueddeutsche.de/wirtschaft/offshore-leaks-deutsche-bank-half-bei-offshore-geschaeften-1.1640404
625 http://www.financialsecrecyindex.com/introduction/fsi-2013-results
626 Nicholas Shaxson, Treasure Islands: Tax Havens and the men who stole the world, 2006, http://treasureislands.org
627 2013. *Edition Le Monde diplomatique 12. Die Krisenmacher*, S. 21.
628 http://www.sueddeutsche.de/wirtschaft/offshore-leaks-im-ueberblick-putins-vizepremier-holt-geld-aus-steueroasen-zurueck-1.1639789
629 http://www.news.at/a/offshore-leaks-raiffeisen-international-stepic-datenbank
630 http://www.sueddeutsche.de/kolumne/werkstattbericht-zu-offshore-leaks-wie-computer-forensik-das-offshore-system-entschluesselte-1.1640079
631 https://de.wikipedia.org/wiki/Offshore-Leaks
632 http://www.zeit.de/2013/18/unternehmer-manager-geld-moral
633 http://www.sueddeutsche.de/wirtschaft/buch-ueber-goldman-sachs-wie-ein-ex-investmentbanker-abrechnet-1.1508641-2
634 http://www.dailymail.co.uk/news/article-2219662/Inside-bankers-lives-excess-hot-tubs-Goldman-Sachs.html

635 http://www.sueddeutsche.de/wirtschaft/buch-ueber-goldman-sachs-wie-ein-ex-investmentbanker-abrechnet-1.1508641
636 http://www.zueritipp.ch/home/home/der-grosse-reibach-/story/15746521/
637 http://gizmodo.com/high-speed-traders-beat-laws-of-physics-to-steal-5-mill-1384463708
638 http://www.bloomberg.com/news/2013-02-05/hft-revenue-to-increase-as-volume-rebounds-tabb-predicts.html
639 http://www.ted.com/talks/kevin_slavin_how_algorithms_shape_our_world.html?quote=1006
640 https://web.archive.org/web/20100116024343/http://www.ftd.de/finanzen/maerkte/marktberichte/:wall-streeter-unter-ausschluss-der-oeffentlichkeit/50060624.html
641 http://zerohedge.blogspot.co.at/2009/07/goldmans-4-billion-high-frequency.html
642 http://de.wikipedia.org/wiki/Flash_Crash
643 http://www.project-syndicate.org/commentary/robert-skidelsky-explores-the-financial-ecosystem-that-produced-jordan-belfort
644 http://www.handelszeitung.ch/lifestyle/banker-agieren-knapp-ueber-kinderschaender-status-529707
645 http://www.tagesschau.de/wirtschaft/toterpraktikant100.html
646 http://derstandard.at/1363708103021/Drogenexperte-Hohe-Risiken-durch-koksende-Banker
647 Ebd.
648 http://www.zeit.de/2013/19/kokain-finanzwelt-banker
649 http://www.n-tv.de/panorama/Antwerpen-haelt-Kokain-Rekord-article6825711.html
650 http://www.sueddeutsche.de/wirtschaft/alkohol-und-kokain-in-london-banker-im-drogenrausch-1.1161141
651 http://www.theguardian.com/business/2011/sep/09/addiction-drugs-alcohol-city-london
652 http://www.spiegel.de/wirtschaft/0%2C1518%2C613039%2C00.html
653 http://www.monde-diplomatique.de/pm/.dossier/finanzen.id,20090911 0206
654 http://www.zeit.de/wirtschaft/2009-10/madoff-skandal-banken-kpmg
655 http://www.n-tv.de/wirtschaft/Koks-loeste-Banken-Beben-aus-article10476066.html
656 http://www.spiegel.de/spiegel/print/d-8886068.html
657 http://www.handelsblatt.com/finanzen/boerse-maerkte/boerse-inside/berauschte-boersianer-keine-chance-fuer-koksende-aktienhaendler-/4743214.html
658 http://www.focus.de/politik/ausland/italien_aid_117367.html
659 http://www.ifd-allensbach.de/uploads/tx_reportsndocs/PD_2013_05.pdf
660 http://www.handelszeitung.ch/lifestyle/banker-agieren-knapp-ueber-kinderschaender-status-529707
661 http://www.bilanz.ch/invest/ach-ihr-kleinen-wuerstchen-328957
662 http://www.spiegel.de/wirtschaft/unternehmen/finanzkrise-2008-die-akteure-der-lehman-pleite-a-922119.html
663 Ebd.
664 http://www.zeit.de/2013/19/kokain-finanzwelt-banker
665 https://www.bmf.gv.at/services/faq/Antworten_Hypo.html
666 http://kaernten.orf.at/m/news/stories/2628079/
667 http://derstandard.at/1262209397123/Parteienfinanzierung-Hypo-oeffnete-Geldhahn-fuer-Parteien
668 Richard Schneider (2011), Tatort Hypo Alpe Adria – Residenz Verlag http://www.residenzverlag.at/?m=30&o=2&id_title=1397

669 http://diepresse.com/layout/diepresse/files/dossiers/hypo/
670 http://www.format.at/articles/1338/525/366318/die-millionen-vladimir-zagorec
671 ARD: Die schmutzigen Geschäfte der Hypo, https://www.youtube.com/watch?v=m9Zz_g9fqdg
672 http://derstandard.at/1280984094226/Kroatien-Kredite-Hypo-ringt-mit-BZOe-Mann-um-Yachthafen
673 http://www.zeit.de/2013/34/hypo-alpe-adria-immobiliengeschaefte-velden-istrien/seite-3
674 http://derstandard.at/1280984094226/Kroatien-Kredite-Hypo-ringt-mit-BZOe-Mann-um-Yachthafen
675 https://www.bmf.gv.at/services/faq/Antworten_Hypo.html
676 Zitat: Bayerische Grünen-Abgeordnete Eike Hallitzky, http://diepresse.com/home/wirtschaft/economist/532194/HypoAffaere_Bank-als-mehrstockiger-Leichenkeller?_vl_backlink=/home/wirtschaft/economist/530746/index.do&direct=530746
677 https://www.bmf.gv.at/services/faq/Antworten_Hypo.html
678 http://www.faz.net/aktuell/wirtschaft/prozess-gegen-ehemalige-bayern-lb-vorstaende-millionen-bestechung-auf-dem-bio-bauernhof-12766240.html
679 http://diepresse.com/home/wirtschaft/economist/1564399/Wo-unsere-HypoMilliarden-hinfliessen
680 http://derstandard.at/1392685562182/Grosse-Fonds-und-heimische-Banken-als-Hypo-Anleiheglaeubiger
681 http://www.wirtschaftsblatt.at/home/oesterreich/branchen/fix-josef-proell-wird-ein-giebelkreuzer-475079/index.do
682 http://derstandard.at/1392686444957/Hypo-Insolvenz-kostet-mindestens-zehn-Milliarden
683 http://www.statistik.at/web_de/presse/070420
684 http://wirtschaftsblatt.at/home/meinung/gastkommentare/1547216/Hypo-Alpe-Adria_Ein-schwarzes-Loch
685 Ein 500-Euro-Schein wiegt in etwa 1,12g. https://de.wikipedia.org/wiki/Eurobanknoten
686 http://www.aaaplatform.com
687 http://www.kleinezeitung.at/nachrichten/wirtschaft/hypo/2377656/jachten-ladenhueter.story
688 Die globalisierungskritische Nichtregierungsorganisation Attac geht von 400 Mio. Euro aus. http://www.attac.de/kampagnen/bankwechsel/bankenkritik/v-lobbyismus/
689 http://corporateeurope.org/sites/default/files/attachments/financial_lobby_report.pdf (S. 16)
690 http://www.zeit.de/2011/41/CH-Parteienfinanzen
691 http://www.faz.net/aktuell/wirtschaft/europas-schuldenkrise/portraet-joerg-asmussen-der-brandbekaempfer-1966178.html
692 https://www.consilium.europa.eu/uedocs/cms_data/docs/pressdata/en/ecofin/125499.pdf
693 http://de.reuters.com/article/idDELS45392720081028
694 http://www.heise.de/tp/r4/artikel/30/30917/1.html
695 http://www.format.at/articles/1342/933/368170/bankenrettung-deutschland-eine-chronologie-wahnsinns
696 Ebd.
697 http://www.handelsblatt.com/unternehmen/banken/finanzmarktkrise-in-deutschland-die-krise-hat-sich-auf-die-ikb-ausgewirkt/6930790.html

698 http://www.bmas.de/DE/Ministerium/Leitung-des-Hauses/joerg-asmussen-lebenslauf.html
699 http://www.spiegel.de/wirtschaft/0,1518,630396,00.html
700 http://www.wienerzeitung.at/showpdf/?ID=9656
701 http://www.donau-uni.ac.at/imperia/md/content/studium/euro/law/mt_n_app_llm.pdf
702 http://www.xing.com/profile/Michael_Hoellerer
703 http://diepresse.com/home/wirtschaft/economist/1572111/Neue-Fuehrung-bei-RaiffeisenTochter
704 http://www.raiffeisenblatt.at/eBusiness/01_template1/1218103126450170221825857048401 12637-875091933465801501-NA-30-NA.html
705 http://deutsche-wirtschafts-nachrichten.de/2013/09/27/wer-wirklich-regiert-oesterreichs-version-von-goldman-sachs-heisst-raiffeisen/
706 http://www.fma.gv.at/typo3conf/ext/dam_download/secure.php?u=0&file=4608&t=1345518368&hash=8b5bee6ae494466a14049132dcf4fcde
707 http://www.fma.gv.at/typo3conf/ext/dam_download/secure.php?u=0&file=9992&t=1373248091&hash=759b84a3ea86d3d88ce107c2b12ae65f
708 Die Aufsicht über sonstige Groß- und Regionalbanken (Abteilung I/5) übernahm dann seine Frau Marion Göstl-Höllerer. http://www.fma.gv.at/de/ueber-die-fma/organisation/organigramm/beschreibung-des-organigramms.html
709 http://www.fma.gv.at/JBInteraktiv/2005/DE/800_text_fma_intern.htm
710 http://deutsche-wirtschafts-nachrichten.de/2013/09/27/wer-wirklich-regiert-oesterreichs-version-von-goldman-sachs-heisst-raiffeisen/
711 http://diepresse.com/home/wirtschaft/economist/762590/Raiffeisen-holt-sich-Fekters-Bankenexperten
712 http://www.zeit.de/2010/35/A-Schwarzbuch/seite-4
713 https://www.db.com/presse/en/content/press_releases_2007_3606.htm
714 http://www.manager-magazin.de/koepfe/personalien/0,2828,529642,00.html
715 https://www.lobbycontrol.de/download/drehtuer-studie.pdf
716 http://www.lobbycontrol.de/index.php/2008/07/aus-dem-kanzleramt-zur-energielobby-und-andere-seitenwechsel/
717 Koch-Weser unterzeichnete vor dem Seitenwechsel auch noch schnell eine Absicherung des Bundes für einen Milliardenkredit der Deutschen Bank an Gasprom. http://www.spiegel.de/spiegel/print/d-47602958.html
718 http://www.faz.net/aktuell/wirtschaft/menschen-wirtschaft/ehemaliger-bnd-chef-uhrlau-beraet-deutsche-bank-11639205.html
719 http://www.newscientist.com/article/mg21228354.500-revealed--the-capitalist-network-that-runs-the-world.html#bx283545B1
720 http://parteispenden.unklarheiten.de/?seite=datenbank_show_k&db_id=17 In den USA schnellten die offiziellen Lobbyausgaben im Jahr 2010 auf 2,6 Millionen Dollar in die Höhe. Lobbying ist also gerade in der Krise wichtig. Für Deutschland gibt es solche Zahlen nicht, mangels verpflichtender Transparenzregeln für Lobbyisten. https://www.opensecrets.org/lobby/clientsum.php?id=D000021959&year=2013
721 http://www.heise.de/tp/artikel/37/37981/1.html
722 LobbyControl: Lobbyplanet, Köln 2008, S.117
723 http://www.taz.de/pt/2003/10/16/a0127.1/text.ges,1
724 https://www.verdi-bub.de/service/standpunkte/archiv/hedgefonds_was_ist_das_eigentlich/
725 https://lobbypedia.de/wiki/Seitenwechsler_im_%C3%9Cberblick

726 Wenn Sie Ackermann taggenau beschenken möchten, sein Geburtstag ist am 7. Februar.
727 https://netzpolitik.org/wp-upload/ackermann-abendessen.pdf
728 https://www.bundesbank.de/Redaktion/DE/Downloads/Service/Schule_und_Bildung/geld_und_geldpolitik_kapitel_4.pdf?__blob=publicationFile
729 http://www.werner-ruegemer.de/15/
730 https://www.db.com/cr/de/docs/CR_Bericht_2012.pdf
731 http://www.spiegel.de/wirtschaft/unternehmen/deutsche-bank-strafe-wegen-manipulation-von-zinsen-a-937210.html
732 http://deutsche-wirtschafts-nachrichten.de/2014/01/08/betrug-am-kunden-us-behoerden-ermitteln-gegen-deutsche-bank/
733 http://www.sueddeutsche.de/wirtschaft/finanzierung-von-grosskonzernen-schmutzige-geschaefte-1.1839094
734 http://www.faz.net/aktuell/wirtschaft/unternehmen/wegen-rechtsstreitigkeiten-deutsche-bank-setzt-skandalbeauftragten-ein-12702434.html
735 http://de.linkedin.com/pub/thomas-poppensieker/b/5a3/326
736 http://www.sueddeutsche.de/wirtschaft/jahresbilanz-der-deutschen-bank-miese-zahlen-grosse-plaene-1.1874677
737 Die Rückstellungen für derartige Rechtsfälle hat die Deutsche Bank nach letztem Stand auf 4,1 Milliarden Dollar aufgestockt.
738 http://www.finanzen.net/bilanz_guv/Deutsche_Bank
739 Noch besser ist nur noch die französische Bank Société Générale. Ihre Mitarbeiter mussten nur drei Monate arbeiten, um die jüngste Strafe von 450 Mio. Euro zu begleichen. http://www.faz.net/aktuell/wirtschaft/unternehmen/geldbussen-wegen-zinsmanipulation-banken-koennen-eu-strafen-meist-muehelos-zahlen-12694636.html
740 http://www.zeit.de/2005/06/Deutsche_Bank/seite-2
741 http://www.handelsblatt.com/politik/oekonomie/nachrichten/finanzbranche-wie-lobbyisten-zur-krise-beigetragen-haben/3351670.html
742 http://www.wienerzeitung.at/nachrichten/top_news/603916_Des-Bankers-neue-Kleider.html
743 http://www.nytimes.com/2009/08/09/fashion/09fmeetf.html
744 https://twitter.com/GSElevator/status/311215592206118912
745 https://twitter.com/GSElevator/status/156964572530606080
746 http://www.profil.at/articles/1348/980/369825/fussball-wettskandal-oesterreich-graetsche-minute-91
747 http://www.welt.de/sport/fussball/article113362653/Europol-deckt-weltweit-groessten-Wettbetrug-auf.html
748 http://www.profil.at/articles/1348/980/369825/fussball-wettskandal-oesterreich-graetsche-minute-91
749 http://www.welt.de/sport/fussball/article113362653/Europol-deckt-weltweit-groessten-Wettbetrug-auf.html
750 http://www.sueddeutsche.de/sport/neuer-bericht-ueber-wettbetrug-gefaehrliche-spiele-in-freundschaft-1.1981360
751 http://sport.oe24.at/fussball/Verdachtsfaelle-von-Spielmanipulation-in-Oe/123319219
752 http://www.transfermarkt.at/de/red-bull-juniors-salzburg-tsv-hartberg/index/spielbericht_959516.html
753 http://www.sonntagszeitung.ch/sport/artikel-detailseite/?newsid=271062

754 Geoff Tibballs, Great Sporting Scandals: From Over 200 Years of Sporting Endeavours, London 2003, S. 337.
755 http://www.sonntagszeitung.ch/sport/artikel-detailseite/?newsid=271062
756 http://www.profil.at/articles/1348/980/369825/fussball-wettskandal-oesterreich-graetsche-minute-91
757 http://tv.orf.at/program/orf2/20140611/700094401/379805 (Min. 26:40)
758 http://www.profil.at/articles/1348/980/369825/fussball-wettskandal-oesterreich-graetsche-minute-91
759 http://www.welt.de/sport/fussball/article113362653/Europol-deckt-weltweit-groessten-Wettbetrug-auf.html
760 http://kurier.at/sport/fussball/fussball-im-wuergegriff-die-praktiken-der-wett-mafia/27.756.553
761 http://www.sonntagszeitung.ch/sport/artikel-detailseite/?newsid=271062
762 Ebd.
763 http://www.profil.at/articles/1348/980/369825/fussball-wettskandal-oesterreich-graetsche-minute-91
764 http://kurier.at/sport/fussball/manipulationsskandal-schlammschlacht-im-wettsum pf/40.793.556
765 Ebd.
766 Videobeweis: http://www.youtube.com/watch?v=j-WQQmnlylk
767 http://derstandard.at/1381372154683/Taboga-soll-absichtliche-Elferfouls-angeboten-haben
768 http://allafrica.com/stories/201307110151.html
769 http://article.wn.com/view/2014/04/03/Former_Zenit_player_admits_to_helping_fix_UEFA_Cup_match_i/
770 http://www.uefa.com/uefaeuropaleague/season=2005/matches/round=2209/match=81929/postmatch/report/
771 http://www.taz.de/!88546/
772 http://www.profil.at/articles/1348/980/369825/fussball-wettskandal-oesterreich-graetsche-minute-91
773 Ebd.
774 http://www.taz.de/!88546/
775 http://www.welt.de/sport/fussball/internationale-ligen/article113405007/Heisse-Spur-im-Wettskandal-fuehrt-nach-Singapur.html
776 http://www.bbc.com/news/world-asia-24238681
777 http://www.welt.de/sport/fussball/article113362653/Europol-deckt-weltweit-groessten-Wettbetrug-auf.html
778 http://www.sonntagszeitung.ch/sport/artikel-detailseite/?newsid=271062
779 http://www.independent.co.uk/news/world/asia/dan-tan-the-man-who-fixed-football-8554751.html
780 http://www.sonntagszeitung.ch/sport/artikel-detailseite/?newsid=271062
781 Klaus Federmair, Maximilian Kronberger, Clemens Schotola et al., »Verschobene Wahrnehmung«, in: Ballesterer, Nr. 77, 12.11.2012 http://ballesterer.at/heft/thema/verschobene-wahrnehmung.html
782 Vgl. Jürgen Roth, *Unfair Play – Wie korrupte Manager, skrupellose Funktionäre und Zocker den Sport beherrschen*, Frankfurt a. M. 2011
783 http://www.sonntagszeitung.ch/sport/artikel-detailseite/?newsid=271062
784 Ebd.

785 http://de.fifa.com/aboutfifa/organisation/president/awards.html
786 http://www.faz.net/aktuell/sport/fussball/jo-o-havelange-ein-jaemmerlicher-abgang-12171492.html
787 http://www.profil.at/articles/1348/980/369825/fussball-wettskandal-oesterreich-graetsche-minute-91
788 Thomas Kistner, *Die FIFA-Mafia. Die schmutzigen Geschäfte mit dem Weltfußball*, München 2012, S. 61
789 http://www.swissinfo.ch/ger/die-bosse-des-weltfussballs-regieren-aus-der-schweiz/6487650
790 http://www.rechtaufstadt.ch/?p=1427
791 http://videos.arte.tv/de/videos/yourope_schweiz_korruption_im_sport--4082506.html
792 YOUROPE: Schweiz – Korruption im Sport http://videos.arte.tv/de/videos/yourope_schweiz_korruption_im_sport--4082506.html
793 http://www.faz.net/aktuell/sport/fussball/korruption-bei-der-fifa-blatters-liste-11552090.html
794 http://www.fifa.com/mm/document/AFFederation/Generic/02/14/97/88/FIFAStatuten2013_D_German.pdf
795 Weitere Informationen zur Vereinsgründung in der Schweiz finden Sie unter: http://www.kmu.admin.ch/kmu-gruenden/03476/03513/03543/index.html
796 http://www.zdf.de/ZDFmediathek/beitrag/video/2125350/ZDFzoom-Das-Fussball-Imperium#/beitrag/video/2125350/ZDFzoom-Das-Fussball-Imperium (12:10 min)
797 *Frankfurter Allgemeine Zeitung*, 30.4.2011 (zit. n. Thomas Kistner, *FIFA-Mafia, op.cit. S. 141)*
798 Ebd., S. 128
799 http://www.transparencyinsport.org/Why_Blatter_banned_Jennings/why_blatter_banned_jennings.html
800 Thomas Kistner, *FIFA-Mafia*, op. cit., S. 142
801 Andrew Jennings, »How FIFA corruption empowers global capital«, Vortrag, 28.04.2010, Institute for Security Studies, http://www.issafrica.org/uploads/M169Chap4.pdf.
802 http://www.blick.ch/news/wirtschaft/lohnrekord-fuer-die-fifa-chefs-id2751718.html
803 http://www.forbes.com/powerful-people/list/
804 Thomas Kistner, *FIFA-Mafia*, op. cit., S. 357
805 http://magazin.spiegel.de/EpubDelivery/spiegel/pdf/78832494
806 Thomas Kistner, *FIFA-Mafia*, op. cit., S. 353
807 http://www.sueddeutsche.de/sport/fifa-kongress-blatter-wiedergewaehlt-gott-bleibt-gott-1.1104237
808 http://www.fatf-gafi.org/topics/methodsandtrends/documents/moneylaunderingthroughthefootballsector.html
809 http://www.spiegel.de/kultur/tv/tv-quote-wm-sieg-der-deutschen-beschert-der-ard-neuen-rekord-a-980860.html
810 http://de.fifa.com/mm/document/affederation/administration/01/39/20/45/web_fifa_fr2010_ger.pdf (S. 17)
811 http://sport.orf.at/fifawm2014//stories/2209407/
812 Ebd.
813 http://www.faz.net/aktuell/sport/fussball/weltfussballverband-die-gelddruckmaschine-namens-fifa-16141.html

814 Thomas Kistner, *FIFA-Mafia*, op. cit., S. 60
815 YOUROPE: Schweiz – Korruption im Sport http://videos.arte.tv/de/videos/yourope_schweiz_korruption_im_sport--4082506.html
816 http://www.spiegel.de/sport/sonst/isl-schmiergeld-liste-komplett-rund-142-millionen-schweizer-franken-a-896823.html
817 http://www.bbc.co.uk/news/uk-11841783
818 YOUROPE: Schweiz – Korruption im Sport http://videos.arte.tv/de/videos/yourope_schweiz_korruption_im_sport--4082506.html
819 http://www.spiegel.de/sport/sonst/isl-schmiergeld-liste-komplett-rund-142-millionen-schweizer-franken-a-896823.html
820 Thomas Kistner, *FIFA-Mafia*, op. cit., S. 60.
821 http://www.taz.de/!87862/
822 http://www.spox.com/de/sport/fussball/wm/wm2010/1211/News/wm-2010-kostet-suedafrika-ueber-zwei-milliarden-euro-grosser-immaterieller-wert-wm-abschlussbericht.html
823 http://www.zdf.de/ZDFmediathek/beitrag/video/2125350/ZDFzoom-Das-Fussball-Imperium#/beitrag/video/2125350/ZDFzoom-Das-Fussball-Imperium (11:20 min)
824 http://derstandard.at/2000001911391/Brasiliens-Praesidentin-verteidigte-Kosten-der-Fussball-WM
825 http://www.dw.de/schwere-vorw%C3%BCrfe-gegen-wm-land-katar/av-17233429
826 Thomas Kistner, *FIFA-Mafia*, op. cit., S. 364
827 ZDF, 18.12.2011, zit. n. ebd., S. 336
828 http://www.sueddeutsche.de/sport/korruptionsvorwuerfe-gegen-katar-geschaefte-auf-hoechster-ebene-1.1992600-2
829 http://kurier.at/sport/fussball/wm-2022-korruption-gefaehrdet-fussball-wm-in-katar/68.375.123
830 Ebd.
831 http://www.transparencyinsport.org/The_documents_that_FIFA_does_not_want_fans_to_read/the_documents_fifa_does_not_want_fans_to_read-page2.html
832 derstandard.at/2000001855485/In-Wahrheit-ist-Fussball-Hauptsache
833 http://www.telegraph.co.uk/sport/football/world-cup/10704290/Qatar-World-Cup-2022-investigation-former-Fifa-vice-president-Jack-Warner-and-family-paid-millions.html
834 Kistner, Thomas (2013), *FIFA-Mafia*
835 Ebd.
836 Ebd., S. 390
837 http://www.sueddeutsche.de/sport/umstrittene-wm-vergabe-an-katar-auch-beckenbauers-name-faellt-1.1991342
838 http://www.sueddeutsche.de/sport/fifa-praesidentschaft-blatter-dreht-kritikern-die-lange-nase-1.1996641-2
839 http://www.spiegel.de/sport/fussball/uefa-praesident-platini-charmanter-anti-blatter-a-765912.html
840 https://de.wikipedia.org/wiki/FIFA-Exekutivkomitee#Mitglieder
841 Thomas Kistner, *FIFA-Mafia*, op. cit., S. 362
842 http://www.fussballzitate.de/
843 http://www.gruene.at/themen/justiz/korruption-hat-680-seiten/gruener-endbericht-zum-korruptions-u-ausschuss.pdf (S. 437)
844 http://www.1000000-euro.de/index.php

845 http://www.rp-online.de/wirtschaft/liberty-wusch-milliarden-an-schwarzgeld-aid-1.3432834
846 https://de.wikipedia.org/wiki/Bitcoin
847 http://futurezone.at/digital-life/apple-hebt-bitcoin-bann-im-app-store-auf/70.613.832
848 FPÖ-Nationalrat Reinhard Gaugg http://www.gruene.at/themen/justiz/korruption-hat-680-seiten/gruener-endbericht-zum-korruptions-u-ausschuss.pdf (S. 55)
849 Ex-Bundeskanzler Franz Vranitzky, http://diepresse.com/home/politik/innenpolitik/306629/Flottl_Wurde-zu-Zahlung-an-Vranitzky-genotigt
850 Telekombetriebsrat und Christgewerkschafter Franz Kusin, http://www.gruene.at/themen/justiz/korruption-hat-680-seiten/gruener-endbericht-zum-korruptions-u-ausschuss.pdf (S. 402)
851 PR-Berater Peter Hochegger, http://www.kleinezeitung.at/nachrichten/chronik/2670410/150-000-euro-fuer-rail-jet-erfindung.story
852 Gabriele Kröll-Maier (Assistentin des ehemaligen Verkehrsministers Hubert Gorbach, BZÖ), http://www.gruene.at/themen/justiz/korruption-hat-680-seiten/gruener-endbericht-zum-korruptions-u-ausschuss.pdf (S. 52)
853 FPÖ-Parlamentsmitarbeiter Kurt Lukasek, http://kurier.at/thema/u-ausschuss/9-seiten-heisse-luft-als-lotto-sechser/793.177
854 Ex-Innenminister Ernst Strasser (ÖVP), http://www.gruene.at/themen/justiz/korruption-hat-680-seiten/gruener-endbericht-zum-korruptions-u-ausschuss.pdf (S. 57)
855 PR-Berater Peter Hochegger, http://www.gruene.at/themen/justiz/korruption-hat-680-seiten/gruener-endbericht-zum-korruptions-u-ausschuss.pdf (S. 402).
856 Steuerberater Dietrich Birnbacher, http://www.profil.at/prod/560/pdf/Gutachten_Birnbacher.pdf
857 April bis 16.05.2007 = maximal 30 Arbeitstage (ob Anfang oder Ende April ist nicht bekannt). Bei täglich 8h Arbeitszeit ergibt sich folgende Rechnung:
12.000.000 / 30 / 8 = 50.000 Euro
6.000.000 / 30 / 8 = 25.000 Euro
858 http://www.zeit.de/2007/17/Oesterreich-Euro-Fighter
859 http://www.spiegel.de/panorama/justiz/wiener-sumpf-die-feinen-freunde-der-polizei-a-513593.html
860 http://www.falter.at/falter/2007/10/16/sag-beim-abschied-leise-danke/
861 http://www.handelsblatt.com/finanzen/recht-steuern/steuern/bankkonto-in-oesterreich-irgendwann-haben-sie-genug-kleider-und-hemden/8252418-2.html
862 http://www.private.ag/media/2001/01/de/blatter_de.pdf
863 http://www.zeit.de/2005/32/Kasten_Geldw_8asche
864 http://www.handelsblatt.com/finanzen/recht-steuern/steuern/bankkonto-in-oesterreich-wohin-jetzt-mit-den-millionen/8252418.html
865 http://www.wiwo.de/finanzen/steuern-recht/geldfunde-beim-zoll-beim-geldschmuggel-aufgeflogen/5562694.html
866 In Österreich sind die Strafen mit 10.000 bis 100.000 Euro etwas niedriger.
867 http://www.welt.de/wirtschaft/article126054588/Das-Bankgeheimnis-ist-dem-Untergang-geweiht.html
868 http://derstandard.at/1381371111026/Reichlich-Zufluss-in-weltweite-Steueroasen
869 http://derstandard.at/1385168788015/Flut-an-Selbstanzeigen-von-Austro-Steuersuendern
870 http://www.welt.de/wirtschaft/article126054588/Das-Bankgeheimnis-ist-dem-Untergang-geweiht.html

871 http://www.welt.de/finanzen/article123205631/Deutsche-fluechten-aus-dem-Schwargeld-Paradies.html
872 http://www.ezv.admin.ch/zollinfo_firmen/04203/04306/04319/04537/index.html?lang=de&download=NHzLpZeg7t,lnp6I0NTU042l2Z6ln1acy4Zn4Z2qZ-pnO2Yuq2Z6gpJCDen57gmym162epYbg2c_JjKbNoKSn6A--
873 http://www.20min.ch/finance/news/story/Reiche-verstecken-Vermoegen-in-Zollfrei-lagern-26133090
874 http://www.format.at/articles/1217/526/325758/die-schwarzgeld-waesche
875 http://www.sueddeutsche.de/geld/gribkowsky-affaere-das-geld-ist-weg-1.1058564
876 http://www.manager-magazin.de/unternehmen/banken/a-803657.html
877 http://www.sueddeutsche.de/geld/der-fall-batliner-die-millionen-der-alten-wit-we-1.483811
878 http://www.falter.at/falter/2009/06/09/codename-kasimir-von-moskau-in-die-batlintina/
879 http://www.bild.de/geld/wirtschaft/reich/reiche-deutsche-milliardae-re-in-der-schweiz-21863730.bild.html
880 http://www.steuer-schutzbrief.de/steuertipp-rubriken/steuer-tipps/artikel/weg-zug-aus-deutschland-fester-wohnsitz-und-gewoehnlicher-aufenthalt.html
881 http://www.taz.de/!90228/
882 http://www.format.at/articles/1222/951/329503/finanzstrafverfahren-meischberger-grasser-hochegger
883 https://de.wikipedia.org/wiki/Steuersünder-CD
884 https://de.wikipedia.org/wiki/Offshore-Leaks
885 http://www.spiegel.de/wirtschaft/alice-schwarzer-steuerverfahren-noch-nicht-abgeschlossen-a-952224.html
886 http://www.tagesschau.de/wirtschaft/steuerhinterziehung150.html
887 https://www.bmf.gv.at/steuern/fristen-verfahren/fsv-selbstanzeige.html
888 http://www.focus.de/finanzen/steuern/steuerfahndung/tid-17075/selbstanzei-ge-die-uhr-tickt-wie-funktioniert-die-selbstanzeige_aid_476076.html
889 http://www.steuerstrafen.de/steuerhinterziehung/
890 bei €10.000 Steuerhinterziehung, http://www.handelsblatt.com/finanzen/recht-steuern/steuern/bankkonto-in-oesterreich-wohin-jetzt-mit-den-millionen/8252418.html
891 http://www.steuerstrafen.de/steuerhinterziehung/
892 http://www.format.at/articles/1217/942/325758/die-schwarzgeld-waesche
893 https://web.archive.org/web/20131016122123/http://www.finanztip.de/recht/steuerrecht/steueramnestie.htm
894 http://www.faz.net/aktuell/finanzen/die-steueramnestie-in-der-praxis-i-die-attraktivitaet-der-amnestie-wird-von-vielen-steuerhinterziehern-unterschaetzt-1149495-p2.html
895 http://derstandard.at/1385168788015/Flut-an-Selbstanzeigen-von-Austro-Steuersuendern
896 http://www.bmk.es/assets/Uploads/Die-spanische-Steueramnestie.pdf
897 http://derstandard.at/1353206770589/Spanien-lockt-mit-Bleiberecht-bei-Wohnungskauf
898 http://www.brandeins.de/archiv/2012/spezialisten/die-bank-waescht-weisser.html
899 http://kurier.at/kultur/kunst/rekord-fuer-warhol-silver-car-crash-fuer-105-millionen-versteigert/35.638.024
900 http://www.handelsblatt.com/politik/international/geldwaesche-italiens-steuerfahnder-werden-bei-galerien-fuendig/7130902.html
901 http://www.heise.de/tp/artikel/28/28523/1.html

902 http://www.handelszeitung.ch/politik/warnung-vor-geldwaesche-im-kunsthandel
903 http://www.news4press.com/Keine-exakte-Datierung-von-Kugelschreibe_446658.html
904 http://www.handelszeitung.ch/politik/warnung-vor-geldwaesche-im-kunsthandel
905 http://www.handelszeitung.ch/unternehmen/geldwaesche-mit-kunst-haertere-regeln-nicht-gefragt
906 https://web.archive.org/web/20130627164516/http://www.offshorecompanyexperts.com/de/offshorefirma/seychellen-offshorefirma.html
907 http://derstandard.at/1371169803109/Poker-um-Anonymitaet-von-Stiftungen
908 http://www.foreignpolicy.com/articles/2012/01/24/house_of_19000_corporations
909 http://www.nytimes.com/2009/10/04/business/global/04cayman.html
910 http://gws-offshore.com/wp-content/uploads/2014/01/GWS_KOSTEN%C3%9CBERSICHT_FEB_2014.pdf
911 Ebd.
912 http://www.sueddeutsche.de/wirtschaft/datenleck-steueroasen-verlieren-kunden-wegen-offshore-leaks-1.1829712
913 https://www.ndr.de/home/offshoreleaks199.html
914 Ebd.
915 http://www.format.at/articles/1133/525/305270_s3/exklusiv-grosser-lauschangriff-grasser-freunde
916 http://de.wikipedia.org/wiki/IMSI-Catcher
917 http://zitate.net/journalisten.html
918 http://www.sueddeutsche.de/politik/schlossherr-moderator-dschungelcamp-gesucht-neuer-job-fuer-guttenberg-1.1066820-7
919 http://www.profil.at/articles/0827/560/211528/hans-dichand-krone
920 http://www.sueddeutsche.de/medien/klage-gegen-zdf-staatsvertrag-konzentrierte-politische-einflussnahme-1.1810654
921 http://www.bpb.de/system/files/dokument_pdf/Wie_sich_eine_Zeitung_finanziert.pdf
922 http://www.sueddeutsche.de/politik/schlossherr-moderator-dschungelcamp-gesucht-neuer-job-fuer-guttenberg-1.1066820-7
923 http://www.dossier.at/inserate/thema/staatsaffaere-inserate/
924 http://www.brandeins.de/archiv/2009/kommunikationpr/reden-ist-silber-schweigen-ist-gold.html
925 Ebd.
926 Ebd.
927 http://www.kleinezeitung.at/nachrichten/dieredaktion/sebastian_krause/2976420/rabatte-bitte-sind-presse.story
928 http://derstandard.at/1397520870249/Bestechungsvorwuerfe-Ubisoft-schenkte-Journalisten-Nexus-7-Tablets
929 Volker Kitz, *Du machst, was ich will. Wie Sie bekommen, was Sie wollen – ein Ex-Lobbyist verrät die besten Tricks*, München 2013, S. 280.
930 http://www.zeit.de/2009/38/Berlusconi
931 http://derstandard.at/1389860708768/Mediaprint-nimmt-weniger-ein-bringt-aber-etwas-mehr
932 http://www.news.at/a/banken-machtfaktor-raiffeisen (toter Link), Gerettete Textversion: http://pastebin.com/iS3wULYD
933 http://www.kobuk.at/2013/06/news-beugt-sich-dem-machtfaktor-raiffeisen/
934 BDI, Rundschreiben Nr. AP 59/00, 26.09.2000.

935 http://www.justiz.gv.at/web2013/html/default/2c94848525f84a6301321fd924e3540b.de.html
936 http://wirtschaftsblatt.at/home/nachrichten/recht_steuern/1426186/Ziel_Verfahrens-beschleunigung
937 http://derstandard.at/1389860525548/Korruptionsstaatsanwaltschaft-Offenbarungseid
938 http://www.statistik.at/dynamic/wcmsprod/idcplg?IdcService=GET_NATIVE_FILE&-dID=149521&dDocName=073176
939 http://orf.at/stories/2032349/2032348/
940 http://www.zeit.de/2011/15/Analyse-Telekom
941 http://diepresse.com/home/wirtschaft/international/756215/ExBanker-schredder-te-vor-Verhaftung-Dokumente
942 http://www.falter.at/falter/2010/08/03/mir-faellt-das-brot-aus-dem-mund/
943 http://derstandard.at/1381370959312/Verfahren-gegen-Faymann-und-Ostermayer-eingestellt
944 http://www.heute.at/news/wirtschaft/art23662,993852
945 http://www.faz.net/aktuell/wirtschaft/unternehmen/mannesmann-prozess-ackermann-beteuert-seine-unschuld-1380761.html
946 http://www.welt.de/sport/fussball/bundesliga/fc-bayern-muenchen/article118815092/Hoeness-droht-Stern-mit-Verleumdungsklage.html
947 http://www.sueddeutsche.de/sport/bayern-praesident-kuendigt-klage-an-hoe-ness-wehrt-sich-gegen-absurde-unwahrheiten-1.1741832
948 http://www.bild.de/politik/inland/wulff-kredit-affaere/das-sprach-wulff-dem-bild-chef-auf-die-mailbox-34832232.bild.html
949 https://plus.google.com/110755859271321809326/posts/RdSdv2phkr5 (Achtung: Auf eigene Gefahr!)
950 http://www.profil.at/articles/1350/980/370671/wolfgang-brandstetter-minister-verbindungen-liechtenstein
951 Ebd.
952 http://de.wikipedia.org/wiki/Telekom-Affäre
953 http://www.profil.at/articles/1328/560/362061/ex-telekom-vorstand-rudolf-fischer-4-5-millionen-singapur
954 http://www.profil.at/articles/1349/981/370204/der-fall-kulterer-hypo-alpe-adria-strafgesetzbruch
955 http://derstandard.at/1325485614696/Causa-Immofinanz-Petrikovics-brachte-Einspruch-gegen-Anklage-ein
956 http://www.profil.at/articles/0905/560/232347/ex-kommunalkredit-chef-reinhard-platzer-interview-ich
957 http://www.profil.at/articles/1125/560/300162/aliyev-rakhat-aliyev-nasarbajew-moerder
958 http://www.format.at/articles/1403/524/371668/justizminister-pass-skandal-visier-behoerden
959 http://www.profil.at/articles/1210/560/321593/ainedter-beschimpft
960 http://www.format.at/articles/1039/525/278877/grassers-adabei-advokat-ein-portraet-anwalts-manfred-ainedter
961 http://www.faz.net/aktuell/wirtschaft/menschen-wirtschaft/hoeness-verteidiger-im-portraet-der-platzhirsch-hanns-w-feigen-12842128.html
962 http://www.wienerzeitung.at/nachrichten/oesterreich/politik/594311_Die-vermeintliche-Macht.html

963 http://www.profil.at/articles/0727/560/177728/portraet-oesterreichs-oligarch-ein-grenzgaenger-genialitaet-skandal
964 http://www.spiegel.de/spiegel/print/d-73290183.html
965 http://diepresse.com/home/politik/innenpolitik/1300275/Martin-Schlaff-und-die-TelekomMillionen
966 http://dejure.org/gesetze/StGB/153.html
967 http://dejure.org/gesetze/StGB/154.html
968 http://www.parlament.gv.at/PAKT/VHG/XXIII/KOMM/KOMM_00065/imfname_080922.pdf
969 http://www.sueddeutsche.de/wirtschaft/korruptionsaffaere-bei-infineon-anklage-gegen-schumacher-1.364597
970 http://www.spiegel.de/wirtschaft/steuerhinterziehung-zumwinkel-zu-24-monaten-auf-bewaehrung-verurteilt-a-603534.html
971 http://www.streifler.de/verjaehrung-_8337.html
972 http://www.steuerstrafen.de/steuerhinterziehung/
973 https://de.wikipedia.org/wiki/Steuerhinterziehung_(Deutschland)
974 http://www.wiwo.de/finanzen/steuern-recht/bettina-roehl-direkt-hoeness-hat-maechtige-freunde/8501964-3.html
975 http://www.ftd.de/unternehmen/industrie/:von-mannesmann-bis-siemens-warum-wirtschaftssuender-glimpflich-davonkommen/60055052.html
976 http://kurier.at/wirtschaft/wirtschaftspolitik/freisprueche-fuer-die-ex-chefs-von-oebb-und-telekom/60.231.096
977 http://www.spiegel.de/wirtschaft/manager-entgleisung-ackermann-entschuldigt-sich-fuer-victory-auftritt-a-285029.html
978 http://www.spiegel.de/wirtschaft/mannesmann-prozess-ackermann-rechtfertigt-millionenpraemien-a-446074.html
979 http://www.handelsblatt.com/unternehmen/banken/erwartungen-ueber-aussergerichtlichen-vergleich-gedaempft-ackermann-tritt-bei-verurteilung-zurueck/2609458.html
980 http://www.focus.de/finanzen/news/mannesmann-prozess_aid_119903.html
981 http://www.focus.de/finanzen/boerse/aktien/vorstandsgehaelter/deutsche-bank_aid_10914.html
982 http://www.sueddeutsche.de/wirtschaft/formel-niki-lauda-begruesst-ecclestone-deal-1.2074395
983 http://www.zeit.de/wirtschaft/2014-08/schmiergeldprozess-gegen-formel-1-boss-ecclestone-eingestellt
984 http://www.spiegel.de/spiegel/print/d-13521876.html
985 http://www.kleinezeitung.at/nachrichten/chronik/2781741/helmut-elsner-frei-keine-rechtsmittel.story
986 http://derstandard.at/1304553107403/Bawag-Prozess-Gutachten-Zwettler-ist-haftunfaehig
987 http://www.ots.at/presseaussendung/OTS_20140204_OTS0169/wiener-zeitung-leitartikel-von-thomas-seifert-die-kleinen-faengt-man
988 http://derstandard.at/2000002656939/Causa-Birnbacher-Steuerberater-erhaelt-Fussfessel
989 http://derstandard.at/1397522669797/Ex-Hypo-Chef-Kulterer-tritt-Haftstrafe-an
990 http://derstandard.at/1315005920808/Mensdorff-Pouilly-Fuer-Bestechung-waere-ich-zu-egoistisch

991 https://www.fcbayern.de/de/news/news/2014/erklaerung-von-uli-hoeness-140314.php
992 http://www.abendzeitung-muenchen.de/inhalt.haftstrafe-fuer-bayern-praesident-3-5-jahre-aber-hoeness-kann-auf-freigang-und-halbstrafe-hoffen.043fd7ff-b8f1-482a-ae3f-bbfbc783df7d.html
993 http://www.handelszeitung.ch/unternehmen/von-ihm-kam-das-startkapital-wer-war-hoeness-goenner-584767
994 http://www.thinktankdirectory.org/blog/2011/06/12/geht-zu-guttenberg-zu-einem-us-think-tank/
995 http://www.oezdemir.de/biografie.html
996 http://www.thinktankdirectory.org/blog/2011/06/12/geht-zu-guttenberg-zu-einem-us-think-tank/
997 http://www.welt.de/print/die_welt/politik/article13634333/Guttenberg-hat-eine-neue-Aufgabe.html
998 http://www.sueddeutsche.de/politik/ex-minister-wird-berater-fuer-internetfragen-eu-nimmt-guttenberg-auf-1.1232602
999 http://www.nzz.ch/aktuell/digital/karl-theodor-zu-guttenberg-neelie-kroes-1.13609964
1000 Ebd.
1001 https://lobbypedia.de/wiki/Seitenwechsel
1002 http://www.vda.de/de/verband/organisation/praesident.html
1003 http://www.handelsblatt.com/politik/deutschland/seitenwechsel-diese-politiker-sind-in-die-wirtschaft-gewechselt/3551646.html?slp=false&p=26&a=false#image
1004 https://www.lobbycontrol.de/download/drehtuer-studie.pdf
1005 https://lobbypedia.de/wiki/Gerald_Hennenh%C3%B6fer#2009:_R.C3.BCckkehr_des_360-Grad_Wechsler
1006 http://www.handelsblatt.com/politik/deutschland/seitenwechsel-diese-politiker-sind-in-die-wirtschaft-gewechselt/3551646.html?slp=false&p=22&a=false#image
1007 http://www.sueddeutsche.de/politik/debatte-um-karenzzeiten-fuer-spitzenpolitiker-bruesseler-drehtueren-1.1857246-2
1008 https://www.lobbycontrol.de/2013/10/ein-jahr-dalli-gate-eu-kommission-sitzt-lobbyskandal-aus/
1009 https://www.lobbycontrol.de/2013/02/nebeneinkunfte-im-eu-parlament-auskunfte-unzureichend/
1010 http://euobserver.com/institutional/117009
1011 http://www.spiegel.de/wirtschaft/unternehmen/baufirma-strabag-will-skandalbanker-gribkowsky-einstellen-a-904455.html
1012 Ebd.
1013 Gribkowsky war bis Juli 2010 im Aufsichtsrat der STRABAG. Selbst nach seiner Verhaftung im Januar 2011 war er noch bis Ende Juli 2011 Aufsichtsrat der Bauholding Beteiligungs AG, einem Unternehmen der Strabag-Gruppe, http://kurier.at/wirtschaft/unternehmen/strabag-bietet-inhaftiertem-ex-banker-job-an/3.968.883
1014 http://derstandard.at/1381368919453/Ex-Banker-Gribkowsky-hat-neuen-Job-bei-Strabag
1015 http://www.focus.de/finanzen/banken/ex-banker-gribkowsky-gibt-sein-millionen-vermoegen-frei_aid_829421.html
1016 G. M. Sykes, D. Matza: »Techniken der Neutralisierung. Eine Theorie der Delinquenz«. In: Fritz Sack, René König: *Kriminalsoziologie*. Akademische Verlagsgesellschaft, Frankfurt am Main 1968 (*Akademische Reihe*), S. 360–371

1017 http://www.format.at/articles/0944/525/265145_s4/hochegger-opportunist-walter-meischberger-format-interview

1018 http://kurier.at/politik/inland/joerg-haider-2007-ueber-hypo-kaernten-wird-reich/51.026.193/slideshow#51026193,191534

1019 http://www.news.at/a/hochegger-interview-dieser-skandal-310124

1020 http://www.wissen.de/lexikon/das-habe-ich-nicht-gewollt

1021 http://www.manager-magazin.de/fotostrecke/josef-ackermann-seine-besten-zitate-aus-zehn-jahren-fotostrecke-82821-14.html

1022 http://www.zitate.eu/de/autor/20716/joseph-blatter

1023 http://de.fifa.com/aboutfifa/organisation/president/awards.html

1024 http://www.telegraph.co.uk/finance/personalfinance/fameandfortune/9483379/Barings-rogue-trader-Nick-Leeson-Money-is-not-my-motivation.html

1025 http://www.patheos.com/blogs/friendlyatheist/2013/02/20/new-study-religion-helps-criminals-justify-their-crimes/

1026 http://www.krone.at/Oesterreich/Lobbyist_Peter_Hochegger_Wir_waren_alle_gierig-Krone-Interview-Story-312151

1027 https://www.youtube.com/watch?v=pNFrDNQ4uEk

1028 http://www.krone.at/Oesterreich/Lobbyist_Peter_Hochegger_Wir_waren_alle_gierig-Krone-Interview-Story-312151

1029 Ebd.

1030 Ebd.

1031 http://www.news.at/a/alfons-mensdorff-pouilly-habe-322711

1032 http://derstandard.at/plink/1385169621725?_pid=34675249#pid34675249